EL ESPÍRITU DEL
HOGAR

HELEN BERLINER

EL ESPÍRITU DEL
HOGAR

Cómo organizar tu casa de acuerdo con
las culturas tradicionales del mundo

integral

El espíritu del hogar

Título original: Enlightened by Design
Autora: Helen Berliner
Traducción: Fernando Meller
Dirección de arte: Monique Smit
Diseño de cubierta: Xavi Comas
Fotografía de cubierta: Stock Photos
Compaginación: Pacmer, S.A. (Barcelona)

Publicado por acuerdo con Shambala Publications Inc., Boston

© del texto: 1999, Helen Berliner
© de la versión inglesa: 1999, Shambala Publications Inc.
© de la versión española: 2001, RBA Libros, S.A.
Pérez Galdós, 36 - 08012 Barcelona

Ref.: SEM-01 / *ISBN:* 84-7901-635-3
Dep. Legal: B-2.579-2001
Impreso por: Domingraf

Sumario

Quiero expresar toda mi gratitud a aquellos maestros cuya generosidad sólo podría recompensar asumiendo profundamente su sabiduría y sus consejos. Incluyo a maestros de tradiciones orientales y occidentales. Con algunos de ellos comencé a estudiar en la década de 1970, cuando escribí mi tesis sobre la conciencia espacial tibetana: el estudio de la energía en el espacio.

El profesor Cheng Man-ching, maestro de tai chi y médico, me puso inicialmente en contacto con las disciplinas médicas y artísticas. Los médicos y doctores en budismo tibetano Yeshe Dhonden, Lobsang Dolma y Trogawa Rinpoche plantaron semillas de comprensión cuyo disfrute supera los límites de esta vida. Chandrashekhar G. Thakkur, médico y astrólogo ayurvédico, me ayudó a comprender la relación existente entre los modelos médico y matemático del mundo, que despertó en mí un interés aún vivo por el *Vastu Shastra*, la tradición arquitectónica védica.

Desde la década de 1980 he estado especialmente influida por el maestro de feng shui, J.S. Shiah; también por las enseñanzas escritas del profesor Lin Yun y de Sarah Rossbach, así como por la escuela de practicantes de feng shui que han seguido sus pasos; y, más recientemente, por el trabajo de Eva Wong, en cuyo libro *Libro completo de feng shui: la ancestral sabiduría de vivir en armonía con el entorno* (Móstoles: Gaia Ediciones, 1997) tuve el placer de colaborar. Desde mis primeros estudios con Michio Kushi –fuente perenne de bienestar físico y espiritual–, estoy especialmente agradecida por la obra sobre el feng shui de William Spear.

Howard Badhand, conservador de la sabiduría y la tradición de los sioux de Lakota e intérprete del *Libro de las mutaciones (I Ching)*, ha sido y sigue siendo un inestimable maestro y guía.

Elizabeth Pybus, por su parte, constituyó una rara y valiosa fuente de inspiración artística y un gran ejemplo.

Lamento profundamente que haya muerto poco antes de la publicación de este libro y de que pudiera darle esta pequeña muestra de gratitud.

Las obras de Nigel Pennick y Michael Dames despertaron hace muchos años recuerdos ancestrales e impulsaron una odisea en Irlanda. La sabiduría celta tradicional, ausente en nuestra vida cotidiana, necesita ser rescatada.

Por su interés, apoyo y supervisión durante la redacción de este libro debo dar las gracias al venerable Khandro Rinpoche y a su hermana, Jetsun Dechen Paldron.

Quiero expresar, asimismo, mi gratitud a Judith L. Lief, que leyó pacientemente la obra en sus diferentes etapas y aportó útiles sugerencias; a Christie Cashman, por su ayuda en la redacción del apartado «Elegir el lugar» y por haberme permitido fotografiar su casa; a William Gordon y Margaret Jewell Gordon, por su rigurosa contribución artística. Este libro tampoco habría sido posible sin las opiniones y el aliento proporcionado por Jeanne Ellgar, Dan Hessey, Douglas J. Penick, Katrina Pressman y Richard Rice. Por su contribución al diseño visual de este libro doy las gracias de todo corazón a Leah Boyer; a Barbara Craig por sus fantásticos logos y su apoyo informático; al fotógrafo Mitch Berger y a William Scheffel; al fotógrafo John McQuade, que me puso en contacto con los fotógrafos Carell Doerrbecker, Kathryn Munro, Michael Wood y Alice Yang; así como a los fotógrafos Alan Rabold y Liza Matthews, por su generosa contribución –y a Liza, también, por su apoyo personal y el impecable diseño de la portada–; al arquitecto de paisajes Kim Turos por sus fotografías y por inspirarme, a los maravillosos estudiantes, clientes y amigos con quienes he tenido la suerte de trabajar a lo largo de todos estos años.

He escrito este libro con el infatigable y generoso apoyo de mi familia: Stephen Boyer, un apasionado amante de las artes; mi madre, Kathleen Boyer, a quien debo la idea de escribir este libro; y, muy especialmente a mi hija, Lisa Haan Conrads, que no sólo hizo posible el libro sino que lo mejoró notablemente. Esta obra se ha hecho realidad gracias a la conjunción de la sabiduría y buen hacer de la editora de Shambhala, Emily Hilburn Sell, a quien estoy profundamente agradecida.

En una noche oscura y tormentosa en Boston, hacia 1970, encontré una astróloga que me dijo dos cosas. Primero: «Estás destinada a ser una sanadora; curarás con el color». La frase dejó en mí más preguntas que respuestas acerca de mi destino. Acto seguido, pronosticó: «Estás a punto de conocer a una persona distinta a cuantas has conocido hasta ahora que va a cambiar tu vida para siempre». Dos meses más tarde conocí al Rinpoche Chögyam Trungpa, un maestro de meditación budista tibetano, además de artista y poeta. Él era esa persona.

El Rinpoche Trungpa introdujo en Occidente las antiguas enseñanzas de Shambhala sobre la creación de una sociedad iluminada. Se basaba en la práctica de la meditación, un enfoque contemplativo de la vida. Dado que era diestro pintor y calígrafo, además de impartir clases en la escuela japonesa Sogetsu de ikebana (arreglos florales), me enseñó que un ser humano puede realizarse si trabaja adecuadamente con la percepción y hace de su vida cotidiana «una obra de arte». Con ese espíritu, el maestro creó muebles, banderas, telas, joyas, elementos decorativos, montajes, obras de teatro y festivales para celebrar el cambio de estaciones.

No verbalizaba muchas de las enseñanzas. Las transmitía a través de los gestos, el color y el entorno. Las sustentaba en la ancestral tradición tibetana de los mandalas[1] –que, en la práctica, formulaba como una «conciencia espacial»[2]– y en las cinco pautas o estilos básicos de la energía en el espacio. Según sus enseñanzas, esa energía es la organización básica de nuestros mundos interno y externo, así como la clave para crear un ambiente iluminado.

Estaba especialmente interesado en enseñar los principios de la iluminación en el marco del hogar. Judith L. Lief, editora de *Dharma Art*, escribió lo siguiente sobre su doctrina de la creatividad: «Se interesaba por todos los detalles

¡Iluminación significa despertar!

El principio básico de un mandala es muy sencillo: cada cosa está relacionada con todas las demás. Es un concepto muy simple y claro.
—Chögyam Trungpa

de la casa, incluidos el diseño arquitectónico y el de interiores, el paisaje, la disposición de los muebles, la cocina, la limpieza del hogar, los modales, el vestido y el servicio doméstico». Para él, la casa significaba la «casilla número uno», «el punto de partida». En sus manos, el hogar estaba «despierto».[3]

Nos enseñó que el arte y la vida no sólo tienen que estar despiertos, también deben estar en armonía con la naturaleza. La naturaleza es una metáfora de la iluminación, que significa «despertar». Esta perspectiva conecta el cielo con la tierra. Además, la vida o el arte que no está en armonía con el cielo y la tierra «origina el caos social y las catástrofes naturales».[4] Cuando trabajamos con los cinco tipos de energías para despertar la mente y enlazarla con el mundo natural podemos crear un ambiente de iluminación. ¡En este caso la iluminación empieza en casa!

Este libro –basado en un enfoque contemplativo del diseño de interiores– ha sido escrito gracias a él, y a él se lo dedico.

Para celebrar mi regreso del «Salvaje Oeste» a Filadelfia –la ciudad que me vio nacer y crecer– mi madre, mi hermana y yo fuimos a comer al Main Line, toda una institución de la civilizada Costa Este. Después del almuerzo asistimos a un «seminario cultural» sobre cómo equipar el hogar. El seminario estaba conducido por un decorador local, dueño de una tienda conocidísima. Se perdió en intrincadas elucubraciones acerca de la colocación de figuritas en la repisa de la chimenea y de qué manera podían combinarse sobre determinados muebles. ¡Era espeluznante! Sin duda, todas las mujeres que formaban la audiencia –la mayoría jóvenes o de mediana edad– habían recibido una buena educación, tal vez incluso tuvieran título universitario. ¿Qué es lo que fallaba? La bochornosa escena fue lo que de verdad me inspiró y animó a escribir un libro para reivindicar el hogar.

A lo largo de mi vida he vivido en suburbios (con y sin aceras), en un convento católico, en residencias de estudiantes, hoteles, hospitales, en una finca de la mafia e, incluso, en una comuna ubicada en una antigua mansión neoyorquina que se convertiría más adelante en edificio histórico protegido. Estuve en pisos altos con y sin ascensor –uno de ellos con una enorme ventana en la cocina, apenas separada pocos centímetros de la tenue vidriera de una iglesia ortodoxa rusa–, en *lofts* del Soho y Chinatown y en casas de veraneo junto al mar. Durante mi estancia en Europa me albergué en el cobertizo de un jardín, en un castillo, en una casa inclinada de madera gastada por los aguaceros, y en otro apartamento a pocos centímetros de una antiquísima iglesia de maravillosos vitrales. Por último, me alojé en monasterios zen, centros de meditación, celdas de retiro, tiendas de campaña, tiendas orientales, comunas rurales y cabañas de cazadores. He vivido en montañas y desiertos, junto a lagos de Nueva Escocia y California (en lo que antaño pudo haber dado la ilusión óptica de ser un suntuoso arcón del tesoro). En ese momento vivía en una casa de estilo rural francés al noroeste de Filadelfia, en los campos donde, de pequeña, aprendí a montar a caballo. Éstas han sido las casas de mi peregrinaje espiritual, el puente que me unía con el mundo natural. Me propuse descubrir el territorio común a todas ellas.

Empecé a escribir mientras contemplaba la sencillez de las tradiciones inspiradas por la tierra, de acuerdo con la visión de Thomas Moore, quien afirmaba: «hemos vivido demasiado tiempo y demasiado peligrosamente dentro de una cosmología equivocada».

Este libro te enseñará a utilizar tu hogar para recobrar tu conexión con el universo. Paso a paso las indicaciones te mostrarán cómo armonizar tu casa con las fuerzas básicas del universo: 1) **el cielo y la tierra**, 2) **las cuatro direcciones**, 3) **los cinco tipos de energía** que emanan de ellas. Aprenderás a aplicar los principios teóricos y prácticos para el exterior y el interior de los «hogares» donde vivimos: cuerpo y mente, interior y exterior. Descubrirás cómo actúan las mismas energías naturales en un apartamento, estudio, una mansión rodeada por media hectárea de tierra, un bloque de pisos del casco urbano, una cabaña aislada o un suburbio.

Los hogares iluminados están erigidos según las sabias tradiciones que abogan por un modo de vida integral sobre la faz de la tierra. Tendremos ocasión de contemplar su universalidad y atemporalidad –cualidades necesarias de la sabiduría– y las técnicas que pueden enseñarnos. (En este libro me he limitado a presentar las tradiciones con las cuales estoy familiarizada. Te animo a que explores aquellas que mejor se ajusten a tu personalidad o con las cuales tengas una conexión ancestral.)

La mayoría de las culturas tradicionales están orientadas «de arriba abajo» en las cuatro direcciones cardinales (con múltiples direcciones intermedias) y practican alguna for-

Si no pertenecemos a la naturaleza no pertenecemos a ningún sitio, tendremos que enfrentarnos al desahucio final y a vagar sin hogar indefinidamente.
—Michael Dames

Hubo un tiempo en el que la práctica de la geomancia –que puede definirse aproximadamente como la ciencia que busca en los hábitats y actividades humanos la armonía con el mundo visible e invisible que nos envuelve–, era universal y quedan vestigios de ella en el paisaje, la arquitectura, los rituales y las tradiciones de casi todos los países del mundo.

—Nigel Pennick

ma de geomancia[5] de acuerdo con esa orientación. Quizás estés familiarizado con el feng shui chino,[6] con la perspectiva celta, védica, africana o la de los nativos americanos. A pesar de que los colores, símbolos, elementos y otras asociaciones de la orientación varían de una cultura a otra y de una tribu a otra, sólo representan diferentes perspectivas del mundo –como si miráramos a través de un cristal amarillo o azul– y no mundos fundamentalmente diferentes.

La esencia de las cosmologías tradicionales es la misma: como sistemas holísticos conectan la mente y el cuerpo (el cielo y la tierra) con la energía vital de la vida que puede concebirse como espíritu, *chi* o *lungta*.[7] Esa conexión se encarna sutilmente en espíritus, dioses o deidades, energías sutiles o *drala*[8] y se manifiesta en el mundo real como sabiduría, salud, bienestar, armonía y poder. Otras «interpretaciones» de esta perspectiva básica pueden estar o no influidas por la cultura local. (Por ejemplo, el mismo color puede tener un significado positivo en una cultura y un significado negativo en otra.) Este libro te enseñará cómo trabajar espontáneamente dentro de tu contexto, disponiendo a la vez de una perspectiva general.

El *I Ching* habla de la igualdad dentro de la diversidad y de la diversidad dentro de la igualdad. El territorio común de la diversidad es aquello que está despierto. La condición «despierta» es la base de la vida contemplativa y del diseño iluminado. En la práctica lo experimentamos como «conciencia del espacio», espacio que definen los cinco tipos básicos de energía.

La primera parte de este libro, «Preparar el terreno», se ocupa del principio de conciencia espacial y describe cómo las cinco energías –en equilibrio o en desequilibrio– conforman el espacio de cada individuo para bien o para mal.

Si tienes la sensación de que este campo es demasiado vasto para tus fuerzas, puedes pasar a las indicaciones prácticas de la segunda a la sexta parte. Esos capítulos te enseñarán a trabajar con cada tipo de energía –sus cualidades, sus asociaciones sensoriales, sus promesas y peligros– en tu casa. Te explicarán cómo actúan las cinco energías para armonizar tu vida, poniendo tu hogar en sintonía con las fuerzas de la naturaleza. Los ejercicios contemplativos te proporcionarán una experiencia práctica y personal. Para profundizar tu comprensión de la materia, puedes retroceder a «Preparar el terreno». Basado en la atención consciente, el diseño iluminado traza un círculo completo.

La finalidad de la vida es vivir, y vivir significa estar consciente, alegremente, desenfrenadamente, serenamente, divinamente consciente.

—Henry Miller

PREPARAR
EL TERRENO

*Desde el punto de vista contemplativo,
el diseño del hogar y la ecología son una
misma cosa. Contempla tu mundo sin
fisuras cuando te preguntes: «¿Qué tiene
esto que ver con el diseño del hogar?».*

1

Verdades del hogar

Éste es un libro acerca del «hogar» en el sentido amplio de la palabra y abarca tanto lo cotidiano como lo extraordinario. Hubo un tiempo en el que el «hogar», al igual que la montaña mágica, era símbolo de la unión entre el cielo y la tierra. Hubo un tiempo en el que la «morada» (el lugar en donde permanecemos) tenía tanto significado como el «espacio central» del chamán, donde se encontraban los reinos espiritual y humano. Y era sabido de todo el mundo que, si se quería jugar con los planos de la realidad, el espíritu, los ángeles y otras energías del mundo fenomenológico, uno debía estar «centrado».

Juntamente con los umbrales mágicos que unían los mundos interior y exterior, las puertas mágicas que simbolizan las puertas de la percepción, las escaleras y chimeneas mágicas –todos ellos mencionados en los cuentos de Santa Claus–, los hogares eran lugares sagrados que representaban el nexo entre el mundo superior e inferior. La casa era un espacio donde el ser humano estaba en armonía con el vasto mundo. La vivienda no debe ser un cobijo donde retirarse sino el hogar universal que abandonamos hace tiempo y al cual regresaremos en el futuro. En esta obra se muestra cómo podemos encontrar el camino de regreso.

Cuando viajo a los lugares sagrados del mundo me doy cuenta de que constituyen el hogar más prometedor para la transformación de la Tierra.
—Shaun McNiff

Traspasar las puertas de la percepción

Existe un flujo continuo de energía que conecta el cielo y la tierra, la mente y el cuerpo, la conciencia y el mundo en el que vivimos. Las puertas de la percepción de nuestros sentidos reciben gran caudal de impresiones visuales, auditivas y táctiles, olores e incluso pensamientos que pueden crear en nosotros sentimientos de placidez o de inquietud. Nuestra salud personal y planetaria, y con ella nuestra

El cosmos no es algo lejano sino algo de lo que formamos parte. Toca nuestra piel y fluye a través de nuestro cuerpo.
—Louie Bernstein

posibilidad de bienestar, dependen del equilibrio de esa energía; nuestra calidad de vida depende de los mensajes sensoriales que nos llegan.

Estar despierto

El elemento «co-creador» de este universo de sensaciones es la mente atenta. Estar despierto implica ser consciente y estar atento a uno mismo y a lo que nos rodea. Nuestra atención se dirige a los detalles de las experiencias cotidianas –buenas y malas– y les da sentido. La verdadera conciencia implica 360 grados de atención y transforma la manera en que el individuo ve y «está» en el mundo. Como apunta el arquitecto Greg Van Mechelen, «tomar conciencia de lo que existe es el primer paso para dar forma a nuestro entorno».

La magia cotidiana

La atención consciente dirigida en todo momento es una ventana de oportunidades que da acceso a la magia cotidiana, lugar donde la persona –en la oficina, la cocina o el coche– se conecta con las fuerzas del universo.

La magia empieza por la «visión clara» de uno mismo y del mundo donde vivimos. Las materias primas de nuestra experiencia –imágenes, sonidos, tacto, sabores, pensamientos y sentimientos– albergan la magia que necesitamos en nuestra vida. La combinación de la mente despierta con el conjunto de la experiencia es lo que se denomina «contemplación» –y también la senda del diseño iluminado.

«Ver claramente dentro de un espacio»

Contemplación: del latín *contemplari*, observar detenidamente; de *com* (intensivo) y *templum* (lugar abierto para la observación, para ver claramente dentro de un espacio); espacio señalado por los augures para la observación; templo, lugar sagrado.

La contemplación es el estado mental en el cual el individuo se centra en un objeto determinado –una vela, el pasaje de un libro, la visualización de una deidad o una actividad cotidiana– para «ver claramente» la esencia de las cosas. Esta esencia se describe así en el sutra budista del corazón: «La forma es el vacío, el vacío en sí es forma; la forma no es más que vacío, el vacío no es más que forma».

Vacuidad

Vacío significa que nuestra mente está libre de ideas preconcebidas. Está abierta como el cielo, como el espacio abierto. En su obra *Speaking of Silence*, el psicoterapeuta Jack Engler define la contemplación como un «proceso de autovaciado que se va repitiendo a lo largo del día». Constituye, según sus propias palabras, una «invitación a ir más allá de cualquier suposición acerca de nosotros que nos limite… Es abrirse al reto, catapultarse hacia el espacio abierto que encarna la contemplación».

Forma

La forma es nuestra experiencia sensorial del mundo. Es producto de las percepciones. Al abrir nuestra mente exhortamos a que las percepciones hablen por sí mismas. De este modo, los mensajes sensoriales que recibimos –estemos o no familiarizados con ellos– siempre son frescos, desinhibidos y, en cierto modo, sorprendentes.

La visión de una cama sin hacer con las finas sábanas floreadas, el sonido del periódico que el cartero deja caer delante de la puerta al amanecer, el roce de la alfombrilla de mimbre, el sabor del té caliente, el canto misterioso de las aves nocturnas, cualquier cosa puede desatar la magia de la conciencia.

Conciencia

La conciencia es como el oxígeno: no lo «poseemos», simplemente lo acariciamos. Eso es lo que significa «despertar». La atención consciente es la base de un hogar armonioso. Nos pone en sintonía con la danza energética de:

espacio/contenido   calor/frescor
movimiento/inactividad   orden/caos
riqueza/simplicidad   arriba/abajo

La conciencia nos permite diagnosticar el exceso o déficit de energías, restablecer el equilibrio y canalizar las energías que necesitamos y queremos para nuestra vida. Una vida equilibrada es un proceso intuitivo[1]..., y una forma de plegaria. «La voz griega *prosevkomai*, que se traduce como plegaria –escribe Jeremy Hayward– significa simplemente entrar en un estado de atención consciente.»[2]

El hogar es un asunto muy personal. Refleja la armonía de nuestra vida en la tierra. De las baldosas del suelo a las estrellas del cielo, las esencias personal y cósmica se funden en una sola cosa dentro de la conciencia. A continuación veremos cómo se traduce la atención en el diseño del hogar.

2

El diseño del hogar iluminado

La práctica

El diseño iluminado empieza por la evaluación de las pautas naturales de energía, más que por nuestros deseos y necesidades individuales. Si armonizamos nuestro hogar y nuestra vida con las cinco energías básicas, lograremos satisfacer nuestros deseos y necesidades. Las necesidades y deseos no satisfechos son aquellos en los cuales históricamente nos hemos excedido o hemos descuidado y, por lo tanto, exigen más atención. En ese sentido, la tierra y el cielo (tema que abordaremos en el capítulo 3) y las cinco energías básicas sirven para corregir los desequilibrios en el hogar o en nuestra vida. A continuación se exponen algunas correspondencias entre las energías naturales y las preocupaciones humanas.

Las energías naturales
y las preocupaciones humanas

Todos los estilos, remedios y propuestas de diseño de este libro tienen que ver con tu estado mental, tu cuerpo y tu relación tanto con el mundo como con tu hogar. Cuando los emplees te ayudará verlos relacionados con las cuestiones concretas que te preocupan:

Espacio. Tu vida necesita más relajación, ternura y sensatez; te falta espiritualidad.

Claridad. Debes centrarte. Eres desorganizado y tus objetivos no están claros. Necesitas prestar atención a cuestiones relacionadas con la formación, el desarrollo personal o la salud. Tienes que simplificar tu vida, encontrarle más sentido a todo, volver a la esencia de las cosas.

Riqueza. El dinero y los recursos son un tema candente. No pisas suelo firme; tu vida no es satisfactoria. Necesitas ampliar o enriquecer tus horizontes y la confianza en ti mismo necesita un buen empujón. Deseas mayor presencia/influencia en el mundo.

Calidez. Las relaciones personales son un problema para ti. Te sientes aislado, infeliz y solo. Tu hogar no es acogedor. El placer y la pasión no forman parte de tu vida. Estás atravesando una mala época.

Energía. El trabajo se te ha ido de las manos (incluso el espacio donde vives esta fuera de control). Necesitas menos velocidad y competitividad en tu vida; más eficiencia y productividad, en suma, ¡más éxito! Estás preparado para entrar en acción.

Arriba (Cielo). Las «luces» que te guían se han velado. Hay escasa presencia de tus antepasados (ángeles de la guarda o poderes superiores). El hogar ya no despierta lo mejor en ti: la familiaridad ha alimentado el desprecio.

Abajo (Tierra). Las tareas cotidianas (cocinar, reciclar, mantener el coche, hacer gestiones bancarias) te desbordan. No tienes tiempo para ocuparte de los detalles. El mundo físico es para ti una molestia en lugar de una bendición.

Antes de ir más lejos...

No es la vasija lo que estamos formando sino a nosotros mismos.
—M.C. Richards

Recomiendo encarecidamente el uso de un cuaderno donde vayas anotando el progreso diario. Podemos empezar recogiendo en él las cinco energías, así como nuestras intuiciones e inspiración. Los libros en blanco o los cuadernos de dibujo son adecuados para esta labor aunque es preferible usar una libreta de anillas que nos permitirá agregar, borrar o cambiar la secuencia de las páginas.

Las partes II a VI requieren cuadernos separados con un código de color para cada uno de los cinco estilos. (Algunas libretas de anillas tienen separadores de color que facilitan la clasificación.) También se pueden utilizar portafolios de plástico para guardar propuestas interesantes que hayamos recortado de revistas y catálogos (y reciclar el resto). Es interesante contar con fotografías, postales u otros objetos valiosos para nuestro trabajo. Por último es necesaria una buena cantidad de folios en blanco para tomar notas.

Dibuja, haz fotos o colages y reflexiona sobre los ejercicios indicados con un guión (–) que aparecen a lo largo del libro. Trata de localizar ejemplos de los cinco estilos en otra época o en otros lugares. Apunta tus impresiones a medida que vayas explorando cada energía. Conforme vayas escribiendo en tus cuadernos blanco, azul, amarillo, rojo y verde, las energías comenzarán a hablar por su cuenta, cosa que repercutirá positivamente en tu hogar.

La casa ideal

Antes de nada, visualiza tu casa ideal en un papel. ¿Qué necesitas en una vivienda? ¡Da rienda suelta a tus deseos! Piensa en el lugar y en el espacio interior/exterior. ¿Cómo distribuirías la superficie de la vivienda y por qué? (¿Te gustaría una casa sin paredes ni habitaciones separadas o con muchos espacios recogidos?) Piensa en el color, los materiales de construcción (manufacturados y naturales) y en los elementos de la naturaleza (tierra, agua, fuego y viento). Anota los detalles que vayan surgiendo espontáneamente.

Los resultados de este ejercicio indican qué tipo de espacio necesitas para vivir. Todas las ideas que hayas apuntado son, en realidad, variaciones de las cinco energías. Continúa leyendo para ver cómo –con o sin dinero, con o sin la opción de mudarse o construir– puedes crear un espacio ideal que, a la vez, esté en sintonía con el universo.

– Si es posible, resérvate un lugar donde puedas trabajar en este proyecto durante un tiempo. ¡Una gran cesta o una caja de libros servirán para anclar tu inspiración cuando te lances al espacio!

Diseño: del latín *designare*; hacer o llevar a cabo planes; tener un objetivo o un propósito en mente; señalar.

3

El cielo, la tierra y el ser humano

El cielo es, allí arriba, el firmamento; la tierra, el suelo que pisamos. Nuestro corazón late entre ambos. Éste es el principio del cielo, la tierra y el ser humano. Esta verdad rige el mundo en el que vivimos: nuestra salud física y mental depende del equilibrio entre el cielo y la tierra. Cuando el cielo y la tierra están en armonía, la inmensidad de la cúpula celeste y la receptividad de la madre tierra se manifiestan en forma de abundancia y bienestar.

Lha, nyen y lu

En la tradición tibetana, el principio de *lha*, *nyen* y *lu* define la «jerarquía» del cielo, la tierra y el ser humano en el mundo natural (donde el principio de la unión, el hombre, es *nyen*). «*Lha*, *nyen* y *lu* se refieren al protocolo y al decoro de la tierra misma –enseña el Rinpoche Trungpa– y nos muestran cómo los seres humanos pueden formar parte de la textura de la realidad básica.»[1]

Cielo

Para los navajos y los tibetanos, el diálogo entre la tierra y el cielo no sólo implicaba la naturaleza separada de los dos aspectos del orden natural, sino también su permanente e inseparable lazo. Ambas culturas tienen nombres y enseñanzas muy específicas acerca de la unidad inherente de las energías y cualidades opuestas.

—Peter Gold

El cielo es espacio, inmensidad, el reino de los dioses y de la energía más allá de la forma. Interiormente es la mente, son los ideales más elevados, es la «visión». En el mundo natural, *lha* se identifica con los lugares altos y los ambientes enrarecidos. Es la cumbre nevada de una montaña que captura los primeros rayos del sol. Es el sol, la luna, las estrellas, las nubes y el mismo cielo.

En el conjunto del cuerpo, el habla y la mente, el cielo encarna a la «mente» y en especial a la conciencia. Físicamente, corresponde a la cabeza (sobre todo a la frente y los ojos), así como al sombrero y las gafas. En el hogar, el cielo es el techo y el ático del edificio. El cielo es verticalidad, está conectado con los objetos más apreciados o sagrados

–libros, textos, reliquias, cuadros antiguos o recuerdos de familia– guardados en lugares preferidos de la casa. Insufla inspiración al sitio donde vives o trabajas y podrías tener un poco de cielo en la tierra.

Tierra

La tierra es base, solidez y energía de la forma. En el mundo natural, *lu* –que encarna a la riqueza y la fecundidad– se asocia a las tierras fértiles de escasa altura bañadas por los ríos y llenas de vida. De ella también forman parte los océanos, los pantanos y la jungla. La riqueza de la tierra está simbolizada por el oro sólido y el color amarillo.

En la vida cotidiana, la tierra es la riqueza de la verdad relativa. La tierra representa los detalles, los elementos básicos de la energía que sustenta la vida; también representa la economía doméstica, la edad, la salud y los elementos naturales.

En el conjunto del cuerpo, el habla y la mente, la tierra representa al «cuerpo». Dentro del cuerpo en sí, simboliza las partes bajas (de cintura para abajo) que generan y sustentan la vida, tanto como los calcetines y los zapatos. En la vivienda, tierra son el sótano, los suelos, las cañerías y los cimientos. También los productos de limpieza guardados debajo del fregadero. Los cimientos sólidos son una buena pista de aterrizaje para el cielo. Si prestamos atención a los detalles prácticos hacemos posible que el cielo aterrice en la tierra.

El hombre es un vínculo entre el cielo y la tierra

El cielo y la tierra hacen el amor,
y cae una fina llovizna.
La gente no sabe por qué,
pero están juntos como si fueran música.
—Tao te Ching

El cielo y la tierra se encuentran en las sencillas relaciones de los objetos cotidianos (la alfombra que une el suelo con los muebles, la planta que une el suelo con quien la cultiva). El nexo sensible entre el cielo y la tierra se llama tradicionalmente «hombre». No se refiere al sexo sino a un

La cenefa superior crea sensación de solidez. La cenefa inferior crea sensación de «cielo» o espacio. Las dos juntas atraen la atención hacia el «hombre» o centro del espacio.

principio de unión, como el habla. El hombre es el puente. En una metáfora tradicional, es la silla que une al caballo con el jinete.

En el mundo natural, *nyen* se refiere a las estribaciones acogedoras de las montañas y a las planicies –no demasiado calurosas ni demasiado frías– para los seres humanos y los animales. Físicamente, el principio del hombre va asociado a los hombros, el torso, las costillas y el pecho; al traje o al vestido, y el broche en la solapa que mantiene unido el conjunto. En el hogar es el mobiliario y son los accesorios que unen la estructura y el espacio.

En última instancia, el cielo y la tierra son inseparables. Su unión no requiere la intervención del hombre. Cuando hablamos de «unir», simplemente nos referimos al funcionamiento del mundo. El diseño iluminado une al cielo y la tierra para armonizar nuestro hogar y nuestra vida con el orden natural de las cosas. A continuación, algunas normas prácticas:

– Antes de poner el corazón en el diseño de tu habitación ideal (cielo), observa dónde están emplazados los enchufes, las conexiones telefónicas y los conductos de la calefacción (tierra). Observa cómo fluye el «tráfico» por la habitación. Asegúrate de que el sol no dé directamente sobre la pantalla del ordenador antes de poner el escritorio junto a la ventana con un paisaje espléndido.
– No pierdas de vista los detalles (tierra) en el gran esquema de las cosas (cielo). Presta atención al equipo informático, al asiento, los adornos y las molduras. Comprueba la iluminación natural y artificial. Observa las superficies (pintadas, naturales, tratadas). ¿Están desteñidas? ¿Son ásperas? ¿Son limpias y brillantes? ¿Cuál es el efecto de los tejidos en el espacio? No te apresures a hacer cambios todavía; tómate tu tiempo y limítate a anotar tus impresiones.
– ¿Hay flores o plantas marchitas (tierra) en una habitación bellamente decorada (cielo)? Los elementos vivos de tu entorno –flores, plantas, peces, pájaros– deben medrar para elevar la energía positiva hacia el espacio.

Cuestión de equilibrio

Cuando se inicia la danza del «esto y aquello», los distintos elementos del mundo se relacionan y el equilibrio es el rey. La vida es un continuo proceso de equilibrio/desequilibrio y «perderlo» forma parte del proceso. ¡El «desequilibrio» puede despertar al individuo! Ésta es la «práctica» del ejercicio contemplativo (al mismo tiempo que se rompen las reglas, pero esta cuestión la abordaremos más adelante).

– Sopesa el espacio (cielo) y las impresiones sensoriales (tierra): si quieres lograr armonía visual no te excedas con los adornos ni exageres los colores, diseños o formas. Para lograr armonía táctil, evita las temperaturas extremas (calor/frío), las superficies con texturas demasiado duras o blandas, los muebles y accesorios austeros o barrocos en exceso. El sonido del equilibrio es el silencio. No permitas que el sonido de televisores, radios, personas, animales o aparatos de la casa domine el ambiente. Encuentra un punto de equilibrio entre las puertas y ventanas cerradas y tu necesidad de protección e intimidad. Trabaja con las energías de los opuestos, que fluyen continua y constantemente:

orden/caos	húmedo/seco
cuerpo/mente	claro/oscuro
vertical/horizontal	rígido/flexible
hueco/sólido	móvil/fijo

Ahora veremos cómo pueden el cielo y la tierra conjuntarse en la estructura del hogar.

Techos arriba

Los techos y suelos son el cielo y la tierra de una casa. Juntamente con la altura de las paredes, la iluminación y el contenido de la habitación crean el equilibrio físico y visual necesario para disfrutar del espacio.

La palabra «techo» significa en muchas lenguas «cielo». Los techos demasiado altos (demasiado cielo) desvían nuestra atención de la tierra y pueden hacer que una habitación parezca imponente o incluso amedrentadora. (Las catedrales estaban concebidas para lograr ese efecto.) En casa, los techos muy altos o abovedados dificultan la reflexión, el trabajo y la atención en el «aquí y ahora». Tienen además otro inconveniente: hacen que sea difícil y costoso calentar e iluminar bien el espacio. Más adelante veremos algunas maneras de corregir estos desequilibrios que resultan perturbadores.

En algunos casos, los techos altos «pueden» resultar elegantes y sublimes. En las casas victorianas, sus imponentes dimensiones quedaban compensadas por la decoración de variados colores y elaborados ornamentos. Las molduras que jalonaban el techo tenían a veces más de 70 cm de profundidad. Los cortinajes y el mobiliario eran de un lujo extraordinario. En la medida de nuestras posibilidades, es posible adaptar algunas de estas técnicas:

– Los techos demasiado altos se pueden matizar con una buena iluminación y reclamos visuales a la altura de los ojos. Por ejemplo, con un mural u otra obra gráfica (en formato horizontal) o destacando las ventanas. Pueden realzarse los brazos de las sillas y las tapicerías. Una repisa o estante transversal sirve, asimismo, para desviar la mirada a menor altura. También es posible pintar las paredes con colores atrevidos, poner muebles grandes y llamativos para bajar el centro de gravedad.
– En el caso de techos inusualmente altos pueden bajarse situando a una altura razonable paneles decorativos o bien estandartes (como en los castillos medievales).
– Otra solución es crear con la pintura efecto de dosel o baldaquín. Para hacerlo habrá que pintar el techo superponiéndose a las paredes, como si se tratara del techado de una tienda.
– Podemos crear un auténtico baldaquín empleando muselinas de varios grosores o un lienzo (también es ideal para ocultar instalaciones eléctricas aparatosas).

Los techos demasiado bajos (incluyendo los techos inclinados hacia fuera y hacia dentro) pueden dar a la habitación una atmósfera opresiva. Al impulsar la energía hacia abajo hacen que cueste alcanzar un estado físico o mental

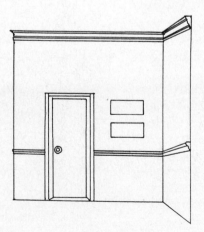
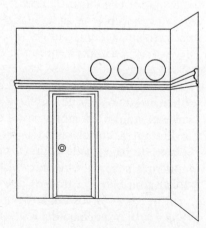

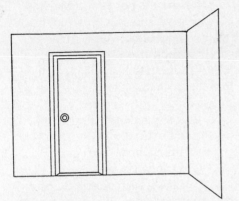 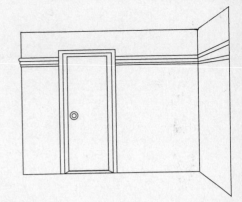

elevado. (Algunas culturas «prefieren» los techos bajos —son fáciles de iluminar y calentar— y han desarrollado su sentido del diseño para darles encanto.)

— Para subir visualmente un techo bajo puedes empapelar la pared o agregar una moldura transversal a menor altura. De esta manera, se atrae la mirada hacia la habitación misma y se crea la ilusión de más espacio del que en realidad hay. Para obtener resultados aún mejores pueden diferenciarse la franja inferior de la superior empleando distintos colores o papeles pintados. Es importante optar por las líneas verticales —plantas, obras de arte verticales o lámparas de pie— si quieres elevar la mirada y la energía.

Suelos abajo

El suelo puede dar peso visual a una habitación y hacerla más armónica. Los suelos demasiado recargados de dibujo y color o, por el contrario, demasiado desvaídos, pueden romper el equilibrio de la habitación. Cuando el techo es demasiado alto o demasiado bajo, el suelo desempeña un papel fundamental para equilibrar la energía del espacio.

— Para «anclar» a la tierra un techo demasiado alto, una buena solución es que el suelo atraiga la mirada (como las espléndidas alfombras de los castillos franceses o las baldosas espectaculares de las mezquitas persas).
— Un techo bajo puede elevarse si el suelo despierta mucho interés (con alfombras de colores vivos como en las primeras cabañas de troncos americanas o los tatamis de ricas texturas de los hogares japoneses). El color debe acentuarse por debajo del nivel de los ojos.

El cielo y la tierra en acción

En su obra *La poética del espacio*, Gaston Bachelard se refiere a las casas como metáfora de lo humano. Lo «humano» es la intersección del cielo y la tierra, que están unidos en nuestra vida diaria. Una vez hayamos armonizado nuestro hogar con el cielo y la tierra podremos poner en práctica una vida cotidiana armónica.

Las ceremonias del té y la bandeja

En la cultura japonesa, muchas formas artísticas contemplativas –concebidas para instruir a sus practicantes sobre la unión del cielo y la tierra– se han trasladado a la vida diaria. La sutil y altamente ritualizada ceremonia del té, por ejemplo –con su casa del té, arreglos florales y bellos accesorios– se condensó y simplificó para uso diario en la «ceremonia de la bandeja» sin perder refinamiento. Cada pequeño gesto que hacen los participantes para unir el cielo y la tierra genera bendiciones en el entorno.

– Utiliza una bandeja para poner en contacto la taza de café o té (cielo) con la mesa (tierra) de trabajo. (Si llevamos la taza a la mesa sin bandeja y la taza pierde base corremos el riesgo de quemarnos.) La bandeja pone la taza y la persona en «su lugar». Conviene emplear un tapete o servilleta de papel para unir la taza de té (cielo) a la bandeja (tierra).

– También puedes servir la comida de tu animal doméstico en bandeja (con tapete o servilleta de papel). Las bandejas son una perfecta señal diaria de la realidad superior e inferior y una buena manera de vincularlas.

Flores y composiciones florales

Si eres aficionado a las flores puedes plantearte hacer un curso de ikebana. Este arte floral japonés se basa en los principios del cielo y la tierra. Cuando combinamos las flores de la estación y el follaje, unimos tiempo (cielo) y lugar (tierra). El ikebana es relativamente sencillo y económico. Quienes se apasionan por las flores pueden llevar a la práctica ese arte en cualquier sitio para agregar armonía al mundo.

Una vez dominados los principios fundamentales, el iniciado puede crear «composiciones con objetos» empleando todo aquello que lo inspire –objetos encontrados al azar, exposiciones temáticas, etc.– en vez de flores. Las composiciones pueden ser miniaturas u obras monumentales. Pueden exponerse aisladamente o ser funcionales, como un centro de mesa.

Sombreros y zapatos
Para crear un entorno armonioso, podemos unir el cielo y la tierra viviendo a conciencia, pero también recurriendo al diseño. Algunas de las sugerencias hechas a continuación pueden parecer muy simplistas ¡pero funcionan! Son principios naturales en los cuales se sustentan las sociedades y gobiernos tradicionales, así como la salud y el bienestar personal.

— Para armonizar tu vida con el cielo y la tierra es importante respetar las funciones de cada uno. Si comemos mientras trabajamos, estaremos confundiendo la función física e intelectual. Comer o leer en el baño equivale a confundir las funciones altas y bajas.
— Para honrar al cielo y a la tierra es básico no elevar las cosas que pertenecen a la tierra ni viceversa. Los calcetines y medias deben guardarse «debajo» en vez de emigrar al cajón más alto del armario. Los sombreros se asocian a la cabeza y, por tanto, al cielo; es mejor guardarlos «arriba». La ropa interior no debe guardarse en el cajón más alto. Su lugar natural son los cajones intermedios. Guarda los calcetines debajo y las bufandas y joyas arriba. Los trajes y vestidos deben colgar del perchero entre el techo y el suelo. Los zapatos viven cómodamente en el suelo y no en los estantes altos del armario. Los pies no deben apoyarse en mesas o sillas. Tampoco en libros (que representan las ideas, y por tanto, el cielo).

Honrar lo sagrado
— Es conveniente poner las cosas que uno respeta o reverencia —objetos o textos sagrados, reliquias, cuadros o fotos antiguas, incluso los libros que representan el conocimiento (cielo)— en un lugar elevado. Estas cosas nunca deben estar en el suelo, debajo de la cama, en la parte baja de un armario o en los cajones inferiores. Tampoco debe colocarse nada encima de ellas (tazas de café, bandejas o cosas sucias). (A ciertas horas y en ciertos lugares, no es extraño que los objetos sagrados estén en contacto con la tierra, pero eso no implica que puedan dejarse en el suelo.)

Sincronizar la mente y el cuerpo

– Un gran esfuerzo mental puede equilibrarse con trabajo físico, ejercicio o, simplemente, caminando (en vez de conducir) por el mundo. Si trabajas en casa, puedes sincronizar la mente y el cuerpo (unir el cielo y la tierra) trabajando en el jardín, lavando verduras, cocinando, haciendo la colada, jugando con los niños o con un animal doméstico.

Rastrillos, escobas y trapos

Sentimos las fuerzas del cielo y la tierra más vivamente cuando están desequilibradas (y el desequilibrio de uno de los elementos afecta a los tres). Si el cielo, la tierra y el ser humano no se apoyan entre sí aparecen los trastornos físicos y mentales.

Todos deseamos que nuestro hogar sea un remanso de paz y simplicidad (cielo), pero a la vez nos agotamos tratando de mantener la casa en condiciones óptimas y dominar las fuerzas de la naturaleza (el ser humano suele asumir un papel demasiado relevante). Una preocupación más –aunque no tengas en cuenta el ruido ni el gasto que supone– es qué hacer con plumeros, cortacéspedes, tijeras de podar, aspiradoras, secadores de pelo y lavavajillas (demasiada tierra), que chocan directamente con nuestros sueños.

Si armonizas tu visión de la paz (cielo) con hojas caídas, lluvia y platos sucios (tierra), puedes pensar que los mejores instrumentos son el rastrillo, la escoba y el trapo. El acto de pasar la aspiradora va asociado al sentido práctico. Con ese acto se restituye el equilibrio del cielo y la tierra.

Reunir en un punto el cielo y la tierra

Un cuento zen habla de un hombre que fue perseguido por un tigre voraz hasta el borde de un precipicio. Allí, entre la roca y el barranco, ante la verdad ineludible, el hombre descubrió una mata de bayas, escogió una, se la metió en la boca y exclamó:«¡Delicioso!».

«¡Delicioso!» es el sabor experimentado cuando se está en el instante preciso de haber alcanzado la conciencia elevada. Tal vez el lugar no sea agradable ni acogedor, pero al menos es verdadero. Y lo verdadero siempre es preferible a lo falso. Un dicho budista contemporáneo dice así: «La vida es dolorosa, el sufrimiento es opcional.» El dicho celebra la verdad del «aquí y ahora». Según ese enfoque, «verdad» es equivalente a «sagrado» y el «aquí y ahora» es la experiencia personal del cielo y la tierra en el sitio preciso. A partir de ahí el mundo se despliega.

Cuando el cielo y la tierra se encuentran en un lugar, ese lugar tiene una parte frontal, una trasera y dos lados. Son los cuatro puntos cardinales. En el próximo capítulo, aprenderemos a orientar nuestro hogar para disfrutar de sus beneficios.

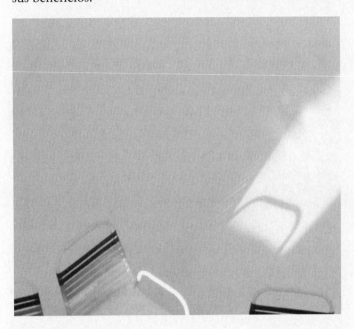

4

Las cuatro direcciones

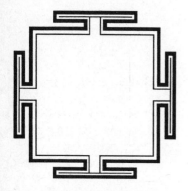

Las culturas tradicionales –indoeuropeas, africanas, asiáticas y nativas americanas– siempre buscaron orientarse adecuadamente con el cielo, la tierra y las cuatro direcciones a través del arte, la arquitectura, los mitos, los rituales y las costumbres domésticas. Algunas todavía lo hacen.

Las cuatro direcciones desde distintos puntos de vista

Las cuatro direcciones están conectadas universalmente con elementos naturales: tierra, agua, fuego y aire; con colores, deidades, animales totémicos y actividades humanas específicas. En su obra *Mythic Ireland*, Michael Dames explica cómo, en gaélico, los nombres de las cuatro direcciones evocan cualidades míticas en lugar de formas geométricas abstractas y cómo estas «cualidades» perfilan la vida cósmica, individual y colectiva.[1] Si estudiamos detenidamente las cuatro direcciones podremos determinar su influencia en nuestro hogar.

Las cuatro direcciones están representadas por los cuatro lados del cuadrado y simbolizan la estabilidad del centro en el cual se originan.
—Nigel Pennick

Este

El este –oriente– está conectado con la visión, la claridad y las formas emergentes. Su color es el azul.[2] El sol naciente diluye la oscuridad. Si hacemos una asociación, el este encarna la «iluminación» a través del discernimiento, el aprendizaje intelectual y la visión espiritual. Nos ponemos en dirección a oriente para «despertar» y ver las cosas con claridad. Su elemento es el agua cristalina. Su energía es serena y brillante. El este está conectado con la purificación, la curación y la superación de obstáculos. Miramos a oriente para recuperar la salud física y mental. Oriente proporciona claridad al hogar, atenúa la confusión y la ansiedad, promueve la paz.

– Podemos reflexionar sobre la energía de oriente en estanques, lagos, pantanos o contemplando representaciones artísticas del sol, volúmenes de agua y temas náuticos.

El término gaélico para designar el este (*oithear*) está lleno de «significados relacionados con el porvenir», afirma Dames, como «inicio, futuro o día venidero». También puede significar «fachada» o «parte frontal de una casa» y, por extensión, «supremacía», «inteligencia» y «dotes de observación» o «parte frontal de la cabeza».[3]

La mayoría de las tradiciones basadas en el culto a la tierra orientan (en el sentido más amplio de la palabra) las casas, pueblos, templos, iglesias y mandalas sanadores hacia el este –oriente–, la dirección del sol naciente. Alinean la entrada de las casas, cabañas y tiendas –y sus habitantes– con la energía del «despertar» para empezar el día pletóricos de vitalidad. Oriente siempre está despierto y vive anclado al «ahora».

El sol es la influencia celestial más importante, ya que es la mayor fuente de energía de la tierra. Posibilita la vida en la tierra y determina el crecimiento, la fuerza y la energía diaria de todos los ciclos de la vida.

—Hua-Ching Ni

– Invita a entrar la luz del sol naciente a través de las ventanas, claraboyas y puertas.
– Sitúa las habitaciones relacionadas con tus aspiraciones y tu ambición (despachos, estudios, talleres) en la parte de la casa «nueva y emprendedora», es decir, la que da al sol naciente. Si es posible sitúa asimismo la entrada o el vestíbulo de cara a oriente.
– Reflexiona sobre las estaciones –primavera, verano, otoño e invierno– en tu entorno. Celebra los solsticios y equinoccios desde una perspectiva personal, social e histórica. (Para más sugerencias véase «Conclusión: combinar todos los elementos».)

La luna también sale por el este. La luna es un objeto para ser contemplado. Refleja la verdad de las cosas cuando «cambian»: nacimiento, vejez, enfermedad, muerte y renacimiento. La luna inspira reflexión sobre el cambio y la transitoriedad. Tanto las actividades sagradas como las profanas –durante milenios las labores agrícolas se ha regido por ella– se coordinan universalmente con los ciclos y las fases de la luna.

La energía de la luna, con sus característicos ciclos creciente y menguante, desempeña un papel muy importante en nuestra vida intelectual y emocional. Estos ciclos influyen en la menstruación femenina y en las mareas. La luna llena puede dar lugar a inquietud y a comportamientos impulsivos, pero también puede proporcionar un gran caudal de energía. Las noches de luna llena son el momento adecuado para cultivarse y para la expresión artística.

—Hua-Ching Ni

– Puede ser muy gratificante utilizar un balcón, un porche o una ventana para contemplar la luna plácidamente. También podemos contemplar la luna en las obras de arte, en la arquitectura o en la prosa y la poesía de muchas culturas. La libreta azul puede servir para recoger ejemplos al respecto.

– Emplea el oro y la plata para celebrar las energías del sol y la luna en tu hogar.

Oeste

El oeste –occidente– es muy seductor y está lleno de colorido. Su color es el rojo y su elemento, el fuego. Como orientación está conectada con el calor, la pasión y las promesas del futuro.

Pero también con los finales y la muerte. El sol y la luna se ponen por occidente. El oeste está relacionado con los colores y el calor del hogar, con las relaciones y los dramas humanos de la vida y la muerte.

– Aprovecha los cálidos rayos que caen a primera hora de la tarde en la sala de estar –o en otro lugar cómodo de la casa– para tomar el té. Por las mismas razones, entre ellas la relajación y el descanso, ubica el dormitorio y otras áreas «de retiro» en el lado oeste de la casa.

– Celebra la energía del oeste con velas, hogueras, objetos y telas de color escarlata, fragancias seductoras y el calor de la compañía de otras personas.

El término gaélico para oeste (*iar*) hace referencia a finales, extremidades. Entre otras cosas, significa «conclusión de un periodo» y «consecuencias desafortunadas». Se relaciona con implicaciones de sabiduría cosechadas tras juicios por el fuego.[4] La mayoría de las culturas aborígenes americanas asocian el oeste con el trueno, el relámpago y el mundo espiritual: el territorio de los muertos. El oeste puede infligir dolor o ser fuente de placer. En el hogar, la luz del sol poniente puede ser demasiado intensa. Puede deslumbrar y sobrecargar de energía el espacio. (Es posible que nos sintamos irritados por la tarde y creamos que la irritación es «casual».) Bajo tales influencias el trabajo no cunde y, tal vez, también se vea afectada la salud física y mental.

– Proteje las habitaciones, especialmente las destinadas al trabajo, de la agotadora energía que penetra por las ventanas occidentales y del sol poniente que entra a través de toldos, cortinas y persianas. Si es posible, cambia su orientación.

Norte

La energía del norte es una fuerza sensata que debemos tener en cuenta. Los campos magnéticos canalizan la energía de norte a sur. (Por ese motivo, los zahoríes buscan la posición que va de norte a sur para iniciar su trabajo. Varias escuelas de pensamiento recomiendan que la cabecera de la cama apunte hacia el norte.) El viento es el elemento del norte. Su color es el verde: el color de la renovación/recuperación, del crecimiento invisible y de la larga vida. El norte proporciona vitalidad al hogar y energía para lograr éxito.

– Celebra la energía del norte con la ayuda de ventiladores, cometas y objetos móviles reales o representativos (móviles, campanillas, pájaros/plumas, cuadros con barcos veleros, etcétera), plantas y criaturas vivas, así como diseños dinámicos para las superficies.

La luz del norte es la luz más «fresca», especialmente en invierno. Los artistas prefieren esta luz tenue porque no llama la atención ni interfiere en la percepción del color. Exponerse a la fría luz del norte puede generar estados sombríos y melancólicos.

– Puedes proporcionar luz a las habitaciones que dan al norte con flores frescas y pájaros cantores.
– Utiliza espejos para aumentar la luz natural y artificial.

En nuestro hemisferio, la exposición al norte nos expone al viento y al frío del Ártico. Muchas casas antiguas «no» tienen ventanas en el ala norte o bien están protegidas por barreras de árboles.

– ¿Cómo son las habitaciones de tu casa que dan al norte? Es preferible instalar grandes ventanas y puertas de vidrio en otras partes de la vivienda. Antes de utilizar como despacho una habitación expuesta al norte, ten en cuenta la luz, la temperatura y la energía en general.

El norte –asociado con el espíritu guerrero e invencible– también representa el peligro. El término gaélico para norte (*tuaisceart*) significa «lado izquierdo». Transmite una idea de peligro, además de «arrogancia, vanidad, orgullo», acciones violentas como «martillear, golpear o castigar», y también «corazones afligidos».[5] El norte implica amenazas y la necesidad de protección. (Volveremos sobre este tema en la parte VI, «Energía».)

— Algunas tradiciones colocan atemorizantes «guardianes del tejado» en dirección al norte. ¿Dispones de ellos? ¿Sabes cómo proteger el mandala de tu hogar de las influencias negativas?

El norte es la energía que supera los obstáculos y permite que cualquier empeño llegue a buen puerto. Por la energía protectora y previsora que emana del norte, los cuarteles militares orientados en esa dirección se utilizaban tradicionalmente para planificar campañas y entrenar a la tropa.

— Los espacios dedicados al deporte, las actividades de los niños, el trabajo con herramientas y las despensas, pueden estar orientados hacia el frío norte.

Sur

El sur se asocia con el calor, la fuerza y la fecundidad. Su elemento es la tierra y su color el amarillo dorado. El sur encarna la energía de la abundancia y la vida placentera («amarillo dulzón»). En gaélico, el término sur (*dess*) significa «estar a la derecha de una persona de cara al este» —una situación propicia que puede dar origen a muchas cualidades positivas. Por extensión significa «afortunado», «favorable», «belleza» y «espiga de trigo».[6] En el hemisferio norte la energía física prospera en el sur. La fuente más poderosa de calor y luz solar es la que procede del sur. El clima cálido del sur y sus cosechas proporcionan abundante alimentación. El sur vence la pobreza, trae abundancia y bienestar al hogar.

— Pon plantas y flores exuberantes en las ventanas que dan al sur. Florecerán de manera espléndida.
— Para invocar la energía del sur, en el hogar debe haber tierra (piedras, arena, barro en forma de vasijas o tejas), cosas de la tierra (fibras naturales, plantas, madera, cestos de mimbre —preferiblemente llenos— y abundantes alimentos naturales).
— El exceso de luz y calor del sur puede debilitar. Las ventanas grandes, las puertas de vidrio y los porches que apuntan al sur son adecuados (especialmente en los climas fríos) si están suficientemente protegidos contra el calor y la luz deslumbrante.

Orientación básica
hacia las cuatro direcciones

Podemos armonizarnos con las cuatro direcciones de dos maneras distintas, y complementarias que actúan juntas. Primero, tendremos que orientarnos físicamente hacia las energías del este/oeste de acuerdo con el sol y la luna, los polos norte y sur. Para hacerlo puedes realizar el siguiente ejercicio:

– Ponte erguido con los pies firmemente asentados en la tierra y la cabeza apuntando hacia el cielo. Siente la solidez de la tierra que te sostiene y del espacio a tu alrededor. Siente el cuerpo como nexo entre el cielo y la tierra. Imagina que estás mirando al este, la dirección del sol naciente y de los nuevos inicios. Si vives en el centro de España, delante estará el Mediterráneo, detrás, Portugal, a la derecha, África y, a la izquierda, Francia. Las diferentes direcciones transmiten distintos colores, texturas, pasiones, agresiones, estilos de vida y estados psicológicos. El mundo se despliega así como por arte de magia.

Ésta es la verdad del mundo relativo, un enfoque simple y empírico de las cuatro direcciones.

Es estupendo en la práctica, ¡pero nunca funcionará como teoría!

El segundo enfoque sitúa la conciencia fundamental del individuo como centro de cualquier mandala. Desde esta perspectiva, «cualquiera» sea la posición en la que esté la persona, siempre mirará a oriente y estará despierta. En este ejercicio, cuando te sientas en una habitación, debes sentarte de cara a la puerta. La puerta representa el sol naciente, el despertar y el emerger del *chi*. La pared de la puerta es la «puerta de oriente» en el mandala de esa habitación, y la puerta occidental (la energía que te «protege» –calor, amistades, antepasados/familia–) quedará a tus espaldas. La pared del norte (la energía de la habilidad y la astucia, de los aliados que te ayudarán) estará a tu izquierda. La del sur (bienestar/recursos) a tu derecha. Éste es tu mandala exterior, independientemente de los puntos de referencia externos.

El reto es integrar «dentro» y «fuera». Nuestra casa está colmada de energías físicas procedentes de las cuatro direcciones, que se entrelazan –como hilos de brillantes colores– en un gran tapiz que llamamos «casa». Dependerá de nosotros crear un diseño feliz y saludable.

Para lograrlo, debemos saber cómo actúan las energías direccionales en el mundo –individual y colectivamente– y de qué manera afectan nuestra vida.

El poder de las cuatro direcciones

Las energías direccionales se han asociado tradicionalmente a las cuatro acciones o poderes (en sánscrito, *karmas*): pacificar, enriquecer, magnetizar y destruir.[7] La claridad se relaciona con la pacificación, la riqueza con la expansión o la prosperidad, la calidez con la magnetización; la energía con la superación de obstáculos. Al activar los cuatro cuadrantes del espacio, éstos nos enseñan «cómo» debemos actuar en el mundo. Por esa razón, Trungpa Rinpoche afirmaba:

> «Cuando empezamos a reconocer los actos de pacificar, enriquecer, magnetizar y destruir como la expresión natural de nuestro deseo de trabajar con el universo entero, nos liberamos del lastre que supone aceptar con demasiada vehemencia o rechazar de manera violenta, de empujar y ser empujados[...]. La libertad es el principio del mandala en el que todo está moderado por esas cuatro actividades. En el mandala, el este representa el despertar, el sur, la expansión, el oeste, la pasión o la magnetización, y el norte, la acción. Éste parece ser el principio básico del mandala desarrollado.»[8]

El poder del espacio, la quinta energía, no se considera tradicionalmente una «acción», dado que el espacio no «hace» nada aunque puede ser la energía más poderosa de todas. El espacio encarna la sensatez y la franqueza básicas. Vamos a abordar cómo transmitir ese poder a través del diseño.

Las energías direccionales se manifiestan como cinco pautas o estilos básicos que trataremos en el siguiente capítulo.

Los cinco estilos de energía

Las cuatro direcciones más el espacio central generan las cinco pautas o «estilos» de energía básicos. Los he llamado «espacio», «claridad», «riqueza», «calidez» y «energía».[1] Excepto el espacio, cada estilo se asocia a un color, un elemento natural, una forma y una estación. Los cinco estilos de energía son los «colores primarios» del mundo sensible. Según sea nuestro carácter y naturaleza, cada uno de nosotros responde de manera distinta a los cinco estilos. Algunas personas encajan mejor con la energía que proviene de la claridad (con su orden, agudeza y simplicidad); otras con la energía de la riqueza (expansiva, exuberante, gran diosa influyente). Unas energías nos estusiasman y otras nos hacen sentir incómodos.

– La situación que podríamos denominar ideal es que nuestro estilo personal sea un «rasgo» –sobre todo que no sea una caricatura– en armonía con los demás. Es conveniente cultivar los distintos estilos de armonía en casa y en el mundo.

Cada estilo tiene una acción o poder específico que puede canalizarse de manera «iluminada» o «neurótica». En nuestras manos está invocar de manera positiva los poderes de los cinco estilos para incorporarlos con propósitos específicos a nuestra vida.

«Si tratamos de entender los cinco estilos de energía intentamos adquirir una comprensión básica para percibir la esencia absoluta de las cosas, su verdadera naturaleza innata. Podemos usar este conocimiento para pintar, escribir poemas, hacer composiciones florales, filmar películas o componer música. También influye en las relaciones interpersonales. Éstos [cinco estilos] parecen cubrir un campo de nuevas dimensiones per-

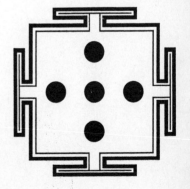

ceptivas. Son muy importantes en todos los aspectos y en todas las actividades creativas.»

—Chögyam Trungpa

En las partes segunda, tercera y cuarta veremos cómo funcionan los cinco estilos en la composición y el diseño del espacio doméstico.

El abecé del diseño iluminado

Cuando entramos en un espacio, lo percibimos de manera tácita e intuitiva. El espacio puede resultarnos inspirador, saludable, sugerente, energético o, por el contrario, deprimente, frío o caótico. Ningún decorador puede hacer que una casa parezca un hogar o que un espacio frío se vuelva cálido. Las «vibraciones» combinadas de las personas, lugares y cosas componen los mensajes sensoriales que emite el entorno. Para leer estos mensajes necesitaremos que nuestros órganos sensoriales sean sensibles y receptivos.

Sin suficiente espacio físico y mental no podremos ni siquiera tomar conciencia de nuestros sentidos. Las ondas sonoras, por ejemplo, tienen que recorrer el espacio para que podamos escucharlas. Las ondas luminosas deben, asimismo, viajar por el espacio para que las percibamos como colores y formas. La saturación o sobreestimulación sensorial (falta de espacio) provoca insensibilidad y contribuye a crear trastornos deficitarios de la atención (TDA) en niños y adultos.

Un enfoque estético del diseño

Las percepciones sensoriales –en función del espacio– son el abecé del diseño iluminado, un enfoque «estético» del diseño. Cuando la conciencia está despierta, los sentidos recuperan la comunicación entre el cuerpo y la mente. El diseño iluminado contribuye a armonizar las percepciones sensoriales con el espacio. El primer espacio con el cual trabajamos es la mente. La mente despierta surge en un 50 % de un interior iluminado y en otro 50 % del diseño exterior.

La mente (conciencia) y los cinco órganos sensoriales trabajan juntos. La mayoría de las personas están hoy desequilibradas: si confiamos a ciegas en la mente conceptual,

Estética: del término griego *aisthetikos*; relativo a la percepción sensorial; capacidad de ver y, por tanto, conocer, a través de los sentidos.

solemos hablar o leer cosas en lugar de ponerlas en práctica. Si activamos todos los «músculos» sensoriales podemos equilibrar nuestra mente saturada de impresiones y unir el cielo y la tierra.

Crear un ambiente sensorial

La arquitectura no sólo se ilumina con la luz sino también con el sonido. En realidad, la percibimos con todos nuestros sentidos.
—William Lethaby

Dominar el abecé de la percepción nos permite enviar y recibir mensajes sensoriales coherentes. Al profundizar en nuestras percepciones creamos entornos conscientes de gran poder y significación.

Para crear un lugar rico y vistoso, debemos empezar con un mueble que nos diga, «Mírame, soy "rico"». De tan sólo una semilla de riqueza puede «brotar» una habitación, una manifestación estética, un rincón llamativo o un espacio público. La riqueza –asociada a la abundancia, dignidad, grandiosidad y ornamentación, al esplendor, al oro y al color amarillo– es un mundo de asociaciones. Podemos plasmarla con telas, alfombras, objetos de decoración, obras de arte, etcétera. La riqueza puede expresarse a través de uno o más sentidos. Por lo tanto, si la ponemos al alcance de todos nuestros sentidos –con imágenes, sonido, tacto, sabores– lograremos crear un ambiente muy rico y energizante.

Las seis herramientas del diseño iluminado son: los ojos, las orejas, la nariz, los receptores táctiles, la lengua y, según esta tradición, también la mente (conciencia), dado que orquesta a las otras cinco. A continuación estudiaremos por separado la magia de estos canales sensoriales.

Vista

Si una imagen vale más que mil palabras, nuestro entorno visual vale por libros enteros. La vista depende de la luz y nuestros ojos pueden iluminarnos. Las experiencias visuales tienen sus equivalentes físicos, emocionales, espirituales y viceversa. Pueden ser sublimes o violentas, deprimentes y degradantes. El diseño interior entra principalmente por la vista.

El estímulo visual excesivo puede saturarnos. El caos visual bloquea la información que nos llega en forma de imágenes, alejándonos de su significado profundo. La polución sensorial contribuye a crear déficit de atención (además de otros trastornos) en niños y adultos. La tarea de los artistas visuales y diseñadores es evitar que tal cosa ocurra. «La finalidad del arte» —como escribió Rinpoche— «es despertar la conciencia de las personas. ¡Cualquier cosa puede hacernos despertar!»

— Camina por el espacio de tu casa y presta atención visual a todo aquello que «salte a la vista». Ponte en la entrada y toma nota de tu primera impresión de la casa. Luego haz lo mismo en las diferentes habitaciones. ¿Tiene cada estancia una disposición y un foco de atención claros? Observa los objetos que hay a tu alrededor. ¿De qué manera inciden en el ambiente? Mira las paredes, las puertas, el suelo y el techo. Estudia los colores del interior y el exterior de la casa. ¿Son cálidos, fríos, agradables, brillantes o, por el contrario, tristes y deslucidos? Comprueba la calidad y el color de la iluminación. No hagas todavía ningún cambio en tu hogar. Limítate a tomar nota de cómo «sientes» las impresiones visuales.

Sonido

El sonido no es frontal como la vista. Estamos inmersos en una amalgama de sonidos que nuestro cuerpo y sistema nervioso registran de forma continua. Los sonidos del ambiente pueden ser irritantes, relajantes o neutros (sin ruido). El sonido sirve para estimular el desarrollo o para desorientar. Puede incluso provocar la muerte de seres humanos, animales y plantas. La contaminación sonora —o ruido— no tiene por qué tener un volumen muy alto para perjudicar el cuerpo y la mente. Puede hacer mella en nuestra salud y alterar nuestra conducta. Es la causa principal de pérdidas de oído, un problema creciente en las ciudades y urbanizaciones.

El sonido está relacionado con el cuerpo (la vista va más asociada a la mente). Los sonidos naturales —el fluir del agua, el viento, el canto de los pájaros— son más relajantes y agradables que los ruidos mecánicos porque, igual que nuestro cuerpo, están vivos. Los ruidos mecánicos —independientemente de su volumen— acaban irritando y debilitando el cuerpo. El ruido provocado por niños y animales nos conectan con la energía de la vida. La ausencia de sonidos aparentemente insignificantes (pájaros, hojas que caen) es la pérdida más común después de los terremotos, fuegos y otros desastres naturales.

Dado que los niños son estridentes por naturaleza, los padres pueden pensar que son insensibles al ruido. De hecho, la «contaminación sonora» (a la que contribuyen significativamente la televisión y los juguetes electrónicos) puede dañar los órganos auditivos y la capacidad de concentración de los niños. Los niños no deben quedarse confinados –contrariamente al diseño de muchos hogares contemporáneos– a dormitorios o cuartos de juego contaminados por el ruido de la calefacción, el aire condicionado u otros ruidos molestos para los adultos.

– Camina tranquilamente por tu casa, relaja la vista y presta atención a los sonidos que se producen en ella y a su alrededor. Escucha los sonidos naturales (pájaros y animales, niños, agua, viento) y los mecánicos (aire acondicionado, calefactores, tráfico, aparatos eléctricos, electrodomésticos, juguetes ruidosos). Detecta elementos causantes de estrés como puertas que crujen, teléfonos (incluidos los contestadores automáticos), sirenas y aviones en vuelo rasante. Siente cómo experimentas el «nivel de ruido» de tu hogar. Trabajar con el sonido es muy importante para el diseño del hogar.

Gusto

Así como la cuchara no conoce el sabor de la sopa, un tonto instruido no conoce el sabor de la sabiduría.

—Proverbio galés

El sentido del gusto puede parecer fuera de lugar para el diseño de interiores. Asociamos el gusto básicamente a los alimentos, bebidas y otras cosas que nos metemos en la boca. Sin embargo, en muchas culturas tradicionales los sabores se corresponden con otras energías sensoriales que tienen un efecto similar. En la medicina china y ayurvédica, por ejemplo, hay cinco sabores –dulce, ácido, salado, amargo (astringente) y picante– que corresponden a otros tantos aromas, colores y elementos de las cinco energías básicas. Al equilibrar la energía de los alimentos contribuimos a equilibrar nuestro entorno (para más información véase el apéndice «Referencias y lecturas recomendadas»).

Además, atribuimos un determinado «sabor» a ciertas experiencias. El gusto implica discriminación (de ahí viene «buen gusto») y está íntimamente ligado al placer sensual. En palabras de James Hillman: «Abre tu cuerpo y tu espíritu al disfrutar implícito en la palabra "gusto"».[1]

El gusto también va muy ligado al olfato. Ambos transmiten mundos de información y contribuyen a generar sentimientos de bienestar o malestar. El sabor y el olfato nos permiten comprender o «digerir» las situaciones. Las personas «saboreamos» lo que olemos en nuestro ambiente y viceversa; psicológicamente, «saboreamos» nuestra experiencia. En la vejez perdemos el sentido del gusto y decae el interés por la comida. Lo mismo ocurre con otras experiencias sensoriales.

— El sabor no es cuestión de bueno o malo sino de equilibrio. ¿Están equilibradas las «energías» dulces, ácidas, saladas, amargas y picantes de tu hogar o es tu hogar demasiado «dulce», «amargo» o «picante»? ¿Contiene cosas que «despiertan el apetito» y satisfacen tu alma? ¿Están tus armarios repletos de una selección refinada de alimentos y bebidas? Anota tus descubrimientos.

Olfato

El sentido del olfato transmite mundos de información que nos afectan para bien o para mal. Los olores pueden contaminar nuestro mundo o tener determinados efectos terapéuticos. Muchos hospitales contemporáneos, por ejemplo, tienen una cocina acogedora en cada planta para atender a pacientes gravemente enfermos: las galletas y panecillos recién hechos colman el espacio de aromas deliciosos y reconfortantes. «Los buenos aromas pueden crear una sensación refrescante y rejuvenecedora» –escribe Greg Van Mechelen– «pero los edificios donde vivimos y trabajamos suelen oler a materiales tóxicos y a sistemas de refrigeración contaminantes.»[2]

Allí donde voy, huele a pintura fresca.
—Diana, Princesa de Gales

Los olores son un sistema de aviso: nos hacen saber qué es sano y qué no lo es. En la medicina oriental y occidental, las categorías de los olores –dulce, ácido, amargo, etcétera– sirven para hacer diagnósticos. Cada hogar tiene un olor único que determina si es o no saludable. El olfato es el sentido más estrechamente ligado a la memoria.

Los aromas se usan comercialmente para crear una «atmósfera», así como para generar asociaciones positivas y seducirnos. Cuando son artificiales y se emplean para manipular pueden llegar a ser perjudiciales. No hace mucho estaba en una tienda de objetos de regalo que emanaba un fuerte olor dulzón. De repente, un niño muy pequeño dijo: «¡Qué peste!». Y tenía toda la razón. Pero también es cierto que el arte y las técnicas de la aromaterapia han promovido estados de relajación, claridad mental, paz, bienestar, riqueza, armonía, amor, energía y placer a todos los habitantes del planeta desde tiempos inmemoriales.

— ¿Destila tu casa aromas frescos, tranquilizadores y positivos o, por el contrario, domina el olor rancio nada saludable? Anota el resultado del ejercicio. No olvides los lavabos, el baño y el sótano.

Tacto

Las manos de quienes conozco tienen una callada elocuencia para mí. El contacto de algunas manos es una impertinencia. He conocido personas tan faltas de alegría que, al estrechar sus dedos helados, me parecía dar la mano a una tormenta del Ártico. En cambio otras manos parecen irradiar rayos de sol, hasta el punto de que su roce ilumina mi corazón.

—Helen Keller

El tacto nos conecta con el mundo a través del «contacto». Estamos constantemente «en contacto» con mensajes duros/blandos, ásperos/suaves, agradables/desagradables, que nos transmiten información del mundo animado/inanimado. Las energías de lo blando (como el cielo) y lo duro (como la tierra) deben estar en equilibrio. Lo duro puede resultar sólido y fortalecedor o puede generar rechazo. Lo blando puede ser reconfortante y acogedor o, por el contrario, debilitar. Si nuestro mundo parece un lugar demasiado áspero podemos compensarlo dándole suavidad (y viceversa).

La temperatura nos pone en contacto con el mundo natural. Cuando nos privan de este factor (en espacios cerrados de temperatura constante) perdemos nuestra capacidad de adaptarnos a las energías naturales. Greg Van Mechelen apunta lo siguiente:

«Anteriormente las casas estaban preparadas para los cambios de temperatura y sus inquilinos las usaban en consecuencia: el fuego de la chimenea calentaba el hogar en invierno, los patios daban frescor en verano. Hoy en día, el control del clima hace que una misma casa pueda edificarse en Minneapolis o en Miami. Muchas culturas asocian el calor con importantes rituales: la sauna finlandesa, el baño japonés o las «cabañas de sudación» de los nativos americanos. Se considera que lo más saludable es el calor pasivo que transmiten materiales como las piedras del suelo. Otros modificadores del clima son las superficies blandas (alfombras y moquetas), los colores cálidos y la luz amarilla.»[3]

Además, la expresión estar «tocado» puede aludir a una experiencia espiritual o a una leve locura. El tacto es una antena sensorial muy significativa capaz de transmitir mensajes concretos. También es una importante señal de alerta. El contacto con las fibras y los materiales de construcción, por ejemplo, puede proporcionarnos un sentimiento de bienestar o malestar.

– ¿Cómo «siente» tu hogar? ¿Estás diariamente en contacto con madera, paja, algodón y otros materiales «vivos»? ¿Estás en contacto con la tierra, el fuego, el agua y otros elementos en tu vida diaria? ¿Qué clase de contacto te ofrecen tus muebles? ¿Estás habitualmente en contacto con superficies agradables o con materiales duros o rugosos? ¿Puedes controlar con facilidad la temperatura de tu hogar? ¿Empleas fuentes de energía contaminantes (combustibles fósiles, electricidad) o renovables (energía solar, ropa de abrigo)? Comprueba el grado de confort de tu mobiliario (armarios de cocina, asientos, camas, etcétera).

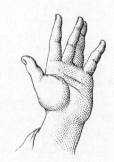

Mente

Una mente atenta es el mejor de los hogares. De acuerdo con la tradición budista, «buscar refugio» significa tomar parte en la práctica del despertar. Si te apartas de él, los pensamientos, emociones, acciones y casas donde buscamos abrigo serán meros castillos de arena o incluso lóbregas cárceles.

Darle un espíritu despierto a cada aspecto del hogar es tan simple como limpiar una tetera. Los colores, las texturas, las formas y la organización espacial pueden iluminar tu mundo.

Estar despierto significa que, cuando limpias la tetera, la misma tetera te despierta.
—Chögyam Trungpa

– Resérvate un tiempo para sentarte tranquilamente en cada habitación de la casa. Respira profundamente. Mantén los ojos abiertos y respira lentamente cinco veces. Acto seguido, respira otras cinco veces mientras tomas conciencia no sólo de las formas y colores sino también de los sonidos, olores, sensaciones táctiles, sabores y pensamientos. Permite que cada uno de ellos aflore en tu conciencia y luego déjalo ir; vuelve a tu postura inicial en la habitación. Sentirás que tu hogar te despierta sentimientos de satisfacción (cordura, bienestar, renovación, paz) o malestar (presión, prisas, sensación de aislamiento o de intrusión). Observa

Bendición: acción de honrar e invocar el carácter sagrado de algo; lo que estimula o contribuye a la felicidad, al bienestar o a la prosperidad; aprobación; visto bueno.

estos sentimientos y déjalos ir. Pregúntate si el hogar es un centro de poder espiritual para ti; si encuentras en él sabiduría personal y universal; si tu hogar parece estar bendito.

Cómo usar este libro

Las próximas cinco partes del libro abordan los cinco estilos desde dos perspectivas básicas: el poder del estilo y las aplicaciones prácticas del diseño.

El poder de cada estilo

En primer lugar, echaremos un vistazo al poder básico de cada energía y a cómo esas energías afectan nuestra vida. Desde el punto de vista contemplativo, el poder último –o el don– de cada energía es la sabiduría y su manifestación «despierta» en el espacio. El primer capítulo de cada parte también describe el «desequilibrio» de una de las energías (en «Los excesos no son buenos»), que aprenderás a diagnosticar y corregir. También se dan ejemplos sensoriales de cada energía (en «Traer la energía a casa») que hablan por sí solos.

La función de cada estilo en el diseño del hogar

A continuación abordaremos las aplicaciones básicas de cada tipo de energía, de modo que podamos incrementar el nivel de energías deficientes, reducir los excesos y restablecer el equilibrio por medio del diseño. En la tabla del apéndice «Los cinco estilos de energía» encontrarás un resumen sobre éstas. Sus cualidades se tratan en las partes segunda, tercera y cuarta del libro. Hay que tener en cuenta que algunas soluciones de diseño tienen que ver con muchos estilos: por ejemplo, las cajas y cestas pueden contribuir a paliar el desorden (crear espacio); organizar el espacio (claridad); decorarlo (calidez); enriquecerlo con tu presencia física (riqueza), o hacer que éste funcione de manera más eficiente (energía).

– Utiliza tu libreta para anotar cualquier impresión sobre tu espacio, identificar dónde necesita ciertos tipos de energía y planificar los cambios.

A lo largo de todo el libro se repiten ejemplos y ejercicios importantes. El lector debe considerar estas repeticiones como latidos de energías vivas. Además son parte del proceso de diseño creativo. La descripción de cada estilo termina con un ejemplo de diseño y una serie de instrucciones para crear una «instalación».

Crear una instalación

Cada instalación sirve de foco de una energía particular —empleando sus cualidades, colores, elementos naturales y símbolos— para canalizarla en el hogar. Sean grandes o pequeñas, las instalaciones elevan nuestra conciencia de esa energía determinada, la canalizan en el espacio y la proyectan en nuestro mundo.

Podemos canalizar la energía del espacio, la claridad, la riqueza, el calor o la energía en cualquier lugar acotado (incluido el cuerpo, el coche o la superficie de la mesa). Asimismo podemos crear una instalación en el vestíbulo de la casa o en la entrada de una habitación en particular para dar cierto tono al espacio, vigorizar un recinto o celebrar una estación determinada. Describiré ahora un modelo que he utilizado a lo largo del libro a modo de demostración aunque cada uno puede hacer sus propias variaciones:

Cielo. Un panel de tela o papel pintado en la pared. Personalmente suelo usar papel pintado (en rollo o tela de algodón de 90 cm o más de ancho) y lo cuelgo del techo hasta el suelo. Se pueden emplear paneles más pequeños y teñirlos o pintarlos de distintos colores (también se puede pintar con esponja). El panel se puede completar con elementos decorativos, un espejo o un pergamino. Este panel definirá el espacio de la instalación y su energía específica.

Tierra. Una mesa o base —del estilo apropiado— frente al telón de fondo.

Ser humano. Una estatua o una composición floral de objetos para evocar una energía específica –armonizar el cielo y la tierra (puedes dar vida al espacio con la ayuda de plantas, un foco o una fuente donde fluya el agua).

¡Por favor, recuerda esto!

¡Una obra de arte puede crearse con una piedra o con la punta quemada de un bastón! No se necesita mucho dinero, espacio ni asesoramiento profesional para aplicar estos principios. Puedes armonizar tu casa con las fuerzas de la naturaleza redistribuyendo los muebles y trabajando con el contenido de la casa. Puedes ensayar estos principios recortando papeles de colores, retales de tela, flores o el contenido de tu cartera (y unir el cielo y la tierra con una «instalación» de *Post-it* y clips de papel). Es posible evocar una energía particular con un solo objeto: una silla, una composición floral o un trapo.

– Empieza por cosas pequeñas. Utiliza objetos de casa y situaciones cotidianas para realinear la energía de tu hogar. Los gestos conscientes más simples pueden bastar para cambiar tu vida:

Espacio. Elimina el desorden (en todas partes: paredes, suelos, techos); abre el espacio.
Claridad. Mantén tu hogar impecable, restablece el orden e instala buena iluminación.
Riqueza. Pon una calabaza (o una cesta de melocotones maduros) en la mesa.
Calidez. Opta por colores cálidos y adorna el hogar con flores y velas.
Energía. Ventila el espacio –con aire fresco y una distribución de los muebles que permita circular la energía– y pon plantas naturales.

– Ahora toma en consideración cada una de estas sugerencias y mírala reflejada en una pintura o postal (o haz una tú mismo).

Independientemente de que estés trabajando a pequeña o gran escala ahora debes trabajar con el espacio.

II

ESPACIO

El poder del espacio

El espacio, un concepto prácticamente indefinible, da sensatez y serenidad a todos los rincones de la casa. Es un antídoto contra la presión y el estrés. Su transparencia y placidez hacen que sea muy reconfortante. Aprovecha las cualidades del espacio cuando necesites o desees:

Más relajación / menos ambición…	para despreocuparte
Más suavidad…	para abrir tu mente/corazón
Más sensatez…	para ampliar tu espacio físico
Más espiritualidad…	para centrarte

Relajación y amplitud son las virtudes fundamentales del espacio. Espiritualmente la amplitud se concibe como una «sabiduría al servicio de todo», y es, en la práctica, la finalidad última de la meditación. Desde el punto de vista del interiorismo, la amplitud hace referencia a ambientes espaciosos y poco ornamentados. Estos espacios favorecen la distensión, al igual que los hombres de mentalidad amplia o abierta. Son lugares apacibles (no exigentes ni excitantes) y funcionales (no recargados).

– Piensa en metáforas «apacibles». Por ejemplo:

animal – gatito	planta – césped
flor – lirio	paisaje – mar/arena/cielo
tiempo – niebla, bruma	comida – arroz blanco, leche

Anota sus cualidades (placidez, sutileza, relajación, amplitud, delicadeza, humildad, etcétera). ¿Con qué colores, texturas, mobiliario e iluminación puedes evocar estas cualidades para crear un ambiente sereno y apacible?

Mientras la «claridad» define y organiza el espacio, la «riqueza» lo eleva, lo hace elegante y acogedor. La «energía», por su parte, hace que funcione, ya que el espacio por sí mismo es como un puerto en medio de la tormenta. Sus mascotas –si tuviera alguna– serían el complaciente búfalo, la vaca sagrada, el búho sabio o el simple gorrión.

Los excesos no son buenos

Tanto el exceso como la falta de espacio personal pueden suponer un problema y generar temor o confusión. Además de desperdiciar sus posibilidades, el exceso de espacio nos aísla y puede hacernos sentir desolados. Muchos hogares sobrepasan las necesidades de superficie de sus ocupantes. Esas personas viven en habitaciones que no están hechas a «escala humana». Muchos hogares permanecen vacíos durante gran parte del año.

Imagina que vivieras en un enorme palacio (o mundo) vacío. Al final, tu conciencia acabaría centrándote en ti mismo y se instalaría en un «caparazón» más cómodo, probablemente, arrellanado en tu sillón frente al televisor con la mente dormida.

Por otro lado, la falta de espacio genera claustrofobia y hacinamiento, causas de locura tanto en animales como en personas. Además, vivir hacinado repercute de manera dañina en nuestras percepciones sensoriales. Imagina que vives en un apartamento de pocas habitaciones, compartiendo dormitorio con varias personas. En un espacio así, se desataría un bombardeo de energías (ruido, preguntas, desorden, objetos que caen, etcétera), que terminarían siendo ignoradas –igual que los mensajes del contestador automático, el correo y las relaciones con los demás– en el intento por crear más espacio. La persona que habitara un espacio así, acabaría aplazando decisiones, sometida a una continua negación.

Si vives en un espacio demasiado amplio o demasiado reducido, intenta restablecer el equilibrio.

Traer espacio al hogar[1]

El espacio no llama la atención por sí solo. Si el espacio fuera una tela, sería una muselina lisa, un lienzo o una mosquitera fina (los materiales vaporosos crean una sensa-

Diseños de dinteles japoneses.

ción de amplitud). Si fuera una flor sería un lirio o bien una margarita. Si fuera un mueble, un *puf* irregular o una hamaca. Como estilo decorativo, el espacio «no tendría estilo» –es neutro, ingenuo, indeterminado–, y estaría amueblado con objetos encontrados al azar, rebajas de almacenes o bien completamente vacío.

- Recopila en tu cuaderno «espacios» de arquitectura e interiorismo, sean de tu propia cultura o de otras. Incluye muestras de telas «espaciosas».
- Recoge obras visuales y literarias acerca del espacio. ¿Cómo aparece representado en el arte, la arquitectura y el diseño?
- Incluye muestras de color. El color es la «esfera» de cada energía. El espacio, sin tener un color específico, implica colores «espaciosos», neutros y tonos pastel mezclados con blanco. Busca ejemplos en el arte y el diseño, en la vida diaria y, en especial, en la naturaleza. No te olvides de las nubes, la niebla, la arena y el cielo. (Piensa en los colores de «camuflaje» de la naturaleza.)

Experimentamos el espacio como «amplitud» y podemos introducirlo en el hogar a través de todos los sentidos.

La vista

La espaciosidad es ausencia o disminución de estímulo visual. Es disimular los focos de atención y darles sentido de unidad a todas las cosas. Los colores se vuelven más delicados y sutiles; los materiales, más naturales y sencillos; los bordes son menos punzantes, menos definidos. Visualmente, el espacio es la «esencia» de las cosas, la imagen de los objetos a los que simplemente «dejamos ser».

- Observa el cielo todos los días mientras trabajas en el espacio de tu hogar. Una vez por la mañana, otra vez por la tarde y de nuevo por la noche. Deja que tu mirada y tu mente se disuelvan en el cielo. Fíjate en los cambios que percibes y en lo que permanece inalterable. Anota tus observaciones y sensaciones sobre el «cielo» de tu hogar.

El sonido

La voz del espacio es el sonido ambiental –el canto alegre de los pájaros y los niños riendo, el crujido de los árboles, el romper de las olas o el tráfico. El sonido espacioso es

Ventana de estuco horadado, siglo XIV. Museo Arqueológico, Granada.

suave, descentralizado y lleno de «espacios» –el sonido del agua que fluye, el silbido del viento, una conversación relajada–. El sonido más espacioso es el silencio.

– Elige una cualidad del espacio –por ejemplo, la placidez– e imagina que es un tipo de música. Intenta imitar ese sonido. Elige otra cualidad del sonido –por ejemplo, la amplitud, la comodidad o la distensión– y transfórmala en sonidos musicales. Finalmente, imagina esa música. Contribuirás a la creación de un espacio en el hogar.

El gusto

Si el espacio fuera un sabor, sería «insípido» (platos de comida rápida o similares); platos sencillos (puré de patatas, leche caliente, budín de arroz); o dulces y caramelos. Estos últimos (*yin*) relajan las paredes de las células y crean sensación de confort y bienestar (irresistible cuando estamos estresados o alterados). Dentro del hogar, el espacio funciona de la misma manera.

– El sabor más «espacioso» es el insípido o el ayuno mismo. Intenta ayunar durante un día o comer solamente arroz. Representa el ayuno en el diseño del hogar. Piensa en un espacio equivalente a un plato sencillo.

El tacto

El contacto espacioso con el mundo es suave y delicado (una manta para las piernas o la suave panza de un animalillo doméstico). Encarna la simplicidad y la modestia (una sábana de algodón, un albornoz o un cojín para meditación). El espacio se asocia a una temperatura agradable (ni muy fría ni calurosa); al placer de cruzar una sala sin tropezar y sin tener que sortear los muebles.

– Elige una cualidad del espacio que te gustaría «sentir» en tu hogar (por ejemplo, la delicadeza) y visualiza una pieza de mobiliario que exprese esa idea. ¿De qué material/es estaría hecha y por qué razón? ¿Cómo se amoldaría a tu cuerpo? A continuación, crea una habitación a partir de esa pieza de mobiliario.

El olor

Si el espacio fuera un olor, para los principiantes sería un espacio libre de olores de cualquier clase, es decir, libre de cualquier experiencia sensorial «sólida». Por lo tanto, se excluirían los olores fuertes o rancios, el aire estancado, el olor a moho, productos de limpieza, materiales de construcción o jardinería, fragancias artificiales. Dada su enorme potencia, los olores «tóxicos» deben ser ahuyentados totalmente. La eliminación de los olores de comida, animales domésticos y personas da espaciosidad y bienestar. El olor más «espacioso» es la falta de polución. En otras palabras, el aire puro y fresco.

– Localiza los puntos de contaminación olfativa de tu hogar (olor a humo, productos químicos, comida o ambientes cerrados). ¿Tienes la solución para ventilar como es debido toda la casa?

La mente
Una mente espaciosa debe ser abierta e imparcial: si es capaz de apreciarlo todo por igual, el sujeto está libre de ataduras. La atención ventila nuestras percepciones sensoriales como si se tratase de aire fresco. Los espacios amplios apartan la energía mental de la polución sensorial. Para crear un ambiente equilibrado debes explorar maneras de cultivar el espacio en tu mente.

– Sal y recorre el espacio. Observa todos los objetos que te rodean como si fuesen espacio. Los árboles son espacio, los sonidos son espacio; la temperatura es espacio; incluso tus pensamientos son espacio. «Cualquier cosa» que se encuentre en tu camino es espacio. Deja que tus percepciones se disuelvan en el espacio, como el frescor reconfortante de la luz de la luna tras un caluroso día de verano.
– Explora maneras de introducir más espacio en tu mente. Averigua qué borra las huellas de acceso a ese espacio y cómo volver a él. Practica la meditación en un seminario de fin de semana. Iníciate en la práctica de una disciplina para el cuerpo y la mente como el yoga o el tai chi. Una mente espaciosa se traduce en un mundo espacioso.

Si bien es cierto que el espacio no tiene una ubicación particular, las cualidades del espacio son imprescindibles en cualquier dormitorio para posibilitar la relajación y el descanso. (La claridad la reflejarás en un dormitorio de diseño apacible.)

En los siguientes capítulos se exponen siete maneras básicas de trasladar la experiencia del espacio al diseño del hogar.

8

Dejar ser

Según un proverbio guerrero, «afilar la hoja de una buena espada sólo consigue embotarla». El espacio, por su propia naturaleza, tiene existencia propia y es omnipresente. El mejor método para «crear» espacio es reconocer el espacio que nos rodea e, inmediatamente, dejarlo estar. Nuestra salud física y mental exige que «dejemos ser» al espacio vital.

Contemplación del espacio vacío

Deja que el espacio interior y exterior de tu vivienda hablen por sí mismos. Antes de diseñarlos o decorarlos, debes contemplar el espacio interior, el contenedor.

No te limites a hacer algo ¡debes estar allí!

Es necesario tener en cuenta la forma del espacio, qué aspecto tiene el vacío acotado por las paredes, antes de llenarlo de contenido.

– Examina el espacio de tu hogar habitación por habitación. Hazlo sin prisas, tómate el tiempo necesario para caminar, sentarte o tumbarte en cada una de ellas. Observa las sensaciones que te producen las formas estructurales. Antes de «crear» espacio, deja que el espacio hable por sí mismo; para amplificar su mensaje, realza las superficies (paredes, suelos, techos) y los detalles arquitectónicos.
– A la hora de crear espacio, evita caer en la tentación de llenarlo indiscriminadamente. Quita cuadros de la pared, utiliza menos muebles, colores u ornamentos superficiales y accesorios. Debes reducir o eliminar la estimulación sensorial excesiva. Coloca los objetos con un criterio determinado, y ten en cuenta la distancia entre unos y otros.

Dejar ser alivia

En términos psicológicos, «dejar ser» implica deshacerse de las exigencias mentales y las preocupaciones. A menudo necesitamos tomar esa actitud, a la que damos muchos nombres, como «dejarse llevar» u «olvidarse de todo». El espacio psicológico es básicamente equilibrio. En la casa, la receta podría ser precisamente un poquito de caos y una mesa desordenada.

— Si tienes una cámara da una vuelta por tu casa y haz fotografías sin prestar atención al encuadre o al objeto enfocado. Evita «aceptar o rechazar» cualquier motivo. No intentes destacar nada. Valora las cosas tal y como son –comunes y familiares– y déjalas ser.

«Dejar ser» es una forma de confianza. Una actitud no combativa favorece la relajación y da descanso a las mentes hiperactivas. (No se acabará el mundo porque bajes la guardia.) La confianza, además, es fundamental para la cordura y para lograr espacios equilibrados.

— Presta atención a tus sentidos durante un tiempo. Siéntate tranquilamente y céntrate en todo lo que percibas: con la vista, el oído, el tacto, etcétera, tu mente incluida. Durante unos segundos –o más tiempo, si dispones de él– captura cada experiencia sensorial y luego déjala estar. Limítate a «tocarla» y dejarla marchar. Observa cómo te sientes al realizar este ejercicio.
— Practica el «dejar ser» a través de la meditación, la respiración profunda, la relajación mental u otras disciplinas contemplativas. Cuanto más intenso o sólido sea tu entorno, más necesidad tendrás de aprender técnicas para acceder al espacio, especialmente a tu espacio mental.
— Si te sientes presionado por tu entorno puedes soltarte respirando profundamente. También puedes salir de ese espacio y cerrar la puerta. Un cambio de ritmo ayuda a distender un espacio demasiado intenso.

Cuando dejamos que las cosas sigan su curso experimentamos alivio. El alivio se produce al confiar en la bondad y el orden natural de nuestro mundo: lo bueno, lo malo, lo feo. La confianza es una necesidad humana básica y necesitamos hallarla en casa.

9

Abrir el espacio

A continuación se exponen varias maneras de abrir los espacios de la casa: eliminar trastos, el desorden y los bultos voluminosos. Puedes ganar espacios con la ayuda de puertas, ventanas, materiales espaciosos y, sobre todo, con la disposición racional del mobiliario. Ahora, los examinaremos uno por uno.

Eliminar trastos y desorden para abrir espacios

Apenas regresó de unas vacaciones en Hawai, una amiga se sorprendió al ver las «montañas de trastos» que tenía en su propia casa. Una visita a un lugar «bien abierto» puede ser una experiencia que nos abra los ojos. Por desgracia, las personas nos acostumbramos fácilmente al desorden —otro tipo de contaminación— y lo asumimos como algo inevitable. Abrir los espacios implica eliminar desorden.

- Deshazte de todo aquello que no utilices: ropa vieja, juguetes, libros, papeles, muebles y complementos. Dona a la beneficencia los cacharros de cocina y otros accesorios que te sobren. Vacía tus alacenas a la vez que ayudas a alguien.
- Deshazte, asimismo, del desorden sensorial: desorden visual (como el exceso de cuadros, pósters y colores demasiado agresivos); de olores persistentes, ruidos y sensaciones táctiles irritantes (tapicería áspera, materiales sintéticos crujientes o desagradables y temperaturas extremas).

Estanterías abiertas

Las estanterías abiertas –cuando están colmadas de libros, revistas, archivos, papeles, herramientas, discos compactos/cintas de audio y equipos electrónicos– generan desorden visual. Si no dispones de armarios con puertas y cajones, busca métodos creativos para limpiar el campo visual. Ante todo, las puertas de los armarios deben estar siempre cerradas.

- Traslada el contenido de tus estanterías a cestas o cajas atractivas y recicla el resto.

«Oculta» las estanterías abiertas para crear más espacio visual. La solución más sencilla es colgar paneles lisos de tela o papel por encima de los estantes (hilvanados, con velcro o con cinta adhesiva cubierta con un ribete de lazo).

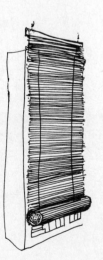

- Haz este experimento: cubre con periódicos o fundas de cojines las estanterías repletas de caos y ¡observa la diferencia!
- Compra puertas de bisagras simples. O fabrícalas tú mismo (con listones de madera, tela o papel).
- Cubre las estanterías con estores de tela, papel de arroz o cáñamo que cuelguen del techo; crearás la ilusión de pared que, al mismo tiempo, es ventana.

Eliminar bultos voluminosos
para abrir espacios

Los muebles voluminosos y los elementos estructurales (vigas colgantes, sistemas de calefacción o paredes irregulares) se comen el espacio. Las estancias son más espaciosas cuando no existen obstáculos y se deja que la energía fluya por ellas con facilidad.

– Despréndete de los muebles recargados. Bloquean el flujo de energía e invaden visualmente el espacio. Elige un mobiliario más ligero y versátil –sea viejo o nuevo– con líneas netas y marcos lisos.

– Oculta o suaviza las cañerías voluminosas (con un falso techo o pintura); los techos bajos (con iluminación alta y una planta o escultura vertical), las paredes irregulares (con plantas o un espejo). Trata la energía descendente de las vigas como si fueran paredes virtuales y coloca el mobiliario fuera de la zona de riesgo.

A continuación veremos cómo contribuyen las puertas, ventanas o vanos decorativos a crear espacio real y visual.

Abrir espacios con puertas

Las puertas sirven para abrir el espacio entre habitaciones y entre el interior y el exterior del hogar. Las puertas deben ser claras, despejadas y ni muy grandes ni muy pequeñas, de modo que la energía pueda fluir libremente –aunque no en exceso– hacia dentro y hacia fuera. (Más adelante abordaremos los flujos de energía.)

– Conecta los espacios interior y exterior mediante puertas corredizas de cristal, puertas francesas o paneles corredizos elaborados con materiales traslúcidos (papel o tela). A una escala más modesta, las contrapuertas/mamparas permiten el paso de la luz en invierno y de la brisa en verano.

Las puertas de apariencia excesivamente pesada o sólida –como ocurre con frecuencia en las puertas huecas– absorben el espacio. Dótalas de ligereza o cámbialas.

– Sustituye las puertas sólidas por otras de vidrio traslúcido, laminadas, con celosías o de estilo holandés. Los centros de reciclaje son una buena fuente donde encontrar puertas usadas (así como ideas interesantes). Aligera las puertas pesadas con diseños grabados. Una solución para los bolsillos modestos consiste en agregar molduras a las puertas o pintarlas a juego. También se puede

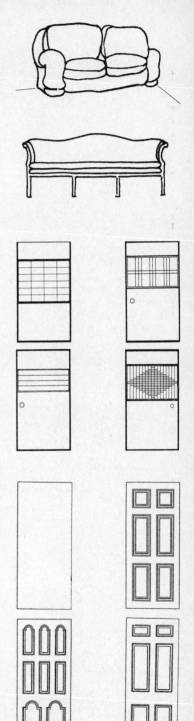

crear un efecto «moldeador», empleando colores sutilmente difuminados. (Los colores oscuros o demasiado contrastados constituirían un diseño gráfico, solución interesante, pero no espaciosa.)

– Sustituye una puerta sólida por una vara con anillas para colgar una cortina vaporosa. O bien instala una cortina de abalorios de cristal o de madera.

Puertas-estor japonesas

Un *noren* (puerta-estor japonesa) corto o mediano proporciona una mampara visual ligera pero efectiva. Estas piezas están disponibles en multitud de colores –estampadas o no– en establecimientos de importación japoneses. También he utilizado con excelentes resultados «paneles» elaborados con toallitas almidonadas, servilletas de hilo, cutí o papel artesanal. Para crear sensación de espacio, elige tejidos lisos y sin estampar.

Las puertas-estor japonesas como este *noren* de estilo tradicional (y la de la ilustración inferior), generan espacio porque eliminan el desorden visual.

– Si sabes coser, confecciona tus propios estores. Deben cubrir cerca de un tercio del paso, colgar bien lisos y estar repartidos en dos o tres tiras. Los puedes colgar en barras instaladas en el mismo marco de la puerta.

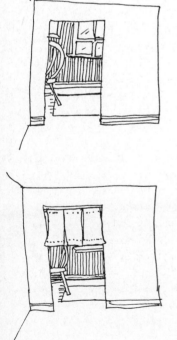

Abrir espacios con ventanas y medias paredes

Las ventanas son los «ojos» de tu hogar. Cuando están abiertas, la casa se muestra despierta. Por el contrario, cuando estamos deprimidos, bajamos las persianas, apagamos la luz y nos cerramos al mundo. Las ventanas proporcionan una luz y un espacio imprescindibles para la salud física y mental. Ten esto en cuenta a la hora de tomar decisiones acerca de tus ventanas y no te dejes llevar por las modas.

– Si puedes, abre claraboyas en aquellas habitaciones que no dispongan de ventanas, como suele ocurrir en los baños y recibidores. Utiliza espejos para reflejar la luz y el espacio en las zonas oscuras.

Cortinas y sombras

Las soluciones de diseño basadas en ventanas deben ser administradas como si de medicamentos se tratara, siempre en pequeñas dosis y según las necesidades. Su función es proporcionar intimidad y protegernos de la excesiva luminosidad, la oscuridad y de las temperaturas extremas. Su papel decorativo es secundario. No intentes suavizar los vanos con materiales sintéticos, plásticos o metálicos. Para potenciar la amplitud puedes añadir colgantes para ventanas. Si dispones de tiempo y ganas puedes elaborarlos tú, si no opta por los que estén elaborados con esmero. Puede requerir mayor esfuerzo pero, como recompensa, conseguirás más luz, y la sensación de tener ventanas mucho más grandes.

— Si tu intención es potenciar el espacio en sentido vertical, cuelga los estores y sus soportes por «encima» del hueco de las ventanas, de modo que no se adhieran al cristal. Deben estar suficientemente altos para que, cuando la cortina esté recogida, cuelgue por «encima» de la ventana, dejándola visible en su totalidad. Si el alféizar es bajo y cuelgas las cortinas del techo, puedes crear la sensación de grandes ventanales o de puertas de estilo francés.

— Para dar espacio en sentido horizontal, coloca la barra de la cortina de extremo a extremo de la pared —más allá del marco lateral de la ventana— de modo que, cuando esté abierta, las cortinas cuelguen junto a ella sin cubrirla. Si tienes dos o más ventanas en la misma pared, puedes buscar la creación de un efecto de tipo pared-vidriera con una cortina formada por varias piezas de tela colgada de la misma barra, que recorra la pared superior de punta a punta. También en este caso, los cortinajes deben colgar entre las ventanas cuando estén abiertas.

— Disfraza las ventanas «ciegas». Esconde las «vistas» no espaciosas (como sistemas de ventilación o muros) mediante paneles decorativos, mamparas o contraventanas interiores. Cubre la ventana con materiales translúcidos —tejidos puros, papel de arroz o varias capas de muaré— si se trata de una fuente de luz. En ventanas amplias puedes colocar una cortina de piedrecitas o cristales a modo de «panel cortina» para dar sensación de luminosidad y amplitud.

— Intenta no bloquear ninguna ventana con muebles, ni siquiera en parte. Generarías una sensación de obstrucción visual (a la vez que expondrías el mobiliario a una fuente de luz excesiva y a una temperatura y humedad extremas).

Medias paredes

Las medias paredes son como ventanas «virtuales», aunque no siempre producen sensación de espacio. A menudo se utilizan para separar la cocina de la sala de estar, para que no quede a la vista un amplio surtido de sartenes, cazos, utensilios colgantes, armarios y electrodomésticos, desde una sala concebida para relajarse, charlar apaciblemente y recibir invitados.

– Elimina el caos visual colgando un estor translúcido y ligero –de bambú o papel de arroz– que vaya desde el techo hasta el borde superior del medio tabique. Elige un mecanismo que te permita extender y recoger el estor con facilidad. De ese modo se posibilita la unión o separación a voluntad de las dos estancias, ampliando el espacio visual de ambas.

Abrir espacios con materiales espaciosos

Llamamos «espaciosos» a los materiales vaporosos como el tul, el encaje, la gasa o las celosías. Los tejidos pesados o muy estampados «absorben» el espacio. Los materiales translúcidos como el vidrio, el plástico o los tejidos puros favorecen la comunicación entre las energías inquietas de las luces y las sombras, las estaciones y el tiempo, creadoras de sensación de amplitud. En Japón se utilizan paredes de papel translúcido para simular vastos paisajes en espacios reducidos.

— Es posible abrir los espacios con procedimientos creativos y económicos usando materiales y construcciones corrientes, con muros de ladrillos traslúcidos, tejados ondulados de plástico, mamparas de baño o cortinas de tiras con cristalitos.

Huecos

Un hueco es un intervalo entre dos objetos, ya sean palabras, pensamientos o muebles. Se trata de un espacio que no hay que llenar apresuradamente. Muchas culturas proyectan «huecos» intencionadamente en su arquitectura, arte o diseño de interiores, con el fin de invitar a entrar a espíritus o energías positivas. (¡En un espacio repleto no podría entrar nadie!)

La cerámica *pueblo* se caracteriza por un detalle siempre presente: un redondel enmarcando un pequeño hueco que recibe el nombre de «línea de la vida», elemento que deja pequeñas aberturas para que los espíritus entren y bendigan la vasija. La línea de la vida simboliza la bendición y el modo en que los espíritus entran y salen de todos los objetos de la casa.

Al igual que el descanso y los sueños, un hueco implica un breve interludio en el «camino de la vida». Puede representar un momento de verdad que, como ocurre con el espacio, está más allá de cualquier definición. En toda alfombra persa hay tejido un hueco o defecto, como toque de atención sobre la verdad última.

— Proyecta espacio mediante la creación de un hueco en tu agenda. Un descanso para tomar un café o un té significa «relajación» y da sensación de espaciosidad a tu lugar de trabajo. Conviértelo en un hueco de verdad: sal a dar un paseo o siéntate con su taza de té en la mano y relájate de veras. Utiliza para tus adentros la respiración, la relajación u otras técnicas mentales que creen huecos en medio del estrés corporal y las preocupaciones. Una flor en tu mesa es un hueco en la rutina visual diaria.

Los huecos son aliados del diseño. Hacen que la magia penetre en el espacio interior. Para disfrutar de la magia del espacio evita solidificar demasiado los interiores, con objetos en todas las superficies disponibles, motivos combinados en todas las cortinas, tapicerías y paredes.

Colocar los muebles para abrir espacios

Los agentes inmobiliarios saben muy bien que una vivienda parece mucho más grande amueblada que sin amueblar. Por eso los pisos ofrecidos como muestra no suelen estar vacíos. Para que una habitación sea espaciosa no es necesario que esté vacía. Se trata de colocar el mobiliario de modo que se amplíe el espacio. Lo importante no es el tamaño de la vivienda/habitación/contenido sino la interacción de sus elementos.

Composición

Ya sea en el arte, en la arquitectura o en el diseño de interiores, la composición es la cuidadosa distribución de los objetos en el espacio. Para crear un ambiente espacioso es necesario colocar el contenido de modo que genere espacio. ¡Los mismos objetos podrían protagonizar un total desorden! Tu intención de crear espacio te guiará hacia una distribución espaciosa.

Antes de redistribuir tu hogar, haz pruebas con piedras u objetos de la estantería en una bandeja cubierta de arena. Practica tomando el espacio como prioridad.

– Escoge una habitación y ensaya cómo reordenar el mobiliario y los complementos. Ten en cuenta que tu objetivo es crear «amplitud» y no llenar el espacio. En los capítulos siguientes encontrarás más indicaciones visuales y energéticas para conseguirlo aunque no existen reglas fijas.

10

Crear ilusiones

Las ilusiones están hechas de «humo», «espejos» y una manipulación hábil de los objetos. Hay varias maneras de crear ilusiones espaciales: usa espejos, obras de arte, mamparas decorativas o recurre al contraste y a la uniformidad.

Crear espacio con espejos

Con un espejo podemos duplicar la amplitud de una habitación, multiplicar la luz y el atractivo de las ventanas, llenar de energía zonas mortecinas y oscuras. Al igual que una ventana, el espejo proporciona paisaje y refleja pautas de iluminación y vida naturales en el interior.

También pueden multiplicar el exceso de luz o de oscuridad, el caos interior o exterior. Su «fría» superficie reflectora es capaz de introducir una crudeza invernal en una habitación. Los espejos sucios, oscuros, rotos o de formas caprichosas son indeseables. Para crear ilusión espacial es necesario colgar los espejos con sumo cuidado.

- Utiliza un espejo para crear la ilusión de una ventana y ampliar el espacio; para darle vida al rincón apagado de una determinada habitación; para multiplicar energías agradables (verdor, tesoros artísticos, velas, candelabros, etcétera). Según el feng shui chino, deben colocarse espejos tras el hornillo para multiplicar las bendiciones del fuego y de la buena comida.
- Si tu ropero está situado frente a una ventana, cuelga un espejo en el fondo; conseguirás iluminar el espacio.
- No proyectes la luz/energía de una ventana directamente sobre un espejo, especialmente si «corta» una zona de estar, de descanso o de paso. (El feng shui tradicional emplea los espejos para reflejar cualquier energía problemática y devolverla a su fuente de origen.

Nos dedicaremos más a la energía protectora en la parte VI.) Para crear ilusión espacial, los espejos deben colocarse de modo que reflejen luz y energía suaves.

– No coloques espejos frente a estanterías repletas de objetos, zonas de trabajo desordenadas o puertas abiertas (con tránsito constante). La sensación de caos podría apoderarse de ti.

Crear espacio con obras de arte

La elección de una obra de arte es una cuestión muy personal. Sólo tú sabes cómo te sientes ante una determinada pieza. Si bien no hay reglas estrictas establecidas, sí se pueden señalar una serie de pautas generales cuando el objetivo de la obra va a ser «específicamente» el de crear ilusión espacial.

Espacio de representación

A la hora de crear efecto espacial suelen ser más útiles las pinturas donde se representan espacios figurativos (de tierra, cielo o mar), dado que en ellas se describe precisamente un espacio. Las pinturas de tipo abstracto tienden a leerse como objetos que cuelgan de la pared, aunque siempre hay excepciones. El dibujo de un motivo sin principio ni final crea espacio a través de la sensación de continuidad que se origina en sus extremos.

Estilos espaciosos

– El arte realizado en estilo espacioso y abierto siempre evoca espacio. Elige dibujos lineales –grandes o pequeños– espaciosos, estilos abiertos de caligrafía, acuarelas suaves, combinaciones de tonos pastel y pinturas con colores delicados.

Arte de grandes dimensiones

– Una pintura de grandes dimensiones puede prestar ayuda generosa, ampliando una pequeña habitación. En la misma línea, las representaciones «hinchadas» de objetos cotidianos, como una barra de labios de un metro, una taza del tamaño de un póster o una enorme pelota de béisbol pueden introducir «grandiosidad» en un espacio pequeño.

– Mediante un proyector, transporta una buena imagen hasta la pared y pinta tú mismo su propia ampliación (sobre papel o directamente en la pared). La elección de colores fuertes o suaves determinará el efecto espacial de tu obra.

Crear espacio con biombos

Las mamparas decorativas, biombos, paredes móviles y otros elementos para dividir habitaciones son creadores de espacio en un doble sentido. Lo hacen a través de su diseño (por sus colores espaciosos, representaciones del cielo, de nubes o de paisajes amplios) y, por otro lado, ocultando zonas muy recargadas, zonas de paso o desorden. Un biombo puede ser una obra artística en sí mismo o bien un bonito objeto puramente funcional.

— Observa biombos antiguos y modernos, de tu país o de importación. Fíjate en el diseño y contenido. (Los europeos suelen representar las cuatro estaciones; los asiáticos representan a menudo motivos naturales.)
— Hazte tu propio biombo cubriendo un marco de madera, plástico o metal con papel o tela. Recurre a tu capacidad creativa: los percheros utilizados en algunos hoteles y tiendas de ropa son un soporte perfecto para hacer un biombo móvil. Fórralo con tela (igual que forrarías el marco de un lienzo); sujeta firmemente la tela con grapas o átala con lazos; adjunta dos o más paneles

no muy pesados y que sean de un material suficientemente rígido (plástico, madera, metal, corcho), de forma que se puedan doblar a modo de bisagras y poner en pie. Decora el biombo con colores suaves y con motivos superficiales, con un patrón o una esponja, para crear una ilusión espacial.

- Puedes crear el mismo efecto visual con un biombo divisor de pie y si cuelgas paneles desde el techo. Utiliza paneles de tela (lienzo, terciopelo o raso) para zonas formales. También pueden ser útiles sábanas coloreadas o cortinas de tiras de piedrecitas.
- Para lugares y momentos concretos se puede crear una pantalla *ad hoc* mediante plantas de gran porte, colocadas en línea o en soportes de varios niveles.

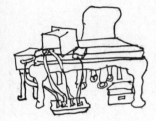

Pantallas para mesas

- Puedes crear ilusión espacial con una mampara para tu mesa de trabajo (que tenga la mitad de altura que un biombo normal de cerca de dos metros). Colócala de modo que oculte el desorden que suelen generar en la parte inferior las patas de la silla y la mesa, los enchufes y los cables del ordenador. También puedes colocarla encima de la mesa para aislar una superficie desordenada y, a la vez, crear una pared aislante; o bien encima de la pared a media altura de la cara para conseguir el mismo efecto. En verano puedes tapar la chimenea en desuso con uno de estos «medios» biombos.

Crear espacio con el contraste

Si sumerges la mano en agua a temperatura ambiente, no notarás nada. Sin embargo, si cambia la temperatura de la mano o la del agua, el contraste te producirá una sacudida. La experimentación sensorial se basa en el contraste.

En el mundo del diseño, el contraste exagera las diferencias entre un objeto y el espacio en que se encuentra, realzando las sensaciones que producen en nosotros tanto el objeto como el espacio. A continuación se exponen tres ejemplos y algunas sugerencias prácticas para crear espacio.

Contrastar lo grande y lo pequeño

El contraste entre tamaños o escalas crea espacio. Por ejemplo, una caligrafía diminuta puede hacer que el papel donde se escribe parezca gigantesco. Según el mismo principio, también crea espacio el enfoque visual preciso: una pequeña fotografía, dibujo o adorno floral concentrado en un punto. Para conseguir ese mismo efecto, agrupa un conjunto de fotografías o dibujos con una disposición que encuentres atractiva. O bien colócalas en hileras concentradas, en sentido vertical u horizontal.

- Las pinturas abstractas se interpretan como objetos que cuelgan de la pared. Tienen la capacidad de concentrar la energía y crean espacio a través del contraste.
- Se puede dar espacio visual a una habitación enmarcando una pequeña fotografía o dibujo (punto focal) con un marco o sobre un fondo de dimensiones generosas. (Los dependientes de las tiendas de marcos con poca inventiva suelen recomendar medidas estándar para nuestras fotografías y se sorprenden ante pedidos de marcos que consideran desproporcionados. Para que entiendan lo que quieres, llévales como ejemplo una revista o un catálogo de museo.)
- Puedes crear espacio útil en una habitación pequeña y sin ventanas si destacas un punto focal bien iluminado (según tus preferencias, puede ser el ordenador, un relicario o una repisa de herramientas).
- Para equilibrar un espacio muy amplio, un objeto o grupo de objetos pequeños deben tener un buen foco, intensidad y estar muy bien definidos. Es necesario contrastar los límites de los objetos y el espacio para que no transmitan impresión de desorden.

Contrastar lo alto y lo bajo

Las culturas de creencias aferradas al suelo, con percepción aguda de lo que está arriba y de lo que está abajo tienen sus maneras particulares de crear espacio a partir del contraste. La concentración de alfombras, cojines, mesitas bajas y otros complementos (bajos) hace que el resto de la habitación dé sensación de amplitud.

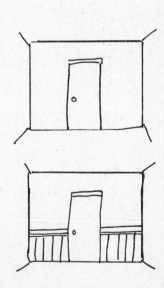

Los revestimientos de madera a media pared de diseño occidental tienen el mismo efecto: menos espacio abajo y más espacio por encima del nivel de las sillas crean una ilusión espacial a partir del contraste.

- Para conseguir un efecto parecido al de los revestimientos de madera, pinta la parte superior de la pared de un color diferente a la parte inferior, a partir de una línea imaginaria a la altura de las sillas.

– Si quieres simular una línea divisoria, instala una o más molduras en la pared. Esta solución es más decorativa si se combinan molduras con papel.

Contraste de colores

También se crea espacio contrastando colores: una mosca negra consigue llamar nuestra atención sobre una pared de luminoso color blanco.

– Cabe tener en cuenta esta consideración antes de escoger colores blancos, pastel y neutros (cielo) para alfombras y suelos (tierra). Por contraste, sobre esos colores se destaca cualquier detalle. En baños, cocinas y zonas cercanas al agua, estos tonos destacan las huellas y manchas; por lo tanto, antes de utilizarlos, pensemos que requieren una limpieza constante.

Contrastar la forma y el vacío

Otro modo de crear espacio se basa en el contraste entre formas y vacío. Por ejemplo, cuando nuestros sentidos están demasiado cargados, el espacio parece una masa «sólida» y cualquier «hueco» produce sensación de alivio. (Piensa en el silencio que te envuelve cuando apagas el televisor, o en cómo puedes convertir un momento a solas en el baño en un oasis, si tu vida está rodeada de niños.) Recurre a las cualidades del espacio, auténticos antídotos contra la sobrecarga, cuando necesites restablecer el equilibrio en un entorno agobiante. (Vuelve a leer lo expuesto sobre «Dejar ser» [Capítulo 8].)

– Suprime la sobrecarga sensorial desconectando los electrodomésticos, ordenadores y teléfonos. Cuando la energía está agitada pon música sedante. Da un paseo cuando hayas trabajado demasiado. Muda las sábanas para airear la energía estancada. Los cambios de ropa crean un hueco –una bocanada de aire fresco– y, por contraste, crean espacio.
– El flujo de energía ambiental –tráfico de personas, luz, viento y energías sutiles– se equilibra con el «vacío» del espacio. La disposición adecuada de los muebles (forma) crea fronteras positivas y –por contraste– crea sensación de espacio.

Otro mecanismo para crear espacio a través de la composición es precisamente recurriendo a la uniformidad.

Crear espacio con la uniformidad

La uniformidad implica eternidad, perdurabilidad y, por lo tanto, espacio. Sin puntos llamativos o de referencia desaparece la presión del estímulo sensorial y se crea sensación de espacio. Precisamente en esto consiste la premisa básica de la terapia de dejarse flotar en una piscina con el agua a la misma temperatura que el cuerpo. El contraste entre uno y otro elemento se desvanece, expandiendo la experiencia del «espacio» personal. Para bien o para mal, en términos psicológicos, la conformidad social y la idea de «estabilidad económica» funciona de un modo muy parecido.

A veces la uniformidad es estúpida: piensa en la monotonía de ciertos conjuntos residenciales y de emplazamientos institucionales. La homogeneidad de una ruta por el desierto o de un trayecto en avión puede hacernos sentir «alelados» –o asustados– debido a la falta de puntos de referencia. Pero no siempre la falta de variación es negativa, también es posible crear una ilusión espacial utilizando la uniformidad con ingenio.

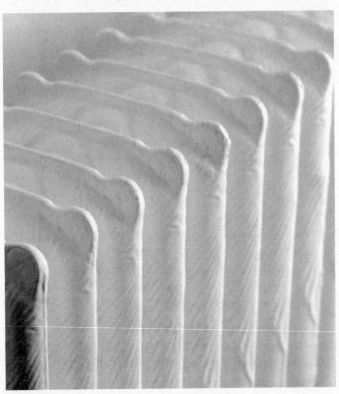

La uniformidad puede referirse a objetos de tamaño idéntico (una colección de estatuillas); puede referirse a «clases de» energía (un cuadro muy grande puede proporcionar «grandeza» visual a un espacio; un color intenso puede servir también de «gran» ayuda).

– Agrupa una serie de objetos del mismo tamaño (una colección de figuras o platos colgados de una pared, una serie de motivos decorativos) para crear un efecto regular y espacioso.
– En una habitación pequeña equilibra un gran mueble o una pintura de grandes dimensiones con colores intensos en las paredes, suelos y tapicería; o bien con un blanco inmaculado. (Si no se establece ese equilibrio, las grandes proporciones pueden producir el efecto contrario: llamar la atención sobre sí mismas y abarrotar el espacio.)

La uniformidad como antítodo de la sobrecarga sensorial

El Silver Garden de Longwood Gardens, en las afueras de Filadelfia, es un campo monocromático de plantas plateadas, césped, hierbas y revestimientos de suelos, saturado con fragancias de salvia y otras plantas aromáticas. El efecto principal de ese mundo de sensaciones plateadas es una inmediata relajación y paz.

– Para crear un ambiente plácido, utiliza colores sombreados similares (tonos pastel o matices neutros); sombreados dorados o plateados; materiales naturales como el henequén, el cáñamo o la madera.

Al igual que un paisaje de dunas, la uniformidad es una realidad poco exigente y escasamente llamativa, de particular belleza. Utilizada con acierto, la uniformidad –de color, forma, motivos, tamaño o repetición– puede calmar la sobrecarga sensorial.

La repetición
La repetición es predecible y relajante, como pueden ser nuestras rutinas diarias. Sin embargo, la repetición sin sentido o mecánica puede resultar torturante. Utilizada con habilidad puede servir para crear espacio.

– Escoge un papel pintado y una tapicería con motivos repetidos regulares (no caóticos ni dinámicos), que no sean demasiado llamativos por su tamaño o diseño. Busca la repetición en la música, en el tictac de un reloj o en «estribillos» visuales.

Uniformidad dentro y fuera

Independientemente de donde vivas, tú y tu mundo están hechos de tierra, agua, fuego, viento y espacio. La coherencia implica que tu espacio personal esté en consonancia con el entorno natural; que estén en armonía, «en contacto». (Si no quieres estar en contacto con tu entorno, piensa en mudarte.)

– Unifica el espacio interior/exterior con materiales naturales (madera, papel, cáñamo, laca, piedra). Con el diseño de las superficies (cielo, agua, animales, hojas, flores). Con colores/texturas que reflejen la naturaleza y los elementos naturales.

La coherencia entre el hogar y la naturaleza crea espacio. Sin embargo, para que un diseño sea natural no tiene por qué ser campestre. La tierra, el agua, el fuego y el viento son las materias primas –sea literal o simbólicamente– a partir de las cuales se elaboran todos los estilos de diseño.

– Si vives en una ciudad piensa en diez maneras (dos por cada elemento) de invocar a la tierra, al agua, al fuego, al viento y al espacio. Si lo haces, revitalizarás tu hogar y a los seres animados que lo habiten.

– Busca fotografías de hogares tradicionales y contemporáneos, campestres y urbanos, coherentes con la naturaleza. Insértalas en tu cuaderno e intenta llevar a la
práctica en tu casa las ideas que te sugieran. Observa
ejemplos de refugios indígenas pertenecientes a diferentes áreas climáticas y lee la obra de Frank Lloyd
Wright. (Para más sugerencias, véase las «Referencias y
lecturas recomendadas».)

11

El espacio es un contexto positivo

El espacio constituye el contexto de tu hogar, incluidos el emplazamiento de tu casa y una gran variedad de influencias que recibirá todo el conjunto. Desde la perspectiva del diseño de hogares iluminados, el contexto básico de tu hogar será la bonanza del universo. Cuando te establezcas en un nuevo hogar cultiva la energía «positiva» existente y procura encontrar el modo de superar las posibles influencias dañinas.

Los diferentes contextos donde vivimos –el lugar de trabajo, el hogar y la familia, el centro de estudios o el templo– tendrían que ser más dinámicos, creativos y sugerentes para quienes los utilizan. Una persona necesita entornos creativamente plenos.
—Charles M. Johnston, M.D.

Elegir el lugar

El lugar ideal para construir tu hogar debe parecerse a un «nenúfar»: alojado en el centro de un paraje y protegido por paredes de «pétalos», «elevado» por encima de la masa circundante. Otra posible analogía con el emplazamiento ideal sería el regazo de una madre.[1] En general, buscaremos un emplazamiento de moderada altura –ni muy alto, ni muy bajo– con montañas, colinas o edificios más altos, en la parte trasera para proporcionar cierta protección. La parte delantera debe dar a un terreno menos elevado –a ser posible, calcáreo–, que encierre un espacio abierto y plácido. El entorno deber tener vida, energías positivas y estar libre de influencias dañinas (asunto al que nos dedicaremos más adelante en este mismo capítulo).

Cuando encuentres el lugar apropiado, sitúate en el centro y localiza los cuatro puntos cardinales. Tu nuevo hogar debe orientarse hacia el este (y si no es posible, hacia el sur). Si tienes el este enfrente y el oeste a la espalda de la vivienda, el sur estará a su derecha y el norte, a tu izquierda. Las auténticas energías, o *drala*, de cada orientación deben estar presentes en el paisaje natural. En consecuencia debes evocarlas para proteger el lugar de los obstáculos propios de cada una de las direcciones.

Influencias útiles

Dado que las influencias útiles más básicas son las cinco energías en equilibrio, ¡todo el resto del libro tratará de las influencias útiles! Las trabajaremos en forma de colores, objetos, elementos y energías sutiles. La composición espacial reforzará y sostendrá el contexto positivo de tu hogar.

Existen además una serie de energías útiles asociadas específicamente con las cuatro direcciones de tu vivienda. Según la tradición feng shui, el este –correspondiente a la fachada frontal– se representa con un tigre de rayas blancas, fuerte y en guardia, pero que se desliza mansamente por el terreno. La energía del este prevalece sobre la ira/agresión. Puedes invocar a la energía del este si pones algo blanco en el terreno (un camino, canto rodado, flores blancas o una verja blanca) y creas una fachada frontal abierta y apacible. Si puedes, pon algún elemento que contenga agua en el lado este (un bebedero para aves o una pecera pueden ser útiles). Nos dedicaremos más profundamente a la relación entre agua y montañas en la parte IV, titulada «Riqueza».

El oeste, hacia donde se orienta la parte trasera, se representa con una especie de extraño ser alado rojo conocido como garuda, un ave mitológica de la cual se dice que nace de un huevo cuando ya está totalmente desarrollada. Osado y monstruoso, el garuda se conoce como el «rey de las aves» y es una energía que prevalece sobre el deseo. La energía del oeste aparece en el paisaje como una montaña o colina rocosa, idealmente cubierta por líquenes rojizos, conocidos como *lhari* o «Montaña de Dios». Según el Rinpoche Thrangu, para invocar a la energía del oeste «debe haber una piedra o tierra roja, que la representaría y proporcionaría protección frente a los obstáculos del oeste».

A tu derecha, si miras al este, está el sur, representado por un gigantesco dragón de color turquesa, relacionado con la satisfacción espontánea. Se dice que ese dragón es el nexo de unión entre el cielo y la tierra. Combate contra el orgullo; duerme en la tierra durante todo el invierno y despierta en primavera, de manera que sus bendiciones nos llegan tanto desde arriba como desde abajo. Puede estar representado en el terreno por un río con forma de dragón que atraviesa un valle, por un bosque o un árbol.

La energía del norte la representa un león de las nieves con la melena turquesa. Está relacionado con la energía exaltada y juvenil que combate la holgazanería y la envi-

dia. Se refleja en el paisaje como una «red» de montañas que simula el caparazón de una tortuga. (Con frecuencia aparece la tortuga en lugar del león para representar esta dirección.) El modo de invocar su energía consiste en colocar pequeños árboles, arbustos o setos de forma que se asemejen al duro caparazón de una tortuga que de algún modo ofrezcan protección. (Nos dedicaremos más a la protección en la parte VI, titulada «Energía».)[2]

Influencias nocivas

Las influencias nocivas crean un contexto negativo y minan la energía positiva de tu hogar. Hay algunos ejemplos:

- Si las montañas, cordilleras o edificios que hay al norte de tu vivienda son desiguales o parecen «dientes», representan peligro o muerte.
- Si tu vivienda está en el extremo de una calle como si se tratara del cuello de un embudo que absorbe la energía del tránsito, te sentirás invadido.
- Si tu casa está en una «isla» rodeada de tráfico es como un bote rodeado de tiburones.
- Si cualquier elemento natural o artificial –un canto rodado, una escultura, un cañón histórico o un cartel– «amenaza» tu hogar, también lo sufrirá tu energía.
- Si tu casa está en un valle o en una depresión, tu energía podría hundirse.

– Para más información sobre el feng shui véase el apartado de «Referencias y lecturas recomendadas». Hay varias escuelas que proponen soluciones y estrategias de redistribución basadas en los puntos cardinales.

En algunos casos, las influencias nocivas tienen solución que está a nuestro alcance, pero, en la mayoría, deben simplemente evitarse.

- Evita tener frente a tu hogar o en la parte trasera, edificios con inclinación muy pronunciada o escaleras muy empinadas. Estos elementos te provocarán una constante sensación de desafío.
- Evita las viviendas construidas en lugares de riesgo –sobre acantilados, en playas en proceso de erosión, puntos de actividad sísmica o cerca de líneas de alta

tensión. Estos edificios son un nido de pájaro construido sobre agua, como castillos en la arena. No cuentan con suficiente apoyo de la naturaleza y son incapaces de apuntalar la vida.

- Evita las viviendas con vistas a cementerios, crematorios, prisiones u otras instalaciones cargadas de energía negativa. La negatividad amenazará tu vida.
- Evita las casas o construcciones con una historia trágica (de muerte o destrucción) o negativa (disputas, divorcios, bancarrota o pérdidas).
- Evita los lugares en franco deterioro o con árboles muertos. Deshazte de cualquier elemento de este tipo que haya en el terreno que vas a ocupar, tras hacer ofrendas a cualesquiera sean las energías naturales que habiten en él.

Antes de firmar compromisos de larga duración

Decide hasta qué punto piensas investigar el entorno donde emplazas tu hogar. Si tienes que habitarlo poco tiempo bastará con prestar atención a las influencias directas. Pero si deseas quedarte durante mucho tiempo, mientras más sepas, mejor. Es posible que tengas que cambiar de lugar o solucionar algún problema.

- Consigue mapas topográficos (disponibles en la biblioteca o en oficinas municipales) que muestren la distribución de la tierra y los puntos de agua. Localiza impulsos geopáticos (puntos de intersección de las corrientes de energía subterránea). Puedes contratar a un zahorí para ayudarte a localizar estos puntos y trabajarlos luego. (El libro *Hogar sano con el Feng Shui* de Karen Kingston es una buena fuente para instruirse en este tema.)
- Consigue información sobre influencias naturales, tales como la presencia de radón o termitas.
- Comprueba también los niveles de contaminación artificial: ruidos y calidad del aire, toxinas químicas, materiales radiactivos u otros residuos. Localiza los cables de alta tensión y los transformadores, generadores de contaminación electromagnética. Utiliza un aparato de medición de los campos electromagnéticos dentro y alrededor de tu hogar.[3]

– Hazte con información histórica acerca de la ubicación de tu vivienda y de sus habitantes previos. (No será un buen lugar si han ocurrido acontecimientos negativos o tristes.)

Contexto planetario

Los planetas que flotan alrededor de la tierra crean un determinado contexto celeste alrededor de tu hogar. Sus vibraciones lumínicas y energéticas tienen importante influencia sobre las plantas, los animales y las personas.

– Localiza el punto por donde salen el sol, la luna y las estrellas, y el punto por donde se ponen. Fíjate si desde las ventanas puedes apreciar su brillo y a qué hora aparecen. Fija un punto de observación desde el cual seguir sus movimientos. Diseña tu hogar en el contexto de las energías «de la aurora» y del «crepúsculo».

Un entorno espacioso es relajante aunque no menos intenso que el próximo tema al que dedicaremos nuestra atención: ¡el tiempo!

12

Espacio y tiempo

Los entornos espaciosos nos hacen sentir que tenemos todo el tiempo del mundo. En días de mucha presión y ajetreo «necesitamos algo de espacio». En el mundo occidental se ignora con frecuencia el hecho de que las personas experimentamos el espacio y el tiempo de forma «simultánea», experiencia que afecta todo aquello que diseñamos y construimos.

Mucha gente prefiere trabajar por la noche, cuando el espacio es menos exigente y tenemos la sensación de contar con más tiempo. Sin embargo, desde el punto de vista contemplativo, la clave para obtener más espacio es... ¡ser consciente!

El estar plenamente conscientes afecta nuestra percepción sobre el factor espacio/tiempo, en la medida en que creamos espacio –o huecos– en nuestra experiencia. Esta actitud mental permite disfrutar de un entorno más espacioso porque provoca experiencias sensoriales más amplias, incluidas experiencias tan comunes como la de mente conceptual y el reloj.

Flexibilidad y cambio

La flexibilidad es espaciosa. Une unos caminos con otros como si fuese una ráfaga de viento. La flexibilidad constituye una manera de enfrentarse a cuestiones de la rutina diaria que aportarán «espacio» a tu vida. En el diseño del hogar, la flexibilidad implica ambientes y materiales capaces de responder al cambio de estaciones, clima, luz, temperatura o momentos del día.

– Expresa la flexibilidad con materiales que se muevan, vinculen, se balanceen y den lugar al contacto. Los materiales flexibles generan curvas suaves en el espacio y

ponen en armonía con la naturaleza, exenta de líneas rectas. La flexibilidad en el diseño implica «vida».
- Piensa en maneras de «dejar ser», combinar y consentir en tu quehacer diario. La flexibilidad te recompensará con más espacio, tanto mental como ambiental.

El cambio de las estaciones

Cuando era niña, mi madre limpiaba toda la casa de arriba abajo en primavera. Sacaba las mantas de lana al aire, ponía boca abajo las de henequén y cubría el mobiliario de crin oscura con una vistosa tela de algodón. Este ritual tan simple hacía que el mundo se abriera como una flor; fresco, nuevo y lleno de maravillosas posibilidades. El cambio renueva el espacio y provoca una sensación espaciosa en tu hogar.

- Cambia de vez en cuando los cuadros, grabados y otras piezas artísticas. Puedes hacerlo al principio de cada estación si tienes piezas apropiadas para cada una de ellas. Los cambios renovarán no sólo el espacio sino tu capacidad para apreciar los cuadros. (Está claro que acabamos por no ver en absoluto los objetos que siempre tenemos delante.)
- Si puedes, cambia las colchas, las mantas y los complementos al empezar cada estación. Si no puedes, usa simplemente cubiertas de algodón o de lienzo como cubrecamas *ad hoc*. Pon cobertores de hilo sisal con ribetes de motivos veraniegos sobre las colchas.
- Utiliza flores y plantas de temporada para establecer el paralelismo entre tu hogar y los ciclos de energía natural. Pon guirnaldas y banderines acordes con la estación que transcurre.

En las estaciones de transición como son el otoño y la primavera, ve apartando los objetos de la estación anterior y prepárate para el cambio.

- En primavera guarda los morillos y las velas decorativas. Limpia la chimenea y escóndela tras una mampara durante el verano. Sustituye calabazas y flores secas por flores frescas. En otoño, recoge los cobertores y los ventiladores, la mampara de la chimenea y las guirnaldas de flores silvestres. Celebra la magnificencia de la tierra con motivos de cosecha y materiales más pesados y ricos de intensos colores otoñales.

En Japón, los conceptos de espacio y tiempo se expresan simultáneamente con el término *Ma*. *Ma* da origen a las formulaciones espaciales y temporales. La palabra *Ma* no considera que el tiempo y el espacio sean secuencias distintas, como las considera el pensamiento occidental. Muy por el contrario, en Japón, el espacio y el tiempo se miden como intervalos. El uso actual de la palabra *Ma* abarca casi todos los aspectos de la vida japonesa. Con *Ma* se identifica la fundación, la arquitectura, las artes plásticas, la música y el teatro, todos ellos conocidos como «el arte de *Ma*».
—Arata Isozaki

Las mamparas refractarias equilibran la energía del fuego/calor con vistas frescas –montañas coronadas de nieve, escenas marinas– o flores de la estación.

Celebra el cambio de estaciones con materiales, colores y elementos naturales apropiados. Intenta equilibrar tierra, agua, fuego y viento para que bendigan tu entorno.

– En invierno aprovecha el calor del fuego (y todo lo que a él se asocie) para equilibrar el frío gélido de la temporada. Si tienes chimenea, valora al máximo su importancia. Vuelve a distribuir el mobiliario y saca mantas de lana. Recurre a la madera y a los objetos de la tierra para equilibrar el viento del norte.
– Mantén el equilibrio entre el calor del verano (fuego) y las experiencias con el agua, ya sean reales o ilusorias (fuentes, recipientes de cristal, cuadros con paisajes sensitivos). Equilibra también el aire (materiales vaporosos, móviles sacudidos por el viento, abanicos decorativos). Refresca los entornos cálidos con plantas y flores naturales. Usa materiales ligeros: tul, muselina, lienzo, cáñamo y mimbre.

La transformación por el diseño

La naturaleza –y las personas, puesto que formamos parte de ella– cambia constantemente. Estamos «diseñados» fisiológicamente para la mutación y el cambio. Nos desarrollamos en entornos adaptables y, en cambio, enfermamos mental y físicamente en aquellos que no lo son. (Los cambios extremos o descontrolados, también, por supuesto, provocan falta de equilibrio además de desasosiego y problemas cardíacos.)

Los entornos artificiales nos desvinculan del cambio y de la vida. La iluminación artificial perjudica nuestra salud y bienestar porque crean sensación de permanencia y perdurabilidad de la luz diurna. El control artificial de la temperatura tiene las mismas consecuencias.

– Baña tu casa de luz natural y deja que se noten los cambios de hora y estacionales. Si puedes, usa espejos y claraboyas. Reubica las zonas de trabajo y lectura en habitaciones soleadas, dejando el televisor y los dormitorios en las salas menos iluminadas. Coloca el mobiliario y sus complementos de forma que puedas obtener el máximo provecho de la luz de las estaciones y de los usos del espacio según el momento del año. Tu cerebro necesita luz natural y cambiante, no lo pierdas de vista. Plantéate ajustar tus horas de trabajo a las horas de luz natural y reducir el uso de la electricidad. (Yo he intentado hacerlo, aunque sin éxito. Pero es posible que tú sí lo consigas.) Levantarse con la salida del sol genera bienestar físico y espiritual. Es una costumbre ritual en muchas culturas.

– Equilibra el control de la temperatura natural y la artificial. Abrígate con jerséis y calcetines de lana cuando haga frío. Mantén la calefacción baja y apágala durante la noche. Si hace falta, cómprate un edredón de plumas pero *no* utilices mantas eléctricas. Son una fuente de contaminación electromagnética y perjudican tu salud corporal y tu energía. En verano, acude a los ventiladores de techo o de pie para conseguir un aire acondicionado más agradable. No prives a tu cuerpo de su capacidad para adaptarse a los elementos. (Si no te crees capaz de adaptarte al clima frío o cálido, plantéate la posibilidad de tomar las vacaciones en invierno/verano.)

Factores de estrés en ambientes artificiales

Los ambientes artificiales someten tu mente/cuerpo a verdaderas dosis de estrés dada su negación del cambio y a la necesidad de renovación. Si quieres evitar el estrés, utiliza tu casa como puente entre el mundo natural y tú. Decora tu hogar en función de tu sensibilidad a la luz, el sonido, la temperatura, el paso del tiempo, etcétera, y reduce tu dependencia de las fuentes artificiales de energía. Estarás más sano, feliz y, además, ahorrarás dinero.

– Crea un entorno vital utilizando todos tus sentidos –vista, oído, tacto, olfato, gusto y mente–. Fíjate en su entorno natural a la hora de buscar modos de intensificar la poesía del cambio en tu hogar.

Y, por último, lo más importante: los espacios sagrados del hogar.

13

Un centro sin límites

Los laberintos, el equivalente occidental de los mandalas, nos conducen al «centro» e integran nuestra realidad interior y exterior.

Cuando los niños juegan a ser ángeles sobre la nieve agitan los brazos en círculo alrededor de su espacio central. La energía despliega las alas a partir de ese punto central y entonces es cuando aparecen los ángeles.

El espacio central es el corazón y el alma de cualquier mandala. En términos psicológicos, constituye nuestra fuente de inspiración, nuestro núcleo espiritual. «Un centro sin límites» significa que, en cualquier momento y en cualquier lugar, estamos «centrados» en esa inspiración. La «centralidad» se refiere a tu posición en la vida y en el hogar.

— Coge tu cuaderno y expresa en palabras tu inspiración central. ¿Reconoces esa verdad central en tu casa?

Crear un lugar donde centrarse

Centrarse es un modo de regresar a tu núcleo. Cuando estás en contacto con tu «centro», todo lo que tocas también está centrado. Según M. C. Richards, «cuando nos centramos reducimos los opuestos a una sola experiencia. Los surrealistas franceses hablaban de *le pointe supreme*, al que también acabaron considerando el foco central: *le foyer central*».[1]

En tu hogar, el espacio central rinde honor a tu espíritu y a tu linaje espiritual. Al igual que el eje inmóvil de una rueda, consigue que se superen el ajetreo y las frustraciones de la vida diaria. El espacio central —sea cual fuere su forma: un relicario, una sala especial o el rincón de una habitación— es el centro de tu bienestar espiritual.

— Tu centro de mesa representa el «espacio central». La próxima vez que tengas invitados en casa deja que un centro de mesa inspirado establezca el tono del espacio.

– Crea un lugar central para objetos sagrados, libros y fotografías de personas que ocupen un lugar especial en tu vida (profesores, antepasados, maestros).

Identificación del linaje personal

Cada uno de nosotros tiene su particular legado de inspiración, enseñanzas y amor, así como algún vínculo afectivo con ciertas personas (vivas o difuntas) a quienes admiramos y emulamos. Puesto que la inspiración nos llega a través de percepciones sensoriales es posible que contemos también con una herencia visual (pintores favoritos, diseñadores o artesanos), una herencia sonora (músicos, cantantes, poetas y periodistas), etcétera, incluida una herencia mental. La identificación de la herencia personal nos ayuda a encontrar nuestro centro y el de nuestro hogar.

– Identifica tu herencia personal. Ten en cuenta todos tus sentidos para encontrar tu inspiración personal y la de tus antepasados. Para centrar tu herencia en casa, proporciónales «asiento», ríndeles honores y bendíceles.

Un *tokonoma*

El espacio central no tiene por qué coincidir con el centro físico del lugar. Los *tokonomas* japoneses –salas apartadas que suele haber en los hogares tradicionales y casas de té– se encuentran normalmente cerca de la salida. Un adorno floral, pintura o inscripción acorde con la estación del año proporciona un recuerdo espiritual cada vez que se entra o se sale de casa.

Un jardín mágico

Una pareja de amigos míos se dedica con suma devoción a la crianza de sus dos hijos y a la jardinería. En ello consiste su vida y su práctica contemplativa. En lugar de un relicario, crearon un jardín lleno de magia bajo la luz de una claraboya en su sala de estar –con plantas, una fuente, peces, estatuas y deidades, más una plataforma rocosa donde hacer ofrendas– para celebrar su inspiración y para centrar su hogar.

Un lugar secreto

Según Anthony Antoniades, arquitecto, no es posible dar forma a la arquitectura sin saber qué rituales religiosos se practicarán en ella. Cuenta su experiencia con unos clientes ortodoxos griegos quienes «a pesar de la voluntad de no

Este sencillo altar de pared, hecho a mano por Takayuki Kida, es ideal para la cocina o la oficina.

demostrar profunda devoción en sus creencias, se pusieron muy contentos con el rincón secreto que les diseñó –cuya existencia sólo ellos sabían–, para tener sus imágenes religiosas y su vela».[2]

Altares

En algunas culturas se instalan «centros» espirituales en muchas estancias: en la cocina con ofrendas de alimentos, uno en el estudio (para deidades y maestros del conocimiento), y un relicario guardián o de la buena suerte en la habitación del bebé. A continuación, algunas ideas para crear un relicario:

– Rinde homenaje al principio celestial elevando los objetos sagrados –fotografía, estatua o inscripción– por encima del suelo (tierra). Utiliza una mesa cubierta con un tejido especial o papel decorativo. Protege la superficie con un cristal cortado a medida. Adórnala con velas, recipientes llenos de agua y flores frescas.
– Pon incienso y velas aromáticas en el suelo (tierra) frente a esa zona sagrada. Coloca estos objetos en una bandeja o en un tapete (hombre). Al quemar el incienso a nivel del suelo, el humo asciende.
– No dirijas tus pies (tierra) irrespetuosamente hacia esa zona (cielo). Por lo tanto: no pongas tu sagrario u objetos e imágenes sagradas a los pies de la cama. No dejes tu taza de café o cepillo del pelo sobre la superficie donde esté el sagrario (ni siquiera por un momento). En caso de tener flores o plantas en él, manténlas siempre frescas y cuidadas.

– Con el mismo espíritu, mantén el foco de atención sobre el espacio o la habitación de tu sagrario. No acerques elementos que desvíen la atención. No dejes montones de ropa en ese espacio ni lo utilices como almacén, a no ser que los objetos almacenados estén dentro de armarios cerrados.

Diseña tu espacio central de acuerdo a los principios del cielo, la tierra y el ser humano. Luego, dirígete a ese lugar para rezar y meditar. Jeremy Hayward nos cuenta en su libro *Camino de Shambala*, que «cuidando ese lugar, uno puede crear una sensación de [espacio]… simplemente acudiendo a él, y darle un hálito de frescura a la vida diaria».[3]

Altares para niños

A los niños les gusta tener un rincón especial en su habitación. Un altar sencillo puede ayudar a tu hijo en su inspiración y desarrollo individual. Si la habitación es pequeña puede hacer de altar una estantería sobre el pupitre o una caja de libros. La cultura Shambhala celebra el «día de los niños» en el solsticio de invierno con altares públicos y particulares para ellos.

Altares conmemorativos

Los ancianos también disfrutan de los espacios especiales (muchos de ellos crecieron con costumbres parecidas). Una señora de setenta y ocho años perdió una cantidad de amigos y miembros de la familia en un período de doce meses. Un dramático revés en muchos aspectos. Una buena forma de superar la pérdida consistió en crear un altar «conme-

Un altar de Shambhala para los niños debe encarnar los principios del cielo (muñecos con el rey y la reina en la última repisa, como en la fotografía); la tierra (en la repisa inferior: rocas/minerales, plantas, conchas y representaciones de animales); y el hombre (en la repisa del medio: figuritas de músicos, bailarines y otros personajes).

morativo» en su dormitorio. Comenzó con una simple mesita rodante colocada en el vestidor de su marido y pronto se convirtió en un auténtico sagrario de sus antepasados y seres queridos perdidos.

Para crear un altar conmemorativo, cuelga un telón de fondo de colorido intenso y una fotografía o símbolo significativo (cielo) por encima de una mesa o estantería (tierra). Incluye fotografías, recuerdos u objetos conmemorativos (hombre). Con el tiempo ve guardando o quemando estos tributos y deja sólo las fotografías principales. Por muchas razones en este caso tal vez no sea buena idea colocar velas votivas ni quemar incienso. En cambio, concentra la energía con un cristal: una pequeña bola de cristal, un recipiente de cristal tallado o uno con agua bendita.

Un lugar de retiro

Un lugar de retiro, apartado y rodeado de naturaleza puede constituir el núcleo del mandala de tu hogar. Deja que este lugar decida el «tono» de tu hogar. Construye/compra/alquila un lugar dedicado a la contemplación, al «dejar ser». Deja que tu refugio sea el centro de tu hogar.

Independientemente de la forma que tomen tus fuentes espirituales, son las que alimentan todo aquello que ocurre en tu hogar. Frecuéntalas con regularidad. Sin ellas tu hogar pierde transcendencia y fuerza.

14

Poner el espacio en su sitio

El espacio genera un entorno apacible y relajado. Se trata de un elemento sin localización ni ubicación concreta (sería dificilísimo «emplazar» el espacio), pero de gran impacto sobre nuestras vidas. La base del diseño del hogar iluminado está precisamente en el trato esmerado del factor espacial y de las experiencias sensoriales espaciosas.

El espacio da lugar a otras cuatro fuentes de energía, todas ellas interdependientes e idealmente equilibradas. Este baile de energía es el que crea nuestro mundo. Los diferentes rasgos personales que nos caracterizan forman también parte del baile. Algunos de nosotros somos muy amplios; el resto tendemos a ser meticulosos, expansivos, apasionados o resueltos. También nosotros somos interdependientes y estamos idealmente equilibrados.

Remedios para los excesos

Claridad. Realza nuestra conciencia del espacio mediante la imposición de límites a su alrededor. En su función de «marco», la claridad dirige nuestra atención hacia la experiencia espaciosa (una pintura, una pieza musical, una fragancia). Con orden y precisión, la claridad realza el espacio y previene la dejadez o la negligencia.

Riqueza. Extiende el espacio y nuestro sentido de la relajación (más espacio/más tiempo), a la vez que combate la ansiedad.

Calidez. Incrementa nuestro disfrute del espacio y evita que nos aburra.

Energía. Proporciona una corriente de aire fresco al espacio y combate la apatía y los entornos aletargados.

El baile de la forma y el vacío comienza con la claridad –la energía del este–, y eso es lo que haremos nosotros.

Resumen del espacio

Dirección	Centro.
Color	Blanco.
Elemento	Espacio.
Estación	Atemporal.
Forma simbólica	Informe.
Sabiduría	Atención integral.
Diseño	Dejar ser, amplitud, ilusión, ajuste, flexibilidad, cambio, lugares sagrados.
Desequilibrio	La ignorancia (falta de atención) conduce a la insubstancialidad, la falta de definición o fronteras, la confusión/caos, la negligencia/suciedad.
Ubicación	Ninguna. El espacio es omnipresente. Lo representa el centro de cualquier mandala y está asociado con el «espíritu» y con los lugares sagrados.
Animales	El búfalo, la vaca sagrada, el búho sabio y el gorrión común.

III

CLARIDAD

15

El poder de la claridad

La claridad ilumina nuestro hogar a través de la meticulosidad y la paz. Su energía –igual que el sol naciente– es reveladora y brillante. Su forma es redonda, serena y tranquila. Fresca y objetiva, promueve la «visión clara». La claridad es un antídoto contra la confusión y el caos. Puedes canalizarla en tu vida cuando necesites:

Un espejo cósmico ligeramente defectuoso permite que el universo exista.
—Titular de la revista *Scientific American*, febrero de 1988

Más enfoque	para clarificar objetivos/intenciones
Más orden/menos caos...	para simplificar la vida
Más intuición...	para encontrar más inspiración/sentido
Más energía curativa...	para mejorar un ambiente

El poder último de la claridad, espejo de la sabiduría, es como la superficie de un lago. En el diseño, se interpreta en líneas claras y formas puras. Igual que el agua, la claridad amplía los detalles haciendo observar, por ejemplo, los flecos de una alfombra, resaltando el entretejido de una tela y la textura de una piedra. El animal que tradicionalmente encarna la claridad es el tigre vigilante, aunque sus cualidades también se asocian a la nutria lustrosa, al delfín inteligente, a la grulla pacífica y al águila atenta.

Los excesos no son buenos

La energía de la claridad en exceso es como las aguas turbulentas que fragmentan los reflejos o quebradiza y afilada como el hielo. En el plano psicológico esta energía puede ser demasiado dominante, demasiado conceptual, demasiado «correcta». (Considere, por ejemplo, el abuso de la palabra «claramente», sobre todo cuando se habla de política o de leyes.)

En el diseño de un espacio, el exceso de claridad puede resultar alienante, frío y rígido. Demasiado cerebral, quizá por exceso de electrodomésticos digitalizados como el aire acondicionado, la iluminación, las cafeteras o los sistemas de seguridad. El exceso de claridad podría minar la sensación de bienestar. Si uno se aferra demasiado a la claridad, creará espacios agobiantes, artificiales, demasiado organizados y claustrofóbicos, anulando cualquier sensación de espontaneidad y calidez, de placidez y comodidad. Como el hielo, el espacio se vuelve inmutable y sólido; la claridad de forma puede convertirse en formalismo; parecer simplemente rígida y deshumanizada. En el apartado siguiente, nos ocuparemos del poder de la claridad cuando es armoniosa.

La claridad en el hogar

Si la claridad fuese un tipo de tejido, sería algodón blanco almidonado, con pliegues rígidos o rayas muy precisas. Como estilo de diseño podría ser estilo japonés o *art déco*. La claridad es la iluminación concentrada (luces para leer, luces altas o puntos de luz dirigida). También la luz blanca sin tamizar en general. Si fuera una flor podría ser una orquídea. Si pájaro, un ave del paraíso. La frescura y diseño de la claridad hacen de ella un estilo ideal para los climas calurosos.

Las personas experimentamos la claridad a través de todos nuestros sentidos y, por lo tanto, a través de ellos podemos hacer que nuestro entorno sea más claro.

La vista

La claridad está especialmente ligada a la vista. La vista, –una función de la objetividad y la distancia– es lineal. Crea definición, forma y perspectiva.

En el diseño, la claridad se interpreta con líneas claras, dibujos definidos y colores fríos, especialmente el azul. La claridad enfría la seducción del color, que pasa a segundo plano, dejando como protagonista a la luz. Significa el enfoque directo y la alta definición en fotografía, aguafuertes u otros medios aunque no en cuadros coloridos. Es el contraste del negro sobre blanco de la caligrafía o los azulejos en blanco y negro. La claridad es escueta y exacta (más una composición floral japonesa que un gran ramo de flores). Es la precisión del cristal tallado. Traducida en formas, la

La percepción visual puede ser abierta y creativa, la más poderosa percepción de todas las existentes. Puede ser realista, poderosa y limpia. Además, cuando la claridad es extrema surge también el sentido del humor.
—Chögyam Trungpa

claridad es quietud. Sus movimientos son contenidos y precisos, como la salida y la puesta del sol. Incluso cuando se expresa a gran velocidad, por ejemplo, en el baile flamenco o el *Riverdance*. Más del 90 % de las decisiones tomadas en diseño se basan en el sentido de la vista.

– Conviértete en una cámara de fotos, camina por tu casa y graba objetivamente todo lo que veas. (Más tarde puedes registrar tus sentimientos sobre lo que ves, lo que te gusta y lo que te causa desagrado.)
– Graba representaciones visuales del elemento más natural de la claridad: el agua. ¿Cómo ha sido representada el agua en el arte, la arquitectura y el diseño? ¿Qué significación tiene?
– Investiga cómo ha sido representada la claridad en la arquitectura y el diseño en otros tiempos y lugares. Recoge fotos, retales de telas y materiales naturales. Incluye muestras de colores. Busca por todas partes los azules de la claridad (y contrastes de blanco y negro), en el arte y en el diseño, en la vida diaria y, especialmente, en la naturaleza, sin olvidar la claridad y sus colores en los lagos de alta montaña, en los pájaros exóticos y en otros animales.

Este tejido japonés y esta vasija aborigen americana (Mississipi) evocan las cualidades del agua.

El sonido

La claridad es el crujido de las hojas, el choque de platos en la pila, el susurro del viento y el insistente tictac de los temporizadores y relojes. El mundo nos habla claramente a través de «todos» los sonidos que escuchamos; todos los sonidos, incluso un balbuceo o un murmullo son muy precisos. La claridad transmite mensajes claros de espacio, abundancia, calidez y energía a través de las cualidades del sonido.

– Cierra los ojos, escucha y deja que cada sonido «te hable» –el teléfono, la televisión, la radio, la nevera, el secador de pelo y otros electrodomésticos–. Las puertas chirriantes, los suelos que crujen, los niños y sus juguetes, las personas, los animales domésticos, las herramientas eléctricas o mecánicas de la casa, las sirenas, el ruido del tráfico, las corrientes de agua. ¿Cómo te afectan esos sonidos? Describe con un adjetivo cada sonido importante. Escribe un poema usando como primera palabra de cada línea cada uno de los adjetivos que has elegido.

– Identifica los momentos o los lugares en que hayas notado contaminación por ruidos (no nos referimos a la alternancia normal de sonido caótico y silencio, sino al sonido continuado que llena un espacio). Para aclarar tu entorno, necesitas suprimir el ruido.

El olfato

La claridad es limpia, pura. Son los aromas acres que despiertan tu sentido del olfato. En invierno (la estación de la claridad), los vapores aromáticos y las energías se concentran. Los olores que experimentamos son agudos y penetrantes (el humo de la madera, el pino, las plantas aromáticas). Son cortantes (como el hielo) y favorecen la respiración profunda (como el alcanfor, el eucalipto o la lavanda). Son refrescantes como el viento después de la lluvia.

– Utiliza aromas claros (limón, incienso o bergamota) para purificar la energía, restaurar la salud y, en general, despertar tus sentidos. Sé claro y preciso sobre los diferentes tipos de aromas que utilizas para obtener efectos específicos. En los siguientes capítulos hablaremos de los aromas relacionados con los diferentes tipos de energía (para ampliar la información sobre el tema, véase «Referencias y lecturas recomendadas»).

– Más del 90 % de nuestra percepción del gusto está influida por el olfato, por lo tanto, pon atención a la calidad del aire en el lugar que comes. ¿Hay humo? ¿Está perfumado? Comprueba que en la terraza de tu cafetería favorita no sirvan humos del tráfico con lo que hayas pedido. Los buenos olores realzan nuestra experiencia alimentaria, los malos olores la perjudican.

El gusto

La claridad es limpia, con sabores definidos a limón y menta. Actúa como agente regenerador (las hierbas recién cortadas y el pomelo). Tiene sabor penetrante y astringente (el *wasabi* o el té verde). No deja dudas sobre tu experiencia sobre los sabores (cuidado con los sabores artificiales, rancios o impuros, y con aquellos demasiado fuertes). La claridad respeta los gustos ajenos. La claridad en el gusto puede traducirse en un tipo de régimen dietético.

– ¿Qué tipos de alimentos y bebidas encarnarían la pureza y la curación? (Podrías pensar en una tintura o medicina de herboristería.) Identifica alimentos con «significación» (piensa, por ejemplo, en alimentos prohibidos en una dieta sana). ¿Cómo está enfocada tu dieta? ¿Hasta qué punto es simple y está bien definida?

- Considera los posibles significados alternativos de «gusto». ¿Cómo se expresarían una clara sensibilidad o un sentido agudo del estilo en el diseño? Busca ejemplos para tu libreta de notas. Compáralos con la luz, la pureza y la menta.

El tacto

La claridad es el tacto suave del satén, o el de la frescura del algodón o del crujiente charol. Es la superficie lisa (plástico, mármol o metal) y la invernal angularidad de las orillas gélidas, los plisados y las puntas. Es un día frío y vivificante. Es la textura crujiente de la nieve, la seda cruda o el henequén.

- Identifica el «tacto» de la claridad de tu hogar. ¿Cómo y en qué lugares tomas un contacto claro, preciso, inteligente, simple y bien organizado con tu mundo interior? Anota también dónde y por qué no lo haces.
- Si la claridad fuese una silla, ¿qué aspecto tendría? Diseña una habitación alrededor de esa silla. ¿Cómo te sientes en esa habitación y qué tipo de actividades desarrollarás en ella?

La mente

La claridad mental te despierta y vence la depresión y el aburrimiento. Es como una mañana revitalizadora de invierno. Agudiza la experiencia sensorial, incluso la experiencia de la confusión. El hecho de ver la confusión con claridad significa claridad mental. La claridad mental es esquemática, didáctica y precisa. Adquiere la forma de proyectos, diseño de planos, materiales manufacturados (todos ellos productos de la mente). Los programas informáticos son la claridad mental en el trabajo. Los juegos de mesa, por ejemplo –sus normas, papeles y dibujos diagramáticos–, significan la claridad mental trasladada a los momentos de ocio.

- Fíjate en los momentos en que pierdes interés y te desconectas de tu entorno durante todo un día. Nos ocurre continuamente. ¿Qué te hace volver? Registra las percepciones que te despiertan y te devuelven al presente. ¿Cuáles son los sentidos más despiertos?

— Camina al aire libre con la mente abierta a los mensajes sensoriales. Fíjate en los dibujos que hacen las nubes en el cielo, huele el perfume de las flores primaverales, escucha el reclamo de los pájaros, siente cómo se mueve tu cuerpo por el espacio que ocupa. Registra tus impresiones. Imagina que son mensajes enviados por alguien muy importante y sabio que te ha tomado personalmente bajo su protección. Lee los mensajes y grábatelos en el corazón.

La claridad lleva la paz a todo tu hogar. Son lugares marcados por la reflexión, habitaciones tranquilas dedicadas al aprendizaje (bibliotecas y despachos). Son también recintos dedicados a la limpieza y a la purificación (cuartos de baño, lavaderos). Fuera de casa son hospitales, balnearios de aguas medicinales, bibliotecas y universidades.

Existen siete maneras básicas de dotar tu vida con el poder de la claridad. En los capítulos siguientes llevaremos cada una de ellas al diseño de tu casa.

16

Como el sol en un cielo sin nubes, la claridad hace desvanecer las sombras e ilumina el mundo. En el hogar, la representan los candelabros, las mesas de cristal, el cobre pulido, la plata brillante y, en general, la buena iluminación. Los rayos de luz se perciben como una bendición. Consigue que la luz bendiga tu casa.

La luz natural

La luz natural es una poderosa fuente de energía. No pongas obstáculos en su camino. Si colocas cortinas gruesas y oscuras –como ya vimos en el capítulo 9– no dejarán pasar la luz. Los interiores oscuros absorben la luz. En cambio, el blanco y los colores claros la reflejan. También reflejan la luz los objetos brillantes y relucientes. La luminosidad espiritual queda anulada por muebles oscuros y pesados, sobre todo si están apoyados cerca de las ventanas.

- Evita colocar grandes piezas de mobiliario en paredes donde haya ventanas. Pon en su lugar muebles ligeros (sillas, bancos o alguna mesa) y, especialmente, obras de arte.
- Utiliza espejos, cristal, vidrio, plata y oro que reflejen la luz. Usa siempre espejos limpios y claros, que no oscurezcan ni distorsionen tu imagen.
- Para ocasiones especiales, ilumina tu hogar con velas y lámparas de gas. Utiliza espejos para realzar el brillo. Si tienes intención de comprar candelabros de pared, asegúrate de que tienen espejos en la parte posterior.

Luz artificial

Una buena iluminación es parte esencial del buen diseño. La luz artificial demasiado fría (las fluorescentes u otro tipo de luz «azul») es deprimente y alienante. La luz demasiado «caliente» o intensa (deslumbrante, con focos

[En el budismo tibetano]... cada partícula, en su verdadera cualidad, es luz. Incluso en la física occidental se considera que las partículas están formadas por energía o luz densa. Esto implica que el mundo no es un fenómeno tan descomunal, frío y rígido. En realidad, es puro, claro y transparente.
—Tulku Thondup

o bombillas al descubierto) es irritante. La iluminación demasiado débil también afecta la vista.

Una pareja joven que quería darle ambiente rústico y cálido a su hogar, decidió decorarlo al estilo del sur de los Estados Unidos. Como querían economizar, pusieron bombillas fluorescentes en todas las lámparas y el resultado fue, claro está, desastroso. La luz fría destruyó la calidez de los colores de las paredes ocres, los suelos de madera, las alfombras de artesanía, el mobiliario estilo Santa Fe. Pusieron bombillas incandescentes y todo el ambiente volvió a tener aspecto acogedor.

- Utiliza iluminación incandescente o luz del día si quieres crear un entorno positivo y dar sensación de bienestar. Nunca luces fluorescentes. Investiga el mercado de la moderna iluminación graduable.
- Instala bombillas suficientemente potentes para leer, trabajar o iluminar pasillos oscuros. Utiliza también luces de pilas para colocar dentro de los armarios y no tener que revolver a tientas. Pon iluminación clara y positiva en el hueco de la escalera y en el garaje (sobre todo si es por donde entras a la casa). Evita el calor intenso, el deslumbramiento o las distorsiones electromagnéticas de las lámparas halógenas.
- Evita siempre las bombillas al descubierto. Elige las lámparas de techo y de pie con pantallas o globos, de vidrio o pergamino, que tamicen la luz. Recuerda que las pantallas son inútiles si están por encima de la bombilla y tú estás debajo.

Proyectores de luz

Los proyectores, tanto si son del tamaño de un lápiz como los grandes focos de rastreo, producen chorros de luz y crean sensación de impacto. Por lo tanto son ideales para realzar una obra de arte, una composición floral o las áreas de descanso.

- Utiliza luces dirigidas hacia arriba y hacia abajo para iluminar rincones oscuros. Ponlas detrás de muebles y plantas y encima de los cuadros. Existen focos (y también modernas luces navideñas) que son fotosensibles y se activan automáticamente.
- Usa siempre la luz de encima de los fogones o del fregadero cuando estés trabajando en la cocina. Centrará tu mente e iluminará tus actividades.

Los límites oscuros

Las zonas limítrofes entre la oscuridad y la luz producen inquietud en los seres humanos. La luz está ligada al día y al hecho de existir en el mundo. La oscuridad es una metáfora de lo inexplorado y lo desconocido. El paso de la luz a la oscuridad afecta nuestro estado mental.

– Utiliza los focos con precaución. Ten en cuenta que debes crear gradaciones suaves entre las áreas iluminadas y oscuras de una habitación o de la casa, para que no supongan un sobresalto.

El brillo de la luz representa no sólo la «inteligencia» sino también experiencia sensorial.

La luz como representación del intelecto

La luz está ligada al intelecto, al aprendizaje. En última instancia a la ilustración. El hecho de *ver* las cosas como realmente son significa que no estamos en «la oscuridad».

Lámpara araña Waterford (cortesía de Waterford Wedgood, Estados Unidos).

– Las bibliotecas, despachos y otras áreas de lectura necesitan estar bien iluminadas. Elige una iluminación que te permita estar sentado cerca y leer cómodamente (leer con una bombilla al descubierto cerca de la cabeza es irritante y poco saludable). La energía mental «fría» debe equilibrarse con una iluminación cálida. Estudiar o hacer un trabajo intelectual iluminado por luz fluorescente exige un esfuerzo excesivo.

La información

Para conseguir buenos resultados en el diseño es necesario informarse a fondo de las diferentes teorías, análisis, planos de la casa, historias. Hay que utilizar la brújula, conocer datos geofísicos. Es conveniente analizar, identificar e investigar posibles problemas para conseguir una «inteligencia» doméstica operativa (sobre este aspecto del diseño hablaremos más extensamente en la «Conclusión: combinar todos los elementos»).

Lemas ingeniosos y estructuras

El diseño puede convertirse en arte conceptual (como en las esculturas que demuestran sorprendentes leyes físicas)

o en diseños intelectuales de superficies exteriores (como los lemas ingeniosos en algunos cojines o tazas). Puede estar ligado a las estructuras visibles (armazones de piezas de mobiliario formal) o a soportes de estructuras (ensambladuras, bisagras o elementos mecánicos). En eso consiste la estética funcional de los fabricantes de materiales e infraestructuras.

– Crea un diseño que sea atractivo para la mente: confecciona una composición floral utilizando malla de plástico, tuberías y cables de ordenador. Decóralo con ampliaciones de mapas, diagramas de estructuras o planos arquitectónicos y móntalo todo bajo una cúpula de plexiglás.

– Pinta los detalles interiores de una sala –molduras y zócalos– de un blanco brillante o de colores que hagan contraste para delinear el espacio de la habitación, creando un ambiente diagramático e intelectual.

Otra forma de intelecto es la organización. «El poder de organizar» –escribe Deepak Chopra– «es inherente al conocimiento. Cualquier tipo de conocimiento se metaboliza espontáneamente y resulta en cambios en la percepción a partir de los cuales es posible crear nuevas realidades.» El intelecto se expresa a través de la organización y el orden.

Organización y orden

El orden «ilumina» tu hogar, es revelador y proporciona percepción. Aquellos de nosotros que apreciamos la espontaneidad podemos censurar el orden y la organización porque, a veces, nos sentimos demasiado organizados y manipulados en el trabajo. Tal vez por reacción y como medida defensiva nos aferramos a nuestro caos particular en el ámbito doméstico. Puede también darse el caso contrario: que nos atrincheremos en un exceso de orden. En ambos casos, el orden se convierte en tema de debate más que en un modo de iluminar nuestro mundo.

Orden y caos
En un entorno equilibrado (también aplicable a las personas) el orden y el caos se alternan. Igual que para respirar es necesario inspirar y espirar. Los estilos de claridad y ener-

gía tienden al orden y a la conservación de energía; la abundancia y calidez tienden al caos y a la creatividad. Pero, en definitiva, son tan inseparables como el acto de respirar. (En biología, la forma más conservadora de organización comienza por almacenar la energía para utilizarla luego en forma de creatividad o cambio.)

Los miembros de una familia crean orden o caos de acuerdo con sus particulares estilos de energía. Quienes tienen una tipología donde prevalecen la claridad y la energía prefieren el orden, la estructura y eliminar cualquier clase de confusión. Quienes tienen una tipología donde prevalecen la abundancia y la calidez tienden a generar un caos creativo junto con sus otros talentos. Los encargados de organizar el espacio colectivo harían bien en dejar las cosas como están.

A uno de los miembros de cierta familia, le encantaba limpiar y organizar su entorno, y tenía verdadero talento para «aclarar» espacios que luego dejaba relucientes, sin que hubiera nada fuera de lugar, ni una sola mota de polvo. Pero había dejado morir todas las plantas en sus tiestos. Se había concentrado tanto en la «forma», que había descuidado la «función». Es necesario recordar que la naturaleza es desordenada. La energía creativa es caótica. Las plantas de interior están sujetas al proceso de la vida y la muerte. No hay que desesperar por ocasionales manchas de agua en el suelo o los muebles.

Muchos artistas pasan por la rutina de limpiar y reorganizar sus estudios cuando están a punto de sumergirse en el caos de un nuevo proyecto. Algunos adoptan esa costumbre como un ritual consciente, otros lo aceptan como parte del proceso creativo.

– Organiza una miscelánea de objetos (caos) y conviértela en colecciones siguiendo criterios de utilidad, valor sentimental, grados de significación, etcétera. Separa libros y revistas. Convierte un montón de estorbos en cosas útiles y desecha el resto. Cualquier cosa que valga la pena guardar, vale la pena organizarla de modo que sirva para iluminar tu vida y tu hogar.

La coherencia del agua

El orden refleja la coherencia del agua. Recoge y canaliza la energía en patrones organizados para bien del conjunto. El proceso de organizar áreas de desastre doméstico clarificarán tu mente y tu vida.

Cuando vemos las cosas tal como son, éstas adquieren todo su sentido: la manera de moverse las hojas arrastradas por el viento; la manera de humedecerse las rocas bajo los copos de nieve. Podemos contemplar cómo exhiben simultáneamente las cosas su armonía y su caos. De este modo no estaremos limitados por la belleza y apreciaremos adecuadamente todos los aspectos de la realidad.
—Chögyam Trungpa

La suposición de que la naturaleza es caótica y el artista la somete a un orden es un punto de vista, y en mi opinión, muy absurdo. A lo máximo que podemos aspirar es a poner un poco de orden en nosotros mismos.
—Willem de Kooning

– Instala un estanque, una balsa, una pequeña piscina para pájaros o, simplemente, un recipiente de agua clara para llenar de energía y claridad un espacio.
– También las colecciones temáticas (náuticas, deportivas, de viaje, teatrales, etcétera), propician la sensación de coherencia en un espacio si están organizadas. Recoge tesoros temáticos con paciencia y cuidado (¡y tira lo que no te sirva!).

Organización y almacenamiento fáciles

La clave para el éxito en la organización es la facilidad. Facilita la organización de tus materiales de oficina, papeles, juguetes, trastos de cocina y armarios, haciendo que sea un proceso continuado. Una buena organización tiene que estar al servicio de la energía, no aprisionarla. Como las orillas de un río, debe facilitar que «fluya con la corriente».

– Utiliza cestas, cajas y bandejas para poder organizar las cosas al instante. Existen grandes contenedores de lona plegables para ropa (se pueden comprar en tiendas que abastecen hoteles y restaurantes). Son ideales para guardar juguetes o los cojines de las sillas de la terraza, por ejemplo.
– Ponle un código de color a tus archivos, cajones o cajas para facilitar la identificación visual rápida. Azul para las ideas, objetivos intelectuales, y documentos referentes a la salud. Amarillo para el dinero y asuntos de pro-

piedades. Rojo para las cartas de amor, la correspondencia personal y otras cosas relacionadas con el arte o el ocio. Verde para proyectos y temas relacionados con el trabajo.

- Almacena el alimento deshidratado de tu animal doméstico en recipientes de plástico o de metal con tapas. Es mucho más conveniente que meterlo en bolsas porque mantiene el alimento en buenas condiciones y el suelo limpio.

- Instala tu armario bien organizado con estanterías y cajones de plástico claro, cajas o bolsas para mantas y jerséis (mejor transparentes, para que puedas ver siempre lo que hay dentro). Mira catálogos y tiendas especializadas para encontrar lo más nuevo en muebles para organizar y almacenar aunque sólo sea para darte ideas.

- Los muebles para almacenar no tienen por qué ser armarios empotrados o fijos. Existen armarios móviles de lona muy bonitos, con ruedas desmontables. Los percheros comerciales para ropa también son transportables aunque no sean tan bonitos. Puedes esconderlos detrás de un biombo o un panel de bambú que cuelgue del techo. O cubrirlos con una tela decorativa.

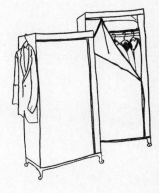

La organización crea foco y forma. Éste será nuestro siguiente tema.

17

Foco y forma

La claridad centra la energía y hace nacer la forma: para dar forma a una carta, por ejemplo, uno se sienta a la mesa con el bolígrafo en la mano y centra sus pensamientos en el papel. El foco de sus funciones origina la forma de los espacios interiores. Espacios para pasar ratos de ocio, cocinar, comer, dormir o bañarse. Esos espacios originan así sus formas de expresión.

Cuando la energía entra en la forma se recoge, se concentra y continúa. El proceso se asemeja mucho al acto de comer. La energía que nos nutre entra en nuestro cuerpo a través de una «puerta», se recoge en el centro (el punto focal) y cuando ha cumplido sus funciones, se retira por otra «puerta». Igual que el estómago, el punto focal de cualquier habitación debe estar provisto de un buen fluido de energía. Pero no debe ser alterado por ese fluido.

– Organiza puntos focales con el mobiliario, de manera que no se vean alterados por el fluido de energía de puertas y ventanas.

El foco crea líneas de visión

Las líneas de visión (término teatral) son caminos visuales dirigidos dentro del hogar, hacia una habitación o a lo largo de la entrada. Transmiten la información visual que determina lo que pensamos y sentimos, y ayudan a formar nuestras primeras impresiones.

Uno de mis clientes quería montar un estudio ambientado como biblioteca en una gran habitación con fachada al frente. Habían colocado grandes estanterías laterales, incluidas dos muy altas, en las paredes laterales. Desde la puerta no se veían las estanterías y, por lo tanto, desde allí nada indicaba que fuera una «biblioteca». Una vez trasladadas las estanterías a la pared de enfrente de la puerta, flanqueando un sofá de terciopelo con apliques en la pared para leer, se creó realmente el ambiente que deseaba el cliente. Ahora se ve enseguida que el punto energético buscado está centrado allí.

La visión de una apacible ilustración es lo que da el tono a este dormitorio.

- Ponte de pie en la entrada de tu casa. ¿Qué es lo primero que ves? ¿Es esto que has visto la primera impresión que te gustaría crear? (Hablaremos más extensamente sobre «entradas y recibidores» en el apartado «Hospitalidad» del capítulo 34.)
- Ponte de pie delante de la puerta de cada habitación de tu casa y observa si el foco intencional de las habitaciones se percibe de inmediato. ¿Entrarías en el recinto por esa razón?

Las líneas de visión pueden dar fuerza o bien dinamitar las intenciones que tengas sobre ese espacio. Si la visión es clara, enfocada y positiva, o deprimente, confusa y amenazadora, creará el mismo estado de ánimo en cualquiera.

Una sección de los Servicios Sociales con pocos fondos solía utilizar todas las habitaciones disponibles para sus grupos de terapia. En una de esas habitaciones, lo primero que se veía al entrar era el cuarto de baño, cuya puerta estaba siempre abierta. La terapia de grupo empezaba sin remedio con una espléndida vista del retrete. El problema se solucionó fácilmente sólo poniendo un muelle y una mampara decorativa barata.

Vistas desde el exterior

Las puertas de la entrada principal alineadas directamente con las puertas de servicio canalizan sin remedio la energía hacia fuera. Del mismo modo, una puerta de cristal o un ventanal situados justo enfrente de la puerta de entrada dirigen tu mente afuera de la casa. Donde van la mente y el ojo, la energía física acompaña de inmediato a ambos (lo cual significa que tampoco permaneces allí mucho tiempo). Las líneas de visión que dirigen tu ojo/mente/energía a demasiada velocidad a través del espacio tienen el efecto de «cortar» o dividir el espacio.

- Comprueba la alineación de la puerta principal y de la puerta trasera. Si no puedes cambiar la posición de una puerta (o ventanal) que crea un túnel energético inventa una desviación visual en el recinto de entrada.

Utiliza, por ejemplo, una mampara decorativa, un panel o cuelga un tapiz para controlar la energía entrante antes de que salga.

Desde el interior de la casa, las líneas de visión dirigen el ojo hacia el espacio exterior que rodea la casa. Lo que ves afecta la calidad de tu vida. Las casas que dan a un tanatorio, cementerio, centrales nucleares o eléctricas, vertederos, no fomentan la buena salud ni el bienestar.

Las líneas de visión operan bajo el principio de que «lo que ves es lo que tienes a mano». Cuando lleguemos al final de este libro habrás aprendido a canalizar la energía visual de diversas maneras.

La forma

Silla estilo federal, Nueva York, entre 1790-1810.

La energía canalizada se expresa en formas simples, líneas nítidas y concisas, superficies crujientes y entornos puros.

— Centra tu atención en cualquier objeto corriente de tu casa: un plato, una silla, un rollo de papel de cocina. Estúdialo como un artefacto y, si tienes tiempo, dibújalo. Si tienes una cámara de fotos, fotografíalo en diferentes momentos del día.

La forma o configuración de un objeto es claro reflejo del modo en que la energía está centrada en su interior.

— Estudia la forma de tu casa desde el exterior. ¿Es alguna de las partes (derecha, izquierda, delante o detrás) más baja o más alta que las otras? Estudia los planos de tu casa para ver la forma del interior. Como hay que tener en cuenta que el tema es demasiado extenso para ser tratado en profundidad en este libro, véase en el apartado «Referencias y lecturas recomendadas» los libros citados.

Forma y formalidad

La forma perfila los continentes a través de los cuales fluye la energía. Para que ese flujo sea posible, la forma debe contener y conservar la energía. La formalidad, como la forma, es «conservadora» porque contiene energía.

La formalidad comunica sensación de tradición, autoridad y aprobación oficial. Conserva los procedimientos «propios». Cualquier conservación de procedimientos es «formal», desde la más primitiva y salvaje hasta la más civilizada. La formalidad es importante para el ritual, las ceremonias y las celebraciones. Los gobiernos y las instituciones aspiran también a conservar y a estructurar la energía. El diseño de los edificios oficiales suele ser formal. La formalidad es decoro, modales y procedimientos «apropiados».

La formalidad es una actitud rigurosa. Concentra la energía y evita que se disperse. Las tradiciones sabias y antiguas se conservan a través de la forma y, por lo tanto, enfatizan aquello que es la manera «apropiada» y «correcta» de hacer las cosas. (Los prejuicios culturales angloamericanos contra la forma y la formalidad se deben, en gran parte, a la pérdida de rituales y costumbres que habían canalizado en el pasado las energías naturales y espirituales de nuestras vidas.)

Cuando la formalidad es excesiva falta pasión. Cuando es exclusivamente forma –sin contenido– es en el fondo rígida y vacía. (James Thurber se refirió una vez al ritual de los banquetes formales como: «una especie de confusión dignificada que, poco a poco, te va desquiciando la mente».) El ideal sería que la formalidad y el sentimiento se complementaran como forma y energía, que funcionaran al unísono.

Diseño formal

El diseño formal se percibe en el mobiliario muy estructurado y elaborado, en vitrales, en la ropa formal y en multitud de accesorios clásicos con precedentes históricos (conservadores). La «virtud» de la forma es la conservación de la energía (sin la cual, la energía se dispersa). El punto débil es su resistencia al proceso de cambio (sin el cual, la energía se estanca).

– Para poder apreciar el diseño formal en lugares, personas u objetos hay que estudiar la función de la forma en la naturaleza. Colecciona ejemplos reales y fotográficos de las estructuras de la energía natural (hojas, conchas de moluscos, dibujos anatómicos, cristales, moléculas o formas del caos en el espacio). Analiza visualmente estas imágenes y fíjate en su elegancia, simplicidad y similitud con el diseño formal.

Los modales son la manera apropiada de hacer las cosas. Cada uno de esos modales fue, en su momento, un soplo de talento o amor. El uso repetido los ha templado y convertido en costumbre. Al final son el rico barniz con los que se lava la rutina de la vida y se adornan sus detalles. Si son superficiales, también lo son las gotas de rocío que tanta profundidad dan a los prados matinales.
– Ralph Waldo Emerson

La cena formal típica de Washington tiene la misma espontaneidad que un funeral imperial japonés.
–Simon Hoggart

Estilos formales e informales

La gama de estilos, desde el formal (o muy estructurado), al informal (poco estructurado) indican la importancia de la forma. Las modas en el diseño fluctúan lo mismo que las personas, los lugares y las actividades. La forma y la función (o proceso de cambio) parecen ser energías encontradas pero son, en realidad, las dos caras de una misma moneda, que hace singulares contribuciones al acondicionamiento de tu hogar.

– Recoge en tu libreta ejemplos de estilos formales e informales de diversos lugares y épocas. ¿Qué impacto tienen sobre ti? ¿Y sobre tu entorno? ¿Cómo funcionan juntos?
– Identifica los elementos formales e informales de tu hogar. Fíjate en el mobiliario, los accesorios y el diseño de las superficies. ¿Le estás sacando el mayor partido posible a cada estilo?

El enfoque y la forma llevan la energía de la claridad a tu hogar, junto con la definición espacial y la delimitación de espacios.

18

Definir el espacio

La definición es la clave del éxito a la hora de planificar el espacio. Para definir tu espacio, necesitas una primera visión. Por ejemplo, con una visión de salud y curación se podrá construir un buen centro médico; con una visión cálida en las relaciones humanas se podrán construir espacios sociales e íntimos. Con una visión de nutrición se podrán construir buenas cocinas y restaurantes. Cuando se visualiza un espacio con intenciones claras, se pueden definir sus límites y recoger la energía necesaria para canalizar tus sueños e invitar al mundo a participar en ellos.

En el reino animal, la norma es devorar o ser devorado. En el reino humano la normas es «define o serás definido».
—Thomas Szasz

– Piensa dónde necesitas más o menos definición dentro de tu casa y por qué. Así podrás decidir cómo definirás los límites.

Límites

Los límites dan forma a la energía y funcionan como una lupa para concentrar su intensidad. Esta delimitación puede ser de tipo físico: paredes, puertas, cubículos de trabajo, mamparas, organización concentrada de muebles, plantas grandes, etcétera. También puede delimitarse un espacio visualmente con cambios de color, dibujos, materiales o texturas en las paredes y suelos. Los límites evitan que la energía se malgaste desde dentro o que se interrumpa desde fuera, para poder así equilibrar tu espacio.

– Elige una habitación (un dormitorio, por ejemplo), y visualiza qué te propones conseguir en ese espacio (un sueño reparador). Crea límites precisos para definir tus intenciones y tu espacio: en este caso, cortinas para tapar la luz y una puerta con cerrojo para salvaguardar tu intimidad. Los límites psicológicos pueden también sig-

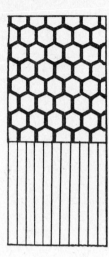

nificar que no haya teléfono ni televisión. Los límites psicológicos en el comedor pueden significar que no se contesten las llamadas telefónicas durante las comidas.

- Crea límites alrededor de una zona de entrada organizando un punto focal con muebles.
- Define un espacio abierto multifuncional, con límites visuales. Para diferenciar funciones, utiliza, por ejemplo, grandes superficies de color en las paredes, cambios de materiales (madera a baldosas, zona alfombrada) en los suelos. Cuelga un tapiz, etcétera.

Los límites espaciales más acertados son aquellos que responden a tu sensibilidad y necesidades. Son flexibles y temporales. No deben ser rígidos ni sólidos sino psicológicos. Límites que respondan a la necesidad de forma y espacio y sirvan de nexo entre el cielo y la tierra de modo bien definido.

Con paredes...

Para bien o para mal, las paredes definen un espacio. Si te encuentras atrapado por paredes que ya existen, visualiza la función de tu espacio y utiliza las paredes para enfocar tu intención.

- Desde la perspectiva de los cinco estilos, pregúntate qué función puedes darle a esa pared. ¿Abrir o suavizar el espacio? ¿Enriquecerlo o darle belleza? ¿Hacerlo más funcional? Utiliza pintura de diferentes colores, texturas y accesorios apropiados para canalizar esa energía. Potencia la energía con un estilo apropiado de obra de arte o de instalación. Crea una pared que apoye tu intención para ese espacio.

... O sin paredes

Los espacios abiertos como *lofts* o estudios necesitan límites definidos para que estén en consonancia con todas tus necesidades. Un sofá cama no es suficiente para convertir un espacio de trabajo en el área que pueda proporcionar un sueño reparador.

- Utiliza mobiliario para crear límites *ad hoc*. Un escritorio plegable puede cerrarse por la noche. Un armario cerrado puede esconder de la vista la televisión, el ordenador o cualquier otro equipamiento, cuando desees un cambio de ambiente (véase la parte II, «Espacio»).

- Cuelga una cortina o una mampara de papel de arroz delante del vestidor, la zona de estudio, trabajo o cocina. Algunos interioristas encuentran ideales las cortinas de baño diseñadas para definir espacios multifuncionales.
- Crea límites con luz por medio de bloques de cristal o paneles de plástico ondulado de colores (dos materiales de construcción muy adecuados en interiores). Para conseguir un efecto insinuante, extiende capas superpuestas de materiales translúcidos como gasas, organdíes o tules de mosquiteros sobre bastidores (igual que se extiende una lona) para armar biombos simples o paneles colgados del techo. Utilízalos (con precaución) para esconder luces de techo.

Soluciones para límites inconvenientes

Cuando un espacio parece caótico, confuso o amenazador sentimos la necesidad de mejorar sus límites (todos los límites que ponemos indican cómo sentimos nuestro espacio). Cuando un espacio es demasiado cerrado nos sentimos claustrofóbicos y necesitamos más horizonte, más espacio. Si es así, los límites deben simplificarse, suavizarse o, directamente, eliminarse.

- Suaviza los límites opresivos con espejos, obras de arte, telas con diseños interesantes, variedad de texturas, iluminación, plantas y flores y puertas «ligeras».
- Retira barreras físicas quitando paredes, convirtiéndolas en medias paredes o instalando ventanas en ellas. Otra solución es iluminar con claraboyas los pasillos estrechos y oscuros, para que el espacio no sea agobiante. (Un arquitecto neoyorquino renovó su apartamento de manera que no hubiese ninguna habitación ni pasillo sin luz natural.)

Los detalles

Los detalles son una forma de definición que nos dicen: «el cuadro está completo». La claridad del entorno es como la puesta a punto de tu coche, con pulido inclusive. Significa que el metal está pulido, las flores frescas, las lámparas de techo limpias (sin moscas muertas). Diseña cuidadosamente los pequeños detalles como, por ejemplo, que los ribetes del tapizado sean de colores que contrasten y que

El espíritu del hogar

los respiraderos de la calefacción y pequeños accesorios mecánicos estén en consonancia con el estilo de decoración que hayas elegido. Los detalles nos dicen que no se ha descuidado nada.

Los detalles son el reflejo de una conciencia alerta. Los descuidamos cuando estamos preocupados o estresados. Ese estado de ánimo mina sutilmente nuestra sensación de bienestar y también mina la fuerza en el espacio. En *Poética del espacio*, Gaston Bachelard nos habla de una distinguida psicóloga, Mme. Minkowska, que interpretaba los dibujos que los niños hacían de casas: «A menudo un simple detalle es suficiente para darse cuenta de cómo funciona la casa. En una de las casas, dibujada por una niña de ocho años, se fijó en que había un tirador en la puerta. En el dibujo se nota que la gente entraba en esa casa, que había vida en ella. No era meramente una construcción, era también un sitio para vivir. Es evidente que el tirador de la puerta tiene significado funcional. Es un signo cinético que, a veces, niños que están muy tensos se olvidan de incluir en sus dibujos».[1]

Los detalles nos ponen los pies en el suelo. Si tenemos demasiado cielo y poca tierra, los árboles no nos dejarán ver el bosque.

— Confía en el trabajo con los detalles para hacer realidad tu visión del diseño. (Para ver la función de los detalles en un contexto más amplio, puedes volver a leer el apartado «Tierra», en el capítulo 3, «El cielo, la tierra y el ser humano».)
— Paséate por tu casa atento a la iluminación y a las instalaciones de fontanería. A los detalles: tiradores de las puertas, bisagras o placas de interruptores (si son de metal ¿están pulidas?). Fíjate en los alicatados, molduras y zócalos ¿habría que mejorarlos, instalar nuevos, quitar algunos? Comprueba si la pintura de las diferentes estancias y elementos de tu casa es mate o brillante; si tus cuadros necesitan más luz; si los marcos podrían ser más bonitos, más llamativos, hacer más contraste. Comprueba también los detalles de la cocina y del cuarto de baño que utilizas a diario: el vaso para el cepillo de dientes y la jabonera. Indaga si necesitas iluminar rincones oscuros. Verifica si tu lugar de trabajo y tu escritorio necesitan algún cambio de accesorios. El hecho de ser cuidadoso con los detalles clarifica tu mente y tu entorno.

Flores, tenedores y otras consideraciones numéricas

Los detalles, al fin y al cabo, son significantes o mensajeros del mundo de los fenómenos. Los números pares o impares de los objetos tienen efectos diferentes en la composición y el diseño (y, como veremos inmediatamente, diferentes significados culturales). En general, los números pares (que representan el *yin*), son fuerzas receptivas, pasivas, simétricas y ligadas a la quietud y a la muerte. Los números impares (que representan el *yang*) son fuerzas creativas, activas, asimétricas y simbolizan un proceso continuado de renovación y de vida.

El tenedor con el que como puede ser un ejemplo de la importancia de los números pares e impares. Los tenedores, ya de por sí, tienen una forma enérgica, al igual que el material del que suelen estar hechos (metal). Los tenedores de cuatro puntas (un número par y por lo tanto no enérgico) son más equilibrados y agradables de usar que los de diseño moderno y desafortunado, que tienen tres puntas (número impar y por lo tanto enérgico).

En la arquitectura y diseño de la civilización occidental, los números pares han significado siempre la perfección, equilibrio y calma. La inmovilidad como continente del movimiento interior. En Japón, los números pares –y por tanto la simetría– representan la «muerte» en el diseño. Allí, las artes, la arquitectura y el diseño se basan en la asimetría, en el movimiento, en los números impares de elementos. Las estructuras dinámicas equilibran la inmovilidad interna.

– Organiza composiciones asimétricas de muebles, obras de arte y otros objetos en números impares. Por ejemplo, en arreglos florales pon tres flores en vez de cuatro. De ese modo, invitarás al espectador a que participe en la experiencia estética. Si se tiene en cuenta que, para nuestra cultura, las composiciones simétricas son «perfectas», se deduce que también crean conclusión y distancian al espectador. Estas composiciones se utilizan, a menudo, para reforzar una sensación de distanciamiento y respeto.

Detalles como éstos, definen nuestro mundo material. El siguiente tema es el de la textura.

La textura como forma de definición

Las texturas son huellas en el espacio, surcos en la tierra, marcas en el agua, vestigios en el fuego y estelas en el aire, en un compendio que evoca las virtudes rústicas y urbanas. Hablan a nuestra mente, a nuestros corazones y también a nuestro sentido del tacto ayudando de este modo a crear la «textura» de nuestra vida.

– Amplía esta lista de texturas:

Paja	Henequén
Baldosas	Piel
Terciopelo	Algodón
Plumas	Plástico
Papel artesanal	Cristal
Madera	Hierro fundido
Piedra lisa o rugosa	Aluminio pulido
Cuero	Lana de abrillantar metales

Algunas texturas pueden hacerte sentir tenso. Los tapizados sintéticos, por ejemplo, pueden ser físicamente irritantes. Las esquinas salientes de los muebles pueden representar una amenaza subliminal, igual que otros muebles diabólicos que parecen estar ahí para rasgar medias y la ropa en general. El efecto acumulativo de texturas tensas, igual que «la preponderancia de lo pequeño» en el *I Ching*, significa un entorno tenso. Las texturas «falsas» como la imitación de madera, las rocas sintéticas y las flores artificiales no envían al entorno los mensajes genuinos que envían las auténticas.

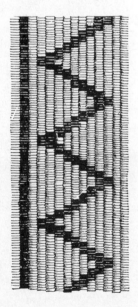

– ¿Cuál es la textura que predomina en tu hogar? Dedícate a identificar las texturas que sean demasiado duras, blandas, rugosas, lisas o artificiales. Identifica las texturas que sientas son «correctas».
– Estilos rústicos como tejidos artesanales, maderas talladas, piedras sin pulir, alfombras de nudos o tejidas a mano suelen tener mejor textura que los estilos urbanos, con sus aceros, plásticos, piedras pulidas y moquetas industriales.

La textura, los detalles, los límites, la forma y el foco, todos contienen mensajes. De ahí llegamos al tema siguiente: el significado.

Significado

El significado es lo que conocemos del mundo. Sin ese conocimiento nos sentimos solos y confundidos. El significado ilumina la experiencia como el sol naciente. Un entorno sin significado está sumido en la oscuridad. El significado hace que la vida en este mundo valga la pena.

No debemos buscar más allá de los fenómenos. Ellos mismos son el mensaje.
—Goethe

— Identifica objetos de tu hogar que tengan profundo significado para ti: una fotografía, un símbolo religioso, una máscara, un diploma, etcétera. Identifica también esencias y sonidos. Honra su significación enmarcándolos, agrupándolos, exponiéndolos o colocándolos en un lugar especial. Recoge su energía e invoca su poder en tu vida.

El significado se comunica a través de los sentidos. Las imágenes sensoriales, igual que una lengua, son vibraciones simpáticas que confirman, para bien o para mal, que formamos una unidad con el mundo. Esto se traduce en una «ley de correspondencia». Por ejemplo, cuando un caballo relincha en el prado, no le contesta una vaca o un cerdo, sino otro caballo. Ése es el modo en que, entre todos, contribuimos a crear el mundo.

— Recorre tu casa y descifra todos los mensajes que te rodean: mensajes grabados en los muebles, moldeados en la plata, entretejidos en las fibras de las telas, inscritos o pintados en yesos. Entérate de todos los mensajes genuinos de las estaciones: las guirnaldas de flores, la decoración de los árboles, los huevos pintados de las aves. ¿Hay mensajes que faltan en tu casa? ¿Contiene mensajes fuera de lugar? ¿Es hora de cambiar mensajes antiguos por otros nuevos?

Significado en los mitos y en el diseño de interiores

Las casas míticas, ésas habitadas por dioses, espíritus y también por humanos, tenían todas significado. El hecho de ir y venir, de andar y dormir, de nacer o morir, bañarse, vestirse y comer eran paralelos poéticos de la experiencia espiritual. Sus significados, conservados en el idioma, el ritual, el mito y los símbolos, tienen la función de unir el cielo y la tierra. (Para más información sobre el tema véase «Referencias y lecturas recomendadas».) Comprender la significación espiritual y psicológica de los espejos, escaleras,

Los motivos estilísticos europeos simbolizan la transformación (mariposa), la búsqueda espiritual (conchas), la felicidad conyugal y la fidelidad (anillos entrelazados), la abundancia (cornucopia), la música divina, la unión del cielo y la tierra (lira), la longevidad y la sabiduría (hojas/bellotas de roble).

El espíritu del hogar

Rastro de oso

Pisadas

Huella de ganso

Renacuajo

Espina

Onda

Cola de cuervo

Mariposa

Dunas de arena

Tipos de diseño empleados para la elaboración de canastas Tlingit (según Emmons).

umbrales, vestíbulos, ventanas o puertas nos capacita para una apreciación más profunda de la estructura. Vamos a indicar algunos ejemplos:

Los espejos. Reflejan el alma, la eternidad, la existencia física (los espejos a veces se cubren en el momento de la muerte para evitar que el alma vuelva al cuerpo). A menudo se han utilizado en prácticas de adivinación.

Las escaleras. Pueden significar la energía ascendente o descendente. En algunas tradiciones aparecen ligadas a viajes espirituales del alma.

Los umbrales. Representan transición/retos. En África, las mujeres embarazadas saben que no deben dudar delante de un umbral.

Los vestíbulos. Significan pasajes estrechos, viajes a través de lo desconocido; transiciones. A veces se utilizan para desviar peligros y proteger.

Las ventanas. Son los ojos de la casa, conectadas a la visión, la inspiración, las bendiciones y la infancia.

La puerta principal. Es la boca de la casa, unida a la suerte (buena o mala), y a su relación con el mundo.

- Recuerda que la localización de las cosas comunica significado. Por ejemplo, la colocación de símbolos sagrados o religiosos encima de las puertas, las camas, los umbrales y techos. La colocación de cuadros con significado especial como retratos de antepasados justo por encima del nivel del ojo.
- Toma como ejemplo las asociaciones simbólicas de la claridad (formas redondeadas, colores blancos o azules, el agua) y tradúcelos en diseño. (Puedes colgar en la pared una colección de platos de cerámica redondos, con dibujos náuticos.) Prueba este ejercicio para conseguir abundancia, calidez y energía.

El significado se basa en la claridad de nuestra percepción. En el siguiente capítulo veremos cómo purifica la claridad nuestro entorno.

Los símbolos significativos nos conectan con la armonía del cielo, de la tierra y de las personas entre sí. Más allá de alusiones simbólicas, los objetos son símbolos de sí mismos: los colores, las formas y los estilos se expresan de modo significativo. Comunican, finalmente, si la mente está alerta o no y tienen el poder de despertarnos. Éste es el reto creativo de la percepción en el diseño.

19

Pureza

La pureza es la forma esencial de todo aquello que es percibido claramente, tanto si son cosas vistas, como sonidos o también las ideas. Las cosas que son «exactamente como son», no son perfectas sino puras. La práctica de la pureza es la compasión. En el hogar significa el sentido básico de la bondad.

La perfección no se alcanza cuando ya no hay nada que añadir sino cuando no queda nada por eliminar, cuando el cuerpo ha sido reducido a la desnudez.
—Antoine de Saint-Exupéry

Purificar el entorno

La pureza llega a la bondad de las cosas deshaciéndose de la suciedad, de lo estancado, de la energía negativa. Hay que deshacerse de «el polvo del espejo», de los hábitos perniciosos, de lo que está rancio, muerto o es improductivo.

La sabiduría de los nativos americanos nos aconseja apartarnos de los lugares donde «ya no crece el trigo». Debemos deshacernos de las cosas que «ya no producen trigo para nosotros». De ese modo dejaremos que brille la bondad. (Hablaremos más sobre este tema en la parte VI, «Energía».) Purificar el entorno es esencial para potenciar la buena energía y el buen diseño.

– Rompe con antiguos hábitos (por ejemplo, subscripciones a periódicos o revistas que ya no lees); elimina de tu hogar productos antiecológicos (plásticos no reciclables, jabones, productos de limpieza químicos cancerígenos, pesticidas y rociadores para el césped). Devuelve la salud a tu hogar.

Limpieza
Más que una tarea, la limpieza del hogar se puede considerar como una oportunidad para purificar el entorno. Convierte la limpieza en un ritual de renovación utilizando las fuerzas de la naturaleza:

**Limpiarlo todo y mantenerlo siempre bien limpio.
El espíritu del cielo, las montañas, los valles y los ríos son las percepciones mismas. Cuando todo brille, todo el mundo resonará aquí.**
—Douglas Penick

Tierra. Los nómadas del desierto la utilizan en forma de arena para fregar ollas o barrer el suelo.

Agua. Utilizada para rociar, lavar o verter es una manera universal para purificar a las personas, los lugares o las cosas. Se utiliza para bendecir el hogar y, a menudo, significa purificación y concepción.

Fuego. Purifica a través de la destrucción, y va ligado a una transformación. Por extensión, el humo de hierbas purificadoras se utiliza, en forma de incienso o palillos aromáticos, para purificar las casas. La luz del sol se utiliza para purificar a las personas, lugares y cosas (las tribus del desierto ponen al sol sus zapatos y sus ropas). La sal, una forma de fuego, se utiliza para limpiar la energía turbadora y fortalecer la tierra.

Viento. Purifica el entorno por dentro y por fuera. Está ligado a la ventilación, a la eliminación de obstáculos y a la renovación de energía.

Existen muy pocos trabajos de limpieza que no puedan ser realizados con «energía clara» en vez de energía química. Relee el apartado del capítulo 15 «La claridad en el hogar» y pon luego tu percepción en funcionamiento. (Para más información sobre este tema, véase «Referencias y lecturas recomendadas»).

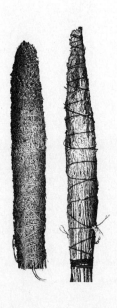

– Limpia tu hogar con agua pura, limón, vinagre y esencias claras como el eucalipto, la lavanda, el pino y el limón. Extiende por tu casa salvia, enebro y cedro. Límpiala con agua y bicarbonato. Utiliza una caja destapada de agua con bicarbonato para desodorizar el frigorífico (simplemente déjala abierta dentro, sobre uno de los estantes). Combate los huéspedes desagradables de un modo natural (agua con limón contra las hormigas, bórax contra las cucarachas, velas de cidra contra los mosquitos).
– Limpia los campos visuales. El hecho de limpiar el polvo de los espejos tiene mucho efecto sobre la mente. Vacía tus armarios de debajo del fregadero. Almacena sólo lo que usas e intenta usar la menor cantidad de productos posible.
– Purifica el entorno auditivo de ruidos irritantes como ventiladores ruidosos, motores o puertas que chirríen. Si el refrigerador hace ruido, limpia las bobinas. Despréndete de aparatos ruidosos cuando las tareas puedan hacerse manualmente.

— Reciclar también es una manera efectiva de purificar el entorno interior y exterior. Recicla papel, metal, plásticos y objetos reutilizables como muebles, ropas, juguetes y aparatos. Llama a una fundación de caridad o a una institución religiosa para que se lleven tus «cápsulas del tiempo» domésticas. Las cosas que no necesitas pueden ser oportunas y útiles para otras personas.

— Si tienes paredes porosas en el interior o exterior (de piedra, yeso o ladrillo) y no están tratadas con una capa aislante, considera encalarlas o pintarlas de blanco. Encalar una pared (una manera antigua de protección contra las bacterias y el moho, al mismo tiempo que se ilumina el color) está poniéndose de moda por el aspecto luminoso y suave que da. Puedes teñir la cal para conseguir tonos pasteles y texturas de yeso parecidas al estucado al fuego.

Tal vez también sea necesario limpiar la casa de energías desagradables más sutiles.

Ejemplos de técnicas para limpiar un espacio

Los nativos americanos untaban a las personas, los lugares y los objetos con palillos de salvia y otras hierbas para purificarlos e invocar bendiciones. En Europa, antiguamente se usaba agua, fuego y humo en rituales de purificación. Esta tradición ha continuado en la Iglesia cristiana. Los tibetanos, por su parte, también purifican con agua, fuego, humo y otras materias naturales. La ceremonia de purificación *lhasang*, en particular, utiliza humo de enebro o de cedro para limpiar el espacio e invocar la bendición de los *dralas*.

— Celebra una ceremonia de purificación cada vez que te cambies de casa o para dispersar fuerzas negativas en tu espacio actual. Mucho mejor si puedes invitar a una persona con conocimientos para que dirija la ceremonia siguiendo el rito de la tradición que elijas. De ese modo, podrás actuar de «benefactor».

— Para eliminar de una casa los espíritus o la energía negativa, rocía con sal las cuatro esquinas de la casa y pídele a la presencia indeseable que se marche especificando en voz alta la razón por la cual es necesario que se vaya esta energía.

— Investiga las técnicas para limpiar el espacio utilizadas en todo el mundo. Ten en cuenta que la limpieza y la fuerza están íntimamente ligadas. Si deseas más información sobre este tema, consulta el libro de Karen Kingston *Hogar sano en el Feng Shui*. (Véase «Referencias y lecturas recomendadas».)

Etiqueta elemental

Para evitar crear energía negativa purifica tu contacto (relativo al tacto) con el mundo.

— Trata los elementos naturales con respeto, por ejemplo: cuando usas agua, no la viertas con brusquedad para evitar ofender los espíritus del agua y de la tierra. Observa las formas elementales de etiqueta. Apaga las velas soplando con delicadeza y no utilices agua para apagarlas. Así evitarás confrontar las energías del viento y del fuego, o del fuego y el agua.
— Aquí te ofrecemos un ejercicio de percepción. Durante todo un día, obsérvate a ti mismo: cómo coges, utilizas o deshechas las cosas. Pregúntate si te gustaría que te trataran de ese modo.
— Finalmente, investiga disciplinas perceptivas e intuitivas que traten de la contaminación mental y que te puedan ayudar a limpiar las puertas de la percepción en tu relación con el mundo fenomenológico.

La pureza como medio de curación

Purificar a una persona o un lugar de energías «enfermas» restablece la salud. La curación y, especialmente, la eliminación de impurezas y obstáculos está ligada con la energía procedente del este, la luz, el agua y los colores típicos de la claridad, es decir, el azul y el blanco. Restablecer la salud, cicatrizar heridas y huesos, llevar embarazos sanos, crecer física y mentalmente y aumentar el bienestar, todo está ligado a la energía, como veremos en esta parte.

Entornos curativos

Un entorno con propósitos curativos se consigue a través de la claridad y cualidades asociadas:

• La pureza del aire, el entorno físico, el botiquín, el alimento y el agua son esenciales.
• El foco y la forma hacen de tu visión de la curación y la salud una realidad y dan forma a la claridad, necesaria para conseguir tus objetivos.

- El orden y la simplicidad ayudan a la energía debilitada y a la energía de los cuidadores para que se muevan libremente por el espacio (el caos y la complejidad son demasiado agotadores).
- Las líneas visuales son especialmente importantes para los pacientes en cama. Si la habitación no ofrece un aspecto optimista incorpora una obra de arte, una composición mural con un fondo agradable y flores.
- Es posible dar sentido a una habitación con objetos significativos que se deben poder ver y alcanzar con facilidad.
- La paz en forma de espacios neutros y sosegados ayuda a la recuperación.

– Los armarios de las medicinas y botiquines son entornos en miniatura para la curación. Si utilizas hierbas medicinales, resérvales un lugar especial en tu despensa o tu cocina. Etiquétalas con el nombre, fecha e instrucciones de uso. Si las relegas a la parte posterior de un cajón o las dejas en una bolsa cualquiera no las utilizarás nunca.

Para el cuidado de la salud en tu hogar, equilibra la claridad con las energías del espacio como la abundancia, la calidez y la energía, de modo que el espacio no sea demasiado frío ni estéril. El cuidado de un enfermo que permanezca en casa debe tener una cualidad más acogedora que en los entornos hospitalarios especializados (sobre todo en zonas de cirugía y otras áreas técnicas que, normalmente, son azules).

– Utiliza colores, telas y accesorios con cualidades espaciales (suaves, relajantes) cuando la energía esté debilitada, (véase la parte II «Espacio»). Si la energía del paciente está agitada o «acalorada», emocional o físicamente, equilíbrala con colores fríos y energías de espacio y claridad.
– Para superar sentimientos de soledad y depresión, recurre a los tonos de colores cálidos como el rojo y el amarillo en vez de a colores fríos como el azul o el verde. Da calidez al espacio. Para conseguir calidez emocional puedes poner flores o alfombras de colores.
– Las tonalidades verdes (frías) expresan la renovación de energía y crecimiento. Son útiles durante la recuperación, el embarazo o mientras algún hueso está

escayolado. Pero pueden ser irritantes para las personas que tienen muy debilitada la energía.

- Durante la recuperación de enfermedades crónicas es muy importante tener en cuenta las preferencias personales. Trabaja con el paciente para crear un entorno que le resulte agradable. El hecho de ayudar a elegir los colores, obras de arte, iluminación o mobiliario para equilibrar la energía del espacio puede ser muy curativo en sí mismo.

No es necesario volver a pintar la habitación de un enfermo para utilizar el potencial curativo de un color. Una manta, alfombra, mampara decorativa o simplemente un biombo de tela pueden dar el tono emocional requerido. Lonas coloreadas o cortinas de algodón que pueden pintarse con técnicas de esponjado proporcionan un efecto más suave y dan al mismo tiempo textura. También tienen la ventaja de que pueden trasladarse, cambiarse fácilmente o utilizarse como fondos para cuadros o pinturas. Las lonas neutras transmiten lozanía y confianza. Puedes crear también composiciones con varios largos de muselina o gasa teñidas a mano. Es una manera económica de alegrar la habitación de un enfermo o cualquier otra habitación de la casa.

- Utiliza tu imaginación para trabajar con telas de colores alegres. Puedes extenderlas sobre barras de cortinas o sobre una silla. Puedes engancharlas a una pared o hacerlas colgar del techo.

Recuerda que las asociaciones culturales de los colores con las tradiciones curativas varían. (Algunas tradiciones, por ejemplo, ligan la energía debilitada con colores fuertes, más que suaves, y los utilizan para enriquecerla.) Pero si aprendemos un conjunto de normas posibles, seremos más perceptivos para elegir otras alternativas.

- Sé sensible con las preferencias personales propias de orígenes y culturas diferentes. Descubre cuáles son las necesidades del paciente.

Cuando alguien está muy grave o agonizando

Cuando en la casa hay una persona en estado grave o agonizando, la energía está muy concentrada. Un entorno verdaderamente curativo para todos los afectados se equilibra con energías espaciales de abundancia, calidez y energía. Si contemplas sus cualidades (su capacidad para liberar y centrar la energía, conservar la dignidad, dar amor, ofrecer consuelo, despertar pasión, superar obstáculos), te darás cuenta de lo esenciales que son esas cualidades para la curación.

— La habitación de un paciente debe tener en cuenta las necesidades de quienes atienden al enfermo y de sus allegados. Consúltalas con ellos. Por ejemplo, procura que en la estancia se pueda encontrar un buen sillón, luz para leer, una alfombra o una mesita auxiliar para la taza de té. Asegúrate de que la habitación se mantenga limpia y confortable.

A veces el desenlace es la muerte. Las necesidades en el entorno de una persona agonizante (o de un anciano) dependen en gran parte de sus condiciones físicas y de su estado mental. A medida que sus campos sensoriales se debilitan, se debilita su interés por el entorno hasta que, en algún momento, cesa. En todo caso, y antes de llegar ese momento, el foco de atención que se haya creado es muy significativo.

— Las personas y las cosas significativamente importantes deben estar a la vista y muy a mano (por ejemplo, objetos religiosos, fotos de familiares, objetos ligados a la vida emocional del enfermo, libro de oraciones, etc.). Búscales su sitio con cuidado para que no estén detrás del jarro de agua o en el cajón con los pañuelos de papel. Ofrece todo al apoyo sensorial que te sea posible en ese trance de la vida tan significativo que, a veces, puede ser muy difícil. Recuerda que la facultad sensorial más significativa en estos casos es el estado mental de la persona moribunda.
— El entorno exterior perderá gradualmente importancia. Debes estar preparado para ese momento y cambiar el foco. La pérdida de interés es una etapa muy importante en el proceso de liberación.

Para el paciente moribundo, los cinco estilos de energía toman cada vez más forma interna: el espacio del desprendimiento, de la calidez de una mano que coge la suya, la intensidad del momento de morir, la energía del cambio. Al final, las cinco energías son como flores maravillosas en un jardín que, cuando se acaba la estación, se desprenden y esparcen por tierra, preparándola para el descanso y la renovación posterior.

Escenarios terapéuticos

Los psicoterapeutas y otros profesionales de la salud suelen organizar sus consultas privadas de acuerdo con dos categorías: masculina y femenina. A veces son versiones estilizadas de aproximaciones que se suponen estilos «intelectuales» para lo masculino, y más «sentimentales» para lo femenino. No puede decirse que haya estilos correctos ni incorrectos, aunque es importante subrayar que un estilo no tiene por qué seguir fórmulas estrictas. El diseño de una consulta es una oportunidad perfecta para definir el tipo de influencias terapéuticas que se quieren comunicar y los modos en que pueden ser incluidas en el entorno.

– Recuerda que las personas que entran en tu consulta están allí con la esperanza de sentirse mejor. El escenario terapéutico puede formar parte de un importante proceso curativo. El mensaje que emita debe ser eco del mensaje del paciente.

La pureza como refinamiento

El secreto para llevar una vida positiva es refinar y armonizar nuestra energía de modo que vivamos en consonancia con el orden del universo...
—Hua-Ching Ni

El refinamiento, derivado de la palabra «fin», eleva todas las cosas a la enésima potencia. El hecho de quemar, se asocia a la reducción (y al dolor), al concepto de que para ganar algo es siempre necesario renunciar también a algo. Refinamiento significa esencia, sutileza, buen acabado, pulido, preciso. Es la cualidad transformadora y la transformación es un proceso que lleva tiempo. Por lo tanto, el refinamiento incluye la paciencia y la cultura/cultivo. La estética del refinamiento se traduce en la práctica en renuncia y sobriedad. Representa una actitud humilde, con aspiraciones elevadas.

Existe en Japón una estética de pobreza refinada llamada *wabi*, que deriva del tradicional ritual del té. El *wabi*, influenciado por el budismo zen, se caracteriza por su simplicidad y humildad. Es la estética de lo perecedero, de lo doméstico y de la imperfección. Celebra la belleza interior de las cosas aparentemente simples.

– ¿Qué área de tu vida doméstica te gustaría refinar o cultivar a lo largo de un determinado tiempo? Quizá sea tu colección de libros, arte, música; la despensa o tu lugar de trabajo. Escribe dos columnas en tu libreta de trabajo: (1) basura, (2) oro: y ¡ya puedes empezar a trabajar!

20

Simplicidad

La simplicidad es un estado mental

En las oscuras fronteras del pasado, la simplicidad era despreciada como algo ordinario y carente de sofisticación. En la actualidad, sin duda más compleja, nos sentimos nostálgicos por una simplicidad que tien poco que ver con nuestras vidas. La simplicidad genuina es un estado mental, cualquiera que sea el estilo que prefieras.

– Simplifica tu casa simplificando tu pensamiento. Escribe dos columnas en una página: (1) Qué debe proporcionarme mi casa; (2) ¿Cómo puedo imaginar mi hogar ideal? Trabaja conforme a esas dos listas.
– Decora de modo simple y espontáneo, crea composiciones con un solo objeto. Realiza instalaciones o nuevos aspectos para tu casa utilizando solamente lo que ya tengas.
– Utiliza lo que tengas a mano para simplificar tu casa y tu vida. Si la «simplificación» se convierte en un frenesí de compras, de actividad y de cambios de estilos, vuelve a donde estabas.

Equilibrar la simplicidad y la complejidad

Cuanto más sabes, menos necesitas.
–Proverbio de los aborígenes australianos

La simplicidad significa «esencia» y se refiere, en gran medida, a calidad de vida. Reducir las cosas a lo esencial no quiere decir «tomar el hábito» ni adoptar un ascetismo ingenuo. Se trata, sobre todo, de tener una relación simple con la vida, tomada en toda su complejidad. Aquello que es esencial está en todas las cosas. La simplicidad, finalmente, quiere decir reducir las cosas a lo que ofrece mejor calidad de vida, es decir, estar despierto.

La simplicidad une el cielo con la tierra

Los hogares que evolucionan a partir de las necesidades básicas humanas equilibran la simplicidad y la complejidad. Los animales construyen madrigueras, los pájaros anidan para cobijarse. En todos los casos, la función se acopla como anillo al dedo a las necesidades de esos arquitectos. Cuando se trata de nuestros hogares, algunas de las funciones parecen desafiar las necesidades humanas. (Considere la ostentación de muchas casas «modelo» contemporáneas.) Las necesidades básicas humanas son físicas (tierra), espirituales (cielo), y psicológicas (humanidad). Un hogar simple, grande o pequeño, debe unir el cielo con la tierra.

Históricamente, los cuáqueros, los *shakers* y las tradiciones monásticas proporcionaban modelos de simplicidad al diseño occidental. Más recientemente los han proporcionado el racionalismo y los diseños escandinavos e italianos. El modelo de vida de los pueblos indígenas y de los ecosistemas naturales eran los mejores ejemplos de simplicidad, que servían como modelos para el futuro.

Los muebles *shaker* son elegantemente simples.

Simplicidad estilizada

El empeño por estilizar la simplicidad puede llegar a convertirse en una repetición de fórmulas y en falsificación. No todos los hogares japoneses son una casa de té ni, en otros países, una vivienda de adobe. La diseñadora Eileen Grey fustigó las fórmulas repetitivas de algunos arquitectos modernos exclamando: «Si se piensa en todas esas exageraciones [de simplificación]... ¡se acabó la intimidad!, ¡se acabó el ambiente! Lo simplifican todo hasta dejarlo sin vida. La simplicidad no siempre significa simplificación y, especial-

mente, nunca significa simplificaciones tan crudas. Las fórmulas no son nada, la vida lo es todo. Y la vida es al mismo tiempo mente y corazón».[1]

— La simplicidad y la complejidad son las dos caras de una misma moneda. El espacio es el punto que tienen en común. Observa cómo se apoyan mutuamente en tu hogar.

Finalmente, vamos a ocuparnos de la contribución más importante de la claridad a tu entorno: la paz.

21

Paz

Un entorno sosegado (y una mente serena) son como las aguas quietas o un espejo nítido: nos deja ver las cosas con claridad. Es posible que no siempre nos guste lo que vemos, pero lo que vemos es la verdad. Las aguas turbulentas, lo mismo que un espejo sucio, originan engaño y perturbación. El sosiego es la práctica de la verdad. Es la paciencia sin prejuicios y la capacidad para enfrentar cualquier contingencia que se presente. Como un espejo, la paz muestra las cosas claramente; y como un espejo no se convierte en lo que ve.

En el diseño de tu hogar, la paz es una disciplina en movimiento, no un asunto que puedas dar por concluido. Las normas y las actitudes que se deben seguir son similares a las expuestas en la segunda parte, «Espacio». El espacio y la claridad funcionan a la par para sosegar el entorno. Trabaja con los siguientes ejercicios para llevar la paz a tu hogar.

— Recorre tu casa e identifica áreas que provoquen desasosiego sensorial, aquellas áreas que son como el «polvo en el espejo» o como «masas de aguas turbulentas». Fíjate en las estanterías sin puertas (todo lo que se guarda a la vista atrae a la mente). Fíjate en las paredes, la nevera. Fíjate en si guardas información caducada, si hay pilas de objetos diversos amontonados por los rincones, encima de los muebles o en el suelo, si hay confusión en lo que ves.
— Apacigua la energía irritante que pueda haber en tu entorno, incluida la luz descontrolada (demasiada o demasiado poca). Procura rebajar las exigencias sensoriales (visuales, auditivas, olfativas, gustativas y táctiles) incluidos los contactos desagradables con muebles que entrañen algún peligro o con suelos resbaladizos que te provoquen ansiedad.

Dormitorios apacibles

Los dormitorios sirven básicamente a dos propósitos: dormir y practicar el sexo. El sueño se asocia con la paz y la relajación. Un sueño reparador depende en gran manera de la «espaciosidad» del entorno. Ten en cuenta las cualidades del espacio cuando instales tu dormitorio. De este modo, la claridad reflejará la placidez en la forma y podrás crear un espacio apacible. (En la parte V, «Calidez», nos ocuparemos del tema de los dormitorios desde la otra perspectiva.)

– Elimina cualquier contaminación en el dormitorio. Excluye teléfonos y televisores. Puede resultar difícil si estás acostumbrado a ellos pero notarás la diferencia de inmediato. No pongas enchufes cerca de la cama, especialmente cerca de la cabeza. Enchufa las lámparas para leer en otra pared. Asegúrate de que las cortinas que cuelgan sobre las ventanas tapen la luz. Cambia el frío seco y ruidoso del aire acondicionado por un ventilador de techo. Compra un humidificador si hay demasiada sequedad en el ambiente. Búscate un buen cobertor y apaga la calefacción por la noche y, sobre todo, no trabajes nunca en la cama.

– Elige colores «espaciosos» y neutros (los tonos pastel) y materiales naturales. Las tonalidades de azul suave, no frío, están especialmente indicadas para propiciar un sueño reparador. Los colores «espaciosos» pueden reflejar los diferentes estados de ánimo (descanso, pasión, restablecimiento). También los reflejan los accesorios coloridos.

– Para conseguir que el sueño te produzca apaciguamiento mental, debes colocar la cama frente a la puerta. No dejes nunca que la energía que fluye por la puerta te llegue de costado ni que sobre tu cama se produzca el cruce de corriente energética entre la puerta y la ventana. Asegúrate también de que la cama no esté debajo de una viga, que oprimiría la energía flotante entre tu cama y la viga.

– Cierra la puerta de la habitación, de los armarios y del cuarto de baño para evitar que pase por tu dormitorio un flujo perjudicial de energía, o *chi*. Asegúrate de que puedes cerrar la puerta de tu dormitorio con llave cuando desees mantener los límites del dormitorio bien definidos.

Restaurar la paz

Es importante contar con recursos fáciles y rápidos que nos devuelvan la paz después de momentos de agitación emocional o creativa. El caos aparece siempre que pisamos territorios creativos y acompaña inevitablemente los logros artísticos (tanto si estamos cocinando, cosiendo o haciendo algún proyecto). El caos también aparece durante crisis en las relaciones humanas. O, simplemente, cuando pensamos (agitados, sofocados) o jugamos.

— Respeta esos momentos de desorden y no intentes evitar el caos que originan, de lo contrario, puedes boicotear tu creatividad y la de otras personas (o estropear cualquier actividad divertida).
— Utiliza métodos «rápidos y tramposos» para atravesar esos baches de confusión. No «archives el caso» ni hagas reorganizaciones temporales para salir del paso. Esos baches de confusión pueden tener un efecto pacificador muy eficaz en tu entorno interno y externo.
— Para tus útiles artísticos, por ejemplo, invierte en un organizador de pared, con varios bolsillos de lona donde guardes pinceles y herramientas. Las cajas vacías de aparejos de pesca son también excelentes para guardar material de dibujo.
— Lo más importante es diseñar tu casa para poder «desconectarte» cuando quieras. Apaga las luces de vez en cuando y recurre a velas o lámparas de gas. Desconecta el teléfono. Cierra tu lugar de entretenimiento y tu des-

pacho (o escóndelos detrás de un biombo). Define un espacio para poder meditar, hacer yoga o sosegar tu mente.

Todos necesitamos tener paz en nuestro hogar. Si sigues estas sugerencias, sosegarás tu entorno y llenarás tu hogar de la energía que inunda la claridad.

22

Serenar el espacio

La claridad lleva precisión y paz a todo tu hogar. Gobierna especialmente en bibliotecas y estudios, donde la serenidad se conecta al intelecto. También la paz debe regir en tu dormitorio y en las zonas de purificación, como el cuarto de baño. Vamos a proponerte un ejemplo de cómo puede la claridad crear una biblioteca o un cuarto de estudio con ayuda de los otros cuatro tipos de energía.

Crear un estudio o biblioteca

Claridad. Es el foco intelectual de una biblioteca o estudio. Un espacio sereno y bien organizado induce a pensar.

Riqueza. Es la riqueza de la sabiduría y la tradición (los libros, las ideas, los grabados). La abundancia es la adquisición de los conocimientos contenidos en ellos. Incluye la dignidad, la estabilidad y la solidez del espacio.

Calidez. Es la atracción que sientes por esa habitación. Los títulos interesantes, los volúmenes encuadernados en piel, el sillón cómodo que te invita a pasar allí un rato junto al fuego de la chimenea, con un vaso de oporto al lado.

Energía. Es catalogar con eficiencia los libros, de modo que te sea fácil encontrarlos. Energía es el orden de los libros en las estanterías, en las mesas de lectura. Energía es acertar con la iluminación para que el espacio funcione.

Espacio. Proporciona un entorno sosegado, libre de distracciones y tensiones.

Instalaciones para serenar el espacio

Para intensificar la energía de la claridad o serenar un espacio específico, crea una instalación. Colócala siguiendo la línea de visión de una habitación en particular con el fin de marcar el ambiente de tu estudio o del rincón de una sala donde quieras enfocar tu mente. En tu dormitorio para crear un ambiente de paz. En el vestíbulo de tu hogar cuando cambia la estación. Concentra la claridad del cielo, de la tierra y de la humanidad en un solo punto:

Cielo. Un fondo de tela o papel de azul claro o blanco nieve que defina el espacio (realzado quizá por una pintura estacional, un poema caligrafiado o un espejo).

Tierra. Una mesa o un pedestal para comunicar la energía del este.

Ser humano. Una estatua o escultura, una composición de flores o de objetos (algo intenso, penetrante, o que te induzca a meditar) para armonizar el cielo y la tierra.

Aumenta la energía de tu instalación con un enfoque de luz. Según la estación del año incluye un cazo de agua o un espejo para simbolizar el hielo invernal. En verano pon azules y verdes más cálidos. En invierno, púrpuras, plata, blanco y negro. Recuerda que son sólo sugerencias. Utiliza tu imaginación y los materiales que tengas a mano para explorar otras posibilidades.

Remedios para los excesos

Cuando la claridad se desborda en el entorno ponle remedio utilizando las otras cuatro energías:

Espacio. Suaviza la claridad y la hace acogedora, evitando que los espacios sean angustiosos o alienantes. Es la sensación relajada de un cojín más que la sensación que puede dar un diseño rígido de rayas, por ejemplo. Una delicada acuarela en una habitación formal.

Riqueza. Amplía los horizontes de la claridad y evita la rigidez y la esterilidad. Reemplaza una lámpara de techo anodina por una araña brillante y enriquece tu colección de buenos libros. La abundancia llena tus armarios bien organizados con ropas de calidad, en sólidos colgadores de maderas aromáticas. Transforma tus regímenes dietéticos (claridad) en comidas de *gourmet*.

Calidez. Destaca la belleza de la claridad, el encanto y el corazón. Evita que las cosas se conviertan en aburridas o tensas. Pon luz de velas, bellos marcos en tus reproducciones arquitectónicas y mapas del universo. Consigue una decoración que estimule la mente (saca a relucir un juego de mesa antiguo, un juego de cartomancia enmarcado o un calendario lunar que muestre las fases de la luna).

Energía. Potencia la claridad con colores dinámicos, objetos e imaginería, y evita la sensación de frialdad. La energía se encarga de que todos los conceptos del diseño y las estrategias de organización funcionen. De que no sean solamente satisfactorias para el intelecto.

Resumen de la claridad

Poder	Pacificador.
Dirección	Este.
Color	Azul.
Elemento	Agua.
Estación	Invierno.
Forma simbólica	Círculo.
Sabiduría	Es como un espejo a través del cual experimentamos una visión clara de las cosas.
Diseño	La luz, la forma y el foco; significación, pureza, curación, refinamiento, simplicidad, paz.
Desequilibrio	Frialdad, severidad, manipulación, exceso de organización, conceptualización, dureza, rigidez, formalismo, preciosismo, falto de sentido del humor.
Ubicación	Bibliotecas, estudios, cuartos de baño, lavaderos, balnearios, saunas domésticas.
Animales	Nutria, delfín, grulla, águila y, tradicionalmente, el tigre.

RIQUEZA

La conducta intachable es la llave de la riqueza. Nos sincroniza con las maneras de funcionar la riqueza en el mundo. Desde el punto de vista contemplativo personal y del entorno, la fortuna tiene tanto que ver con la conducta como con el diseño.

El poder de la riqueza

La riqueza aporta satisfacción y abundancia a nuestro hogar. Al expandir y fertilizar el entorno actúa como antídoto para la estrechez de miras y los ambientes faltos de energía. Lleva la energía de la riqueza a tu vida cuando necesites:

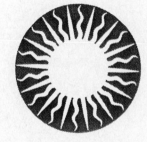

Más abundancia/ recursos…	para nutrir tu hogar/ mundo
Más estabilidad…	para expandir/elevar tu hogar
Más generosidad y menos mezquindad	para autoafirmarte («ocupar tu lugar»)
Más esplendor…	para fomentar la confianza/ autoestima
Más satisfacción…	para hacer grandes gestos
Más de todo…	para que las condiciones sean propicias
	para superar la estrechez de miras

El legado fundamental de la riqueza –la sabiduría de la ecuanimidad– es imponente e inmóvil como una gran montaña. No se «desplaza hacia ninguna parte» porque lo abarca todo. Es la base de cualquier forma de vida, dado que la riqueza es inherente a la vida.

En términos psicológicos, la riqueza es confiada y toma todo lo que se pone a su alcance. Es señorial, con un sentido positivo del orgullo y la ostentación simbolizada por un cuadrado de pie, que representa tanto la ecuanimidad (todos sus lados son iguales) como la diversidad (cada uno mira en distinta dirección y tiene diferente perspectiva; su significado es la «manifestación plena en el mundo»). La riqueza está relacionada con la realización y con los objetos o seres que regresan a su punto de partida; consiste en llegar a anciano y «situarse».

En el diseño, la riqueza encarna la «plenitud» de los objetos: una paleta llena de colores, formas de cuerpo entero, motivos y tamaños generosos. Una casa llena de personas y animales domésticos. La riqueza no teme los excesos. Se proclama a sí misma con orgullo (en mejoras, expansión, adquisiciones) y minuciosos detalles (texturas y ornamentaciones espléndidas). El color de la riqueza es el dorado; su animal, el dragón, aunque la riqueza también está representada por el elefante majestuoso, el buey bien plantado y el cerdo ahíto. La riqueza es tanto rural como urbana y se puede expresar en materiales toscos u opulentos.

Los excesos no son buenos

El exceso de riqueza la vuelve desmesurada. Si llenamos el espacio con objetos demasiado pesados, caros y llamativos ahuyentaremos el resto de energías. Cuando todo es demasiado grande, sonoro, colorido y perfumado, el ambiente es opresivo. El exceso de riqueza es codicioso y, en lugar de irradiar esplendor y bienestar, ahoga el espacio. Su actitud es: «lo mío es mío y lo tuyo también es mío». Su lema no es «menos es más» sino «más es más». La riqueza excesiva es ostentosa y asfixiante. A continuación veremos cómo, en nuestra vida, la riqueza puede expresarse de forma mesurada.

Llevar la riqueza a nuestro hogar

Si la riqueza fuera un tejido sería damasco o brocado italiano. Si fuese un estilo de mobiliario sería rococó o victoriano. Si la identificamos con un tipo de iluminación sería un conjunto de velas puestas en exquisitos candelabros. De ser una flor sería una protea. La riqueza va ligada a la tierra y a los materiales terrestres. Está en los muebles de madera maciza, las esculturas de piedra, las plantas exuberantes, las fibras naturales, la cerámica y la porcelana (elaborada con arcilla).

La riqueza confiere a «cualquier» zona de la casa atmósfera de satisfacción. Sus sitios precisos –cocinas y comedores– representan nuestra fuente de satisfacción primaria: los alimentos. Fuera de casa, la riqueza se encuentra en los restaurantes de lujo, los jardines fecundos y las selvas húmedas y exuberantes.

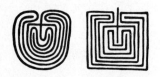

Símbolos nativos norteamericanos (hopi) de la madre tierra.

La riqueza satisface todos los sentidos. Todos ellos pueden canalizar la energía de la riqueza para llevarla a tu hogar.

La vista

La riqueza visual es fuente de profunda satisfacción, como un océano de mantequilla o miel derretidas, como campos de trigo tostados por el sol. Es como los brillantes iconos rusos y las cortinas de terciopelo. Delata su presencia, reluce en el bronce bruñido de los muebles y en los marcos dorados. Es la desbordante cornucopia de un salón victoriano, que inunda cada centímetro del espacio (como los castillos barrocos y las casas de las misiones españolas). La riqueza es el generoso colorido de los diseños textiles africanos o de los pareos de las isleñas de Hawai o de Bali. También son riqueza las alfombras persas y los terciopelos bordados en oro y plata; la ornamentación de la arquitectura india, la corte imperial china, el hotel Plaza de la Quinta Avenida y los cinco colores del maíz.

- Identifica la riqueza visual de tu hogar en superficies, colores, motivos, tamaños y cualquier objeto que dé riqueza a tu campo de visión: un piano, las fotografías familiares o el jardín.
- Pon bajo el separador amarillo de tu cuaderno fotografías lujosas, tejidos y materiales naturales. Incluye una lámina de papel dorado. Incluye manifestaciones de la riqueza de otros tiempos y lugares. Selecciona ejemplos procedentes del arte, la arquitectura y el diseño. Agrega también muestras de color. No pases por alto la riqueza —y los ricos colores— de la tierra, los minerales, las plantas, las aves tropicales y las flores.
- Recoge manifestaciones visuales y literarias de la tierra, elemento natural de la riqueza. ¿Cómo está representada en el arte, la arquitectura y el diseño? ¿Cuál es su simbología?

El sonido

Los sonidos ricos son aquellos amplios y profundos (como el de un violoncelo o un órgano), lentos (el tiempo es tan generoso como el espacio) y redondos (como cuando el *Big Ben* repica las horas). La riqueza es la *Quinta Sinfonía* de Beethoven, la música coral rusa o *Aida* representada con cinco elefantes vivos. Es la abundancia de sonidos que inundan el espacio, el griterío de las focas, los niños que juegan o una fiesta familiar.

– Colma tu entorno de riqueza por medio del sonido. Pon música (de tus discos compactos, cintas de audio o de una buena emisora de radio). Compra o alquila un piano, un clavicémbalo o un arpa celta.

– Siéntate a comer con tapones para los oídos y, en tu imaginación, escucha los sonidos que te llegan del banquete.

El tacto

La riqueza tiene peso. Su tacto es tranquilizador y gratificante, como una plancha de latón reblandecida por el desgaste, las telas pesadas antiguas y la plata; es como el tacto del terciopelo, la piel, la seda, el sensual raso o la profusión de brocados. Es una sábana tejida con el hilo más fino o una alfombra con abundantes nudos (por ejemplo, 320 nudos por centímetro cuadrado). La riqueza es la pátina de la edad (de una vida larga), así como el tacto de la madera gastada, el cuero viejo o la lana. En suma, es todo el «contacto» físico enriquecedor y profundamente gratificante que el mundo pone a nuestra disposición. Pregúntate si en casa tienes contacto diario con la riqueza, siempre opulenta y terrenal.

– Puedes generar riqueza mediante el contacto físico con las demás personas, animales domésticos y objetos. Pon un pisapapeles contundente sobre tu mesa de trabajo (o mejor aún, pide que te lo regale alguien que sea importante para ti; así añadirás peso al objeto).

El sabor

Los sabores ricos son gratificantes tanto para la mente como para el cuerpo, a los cuales satisface. Las comidas ricas –el pato asado, la tarta de queso y chocolate o la crema de licor– tienen muchas calorías. Dan placer a todos los sentidos gracias a sus atractivos colores, olores y consistencias –acuden a mi memoria las melosas mermeladas, el estofado de azafrán o los albaricoques–. En el diseño, «sabores ricos» influyen en el hogar de igual manera, estética y energéticamente. La riqueza implica más tamaño y calidad –en el espacio, muebles y complementos– ¡y satisfacciones sin fin!

– Enriquece tu hogar con deliciosos sabores: comidas, bebidas, sustancias humeantes (si te lo permites), y el placer de los tomates cultivados en casa, el maíz y las fresas silvestres con sabor a pino. Traslada al diseño la riqueza del sabor.

El olor

Los olores ricos son olores plenos, complejos y gratificantes, como el de la tierra húmeda en verano o el heno mojado en otoño. (El agua propaga los olores ricos por el ambiente a través de la corriente y el aire.) La riqueza también está en el olor del café mientras se hace, las galletas recién horneadas o el pavo que se asa al horno. El olfato está profundamente ligado a la memoria y a nuestro sentido del gusto. Y, por tanto, a la comida.

– Localiza la riqueza de las fragancias de dentro y fuera de tu hogar y piensa en las sensaciones que te inspiran. Ensancha tu umbral olfativo. Concédete el gusto de asistir a una sesión de aromaterapia y aprende cuáles son las fragancias más beneficiosas para ti.

La mente

La riqueza es fundamentalmente un estado mental que se deleita con la riqueza de la experiencia. Amplía nuestros horizontes y colma nuestros corazones. Decimos que algo es «rico» si tiene verdadero contenido o es muy divertido. Los calificativos «prolífica», «amplia», «exhaustiva», «enciclopédica» o «ávida» indican una mente rica. Lo mismo ocurre con la frase «presencia de ánimo». Decimos que una persona tiene «presencia de ánimo» cuando es capaz de encontrar recursos y confiar en sí misma ante situaciones adversas. El diseño rico del hogar satisface la mente. Trabaja con nuestra auténtica abundancia –el caudal que ya tenemos– y tiene en cuenta cualquier factor que pueda mermarlo.

La riqueza es una disposición mental innata, igual que la pobreza. El pobre que ha hecho su agosto tal vez haga gala de su trofeo, pero será incapaz de lucirlo de manera verosímil.
—Jean Cocteau

– Sal al exterior. Vacía tu mente y fíjate en la riqueza que te rodea; está ahí. Acéptala y asume que vives en un mundo rico. Camina luego por la casa siguiendo el mismo procedimiento. Descubrirás tesoros en todos los rincones.

Existen básicamente seis maneras de canalizar la energía de la riqueza hacia el entorno. En los capítulos siguientes aplicaremos cada una de ellas al diseño del hogar.

24

Abundancia

Todo el mundo quiere tener abundancia en su vida. La abundancia es deseable: «es nuestro estado natural» y todo el mundo sabe que una forma de abundancia es el dinero. Sin embargo, si el dinero es nuestra «única» abundancia, somos en realidad tan pobres como si no tuviéramos un céntimo. El dinero es un símbolo, un indicador de abundancia, un dedo que apunta a la luna. La verdadera abundancia es la riqueza de la experiencia (que no siempre puede comprarse con dinero). Este capítulo te enseñará a llevar la auténtica abundancia a tu hogar.

Si crees que la abundancia está fuera de tu alcance, tendrás que empezar reconociendo la riqueza de tu existencia. Desde un punto de vista contemplativo, trabajar con la energía del sur tiene tanto que ver con la conducta como en el diseño. Hay dos reglas básicas para desarrollar la abundancia juntamente con la conducta. Éstas son la clave para llevar la abundancia a tu hogar a través del diseño.

Regla 1: sé consciente de la riqueza de la vida diaria

Para desarrollar la conciencia de la prosperidad, debes empezar por «quitar las malas hierbas de tu jardín» y «cultivar flores». Para poner en práctica cada metáfora:

- Frena la negatividad apenas asome. Considera cualquier atisbo de estrechez de miras, miedos, envidia, resentimiento u obsesión como una señal de peligro. Respira hondo, levanta la mirada y despeja la mente.
- Luego, centra tu atención en la riqueza: reconoce la abundancia emocional y espiritual de tu vida. Ponte en contacto con la riqueza que te rodea, sin olvidar los bienes materiales.

Como vimos en el capítulo 18, la ley de la correspondencia demuestra que cuando una vaca muge, otra vaca contesta (no contesta un caballo ni un perro). El eco funciona igual: vuelve a nosotros la voz que hemos lanzado al
mundo.

Aquí tienes tres ejercicios para cultivar tu relación con
la abundancia que te rodea:

- Anota las cualidades de la riqueza –abundancia, plenitud, estabilidad, peso, carisma, dignidad, crecimiento
  espiritual, capacidad para encontrar recursos, diversidad y esplendor.

  Apunta las personas, lugares, objetos e ideas que
  aportan estas cualidades a tu vida. (Si tu abuela te dejó
  determinada herencia cultural, añádela a la lista.) Contempla el verdadero valor de las cosas (un objeto hecho
  por un ser amado es algo valioso). Como dice el Rinpoche Trungpa, venerar nuestra herencia ancestral «es
  una muestra de respeto por la sabiduría acumulada de
  tu cultura».

- Incorpora toda esta riqueza a tu hogar: un candelabro
  heredado, una pieza artesanal hecha por una persona
  a quien admires, un tapiz procedente de un lugar amado, fotografías o pósters enmarcados de sitios emblemá-
  ticos, el relicario de un antepasado. (No se trata de
  comprar estos objetos sino de que saques a la luz aquellos que ya posees.)

- Para cultivar la abundancia, es necesario agradecer la riqueza del día a día. Mostrar gratitud –hacia ti mismo
  y hacia los demás– aparta tu enfoque del resentimiento y fíjalo en la abundancia. Mantenerse centrado conduce a la madurez.

Cuchara ceremonial ashanti
de marfil, Ghana.

Busca diariamente la riqueza en tus experiencias y comparte la abundancia. Practica estos ejercicios a lo largo de
tu vida. La conciencia de la prosperidad introducirá en tu
mundo un sinfín de formas de abundancia verdadera.

El lujo

Piensa en una definición de «lujo» («aquello que no es imprescindible, pero nos da placer o comodidad; caro y difícil de conseguir») y en su antónimo, «necesidad», que va
ligado a la lucha por la supervivencia. El lujo celebra la
vida: puede ser tan simple como una flor en el ojal. Con o sin
dinero, permite que el lujo forme parte de tu vida.

Regla 2: cultiva una conducta intachable para acercarte a la riqueza del mundo

La abundancia debe aplicarse según la naturaleza. El arte de hacerse rico no consiste en ser industrioso, y aún menos en ahorrar, sino en seguir un orden, en estar en el momento y el lugar precisos.
—Ralph Waldo Emerson

La manera esencial de aumentar la riqueza, tanto en casa como fuera de ella, es a través de una conducta «intachable». La palabra «intachable» es sinónimo de «libre de pecado», «sin defectos ni procederes incorrectos». Desde el punto de vista contemplativo, la conducta impecable significa tener conciencia. La conciencia es la clave para llegar a la riqueza genuina. Nos pone en sintonía con las distintas vías por las cuales se manifiesta la riqueza del mundo.

– Para sintonizar psicológica y físicamente con la riqueza, cultiva la atención consciente; respeta las leyes naturales de *lha*, *nyen* y *lu*, y, cuando actúes, une el cielo con la tierra (cuerpo/mente). (Vuelve a la primera parte y lee nuevamente el capítulo 3, «El cielo, la tierra y el ser humano».)

Si pones en práctica estos consejos, disfrutarás de la energía de la abundancia. A continuación nos centraremos en cómo llevarla a tu hogar.

La abundancia es plenitud

El significado literal de la palabra «abundancia» es «desbordante». Significa poseer una cantidad suficiente de todo: tiempo, espacio y recursos. Es el opuesto de ansiedad. Desde el punto de vista del diseño iluminado, la abundancia es el estado de gracia inherente a cualquier situación. Está disponible en todas partes, a todas horas. Va ligada a la «magnificencia» y se expresa a través de cosas grandiosas, los diseños atrevidos y la libertad para dar rienda suelta a la creatividad.

– La abundancia son varias docenas de rosas en un enorme recipiente decorado (no un vasito con una sola flor). Es una jungla de gigantescas plantas de interior (no una colección de violetas africanas).

Un ambiente genuinamente rico es elitista, no hay que confundirlo con la vulgaridad. El placer de existir es contrario a la adicción al trabajo, a esforzarse innecesariamente o estresarse. Su campo de acción va más allá de la «mentalidad de supervivencia»; es la actitud de estar siempre dispuesto a «celebrar».

– Profundiza en tu relación con la abundancia. Traza dos columnas en tu cuaderno: (1) «escasez» y (2) «abundancia». Localiza las fuentes de escasez de cada habitación de la casa y anótalas en la primera columna. ¿Cuáles son las principales carencias? Registra en la segunda columna todo lo bueno que ves a tu alrededor, muebles, iluminación, tapetes, arte y electrodomésticos incluidos. La atención consciente nos ayuda a apreciar las cosas y a transformarnos.

Tesoros ocultos

La riqueza es el «cofre del tesoro». Descubre los tesoros escondidos en el sótano o en el desván de tu casa y sácalos a la luz. Exhibe fotografías de tus antepasados en marcos dorados antiguos. Rescata esa fabulosa colección de pósters y cuélgalos en la pared. Quita el polvo al retrato de tu abuela (consérvalo y enmárcalo, si se trata de un buen retrato), así como aquella espada y aquel casco antiguos. Pon a la vista los recuerdos del París de finales del siglo XIX. El camino hacia la riqueza comienza por valorar lo que uno posee. Si nos dejamos dominar por la necesidad de poseer más, dirigiremos nuestros pasos hacia la carestía y no hacia la riqueza.

– No guardes toda tu abundancia. Utiliza regularmente tu mejor vajilla, la cubertería de plata y las sábanas más finas. No seas tímido y exhibe los buenos regalos que te hicieron el día de tu boda. Deja que enriquezcan tu ambiente.

La abundancia es una comida y un banquete

La comida es la manifestación básica de la abundancia. Nuestra primera comida es la leche materna. Se produce de forma natural, está bien envasada, lista para tomarla cuando se necesita y deja del todo satisfecho. Son precisamente las mismas cualidades de la abundancia que necesitas para nutrir tu hogar.

Relieve africano kongo en esteatita, Angola.

– Elige o cultiva alimentos integrales que no estén contaminados ni hayan estado expuestos a radiaciones o a un proceso de desnaturalización. Estudia sus propiedades (cómo contribuyen a mejorar tu vida).

Alimentación consciente

– Para apreciar la riqueza de los alimentos debes practicar una alimentación consciente. Escoge una comida, una pieza de fruta o una taza de café y consúmelos conscientemente, sin leer, hablar o ver la televisión al mismo tiempo. Valora sus colores, texturas y sabores. Lee las enseñanzas de Thich Nhat Hanh acerca de la alimentación consciente (véase el apartado «Referencias y lecturas recomendadas»).
– Enriquece tu relación con la comida. Busca la trascendencia de procedimientos que van asociados a ella (cocinar, servir y comer). La abundancia es acumulación de pequeñas porciones. Para lograr una óptima satisfacción culinaria, todos los sentidos deben enriquecerse.

Comidas rituales

– Saborea la importancia de las comidas rituales –en Navidad, por ejemplo– y su vinculación con las estaciones. Para incrementar su fuerza deben estar en armonía con el cielo (la visión) y la tierra (con fundamento y utilidad práctica). Deben estar orientadas según las cuatro direcciones (incluidas las energías de la tierra, el agua, el fuego y el viento). Haz de esas fechas los momentos culminantes de tu calendario personal para enriquecer el año.
– Celebra la abundancia en las comidas de cada día (incluso si vives solo) con alimentos de temporada, flores y lugares propicios. En invierno enciende velas a la hora del desayuno, la comida y la cena. Escoge colores acordes con la estación del año para la mantelería y la vajilla. Crea un centro de atención que enriquezca el día.

El comedor

Un comedor formal es como el decorado de un escenario: no siempre se utiliza pero, cuando lo haces, adquiere mucha fuerza. Usa los colores de la riqueza (amarillo y dorado), las energías elementales (la tierra y el agua), las sensaciones (abundancia, estabilidad, dignidad y esplendor) para establecer el tono. Estas cualidades pueden enriquecer un comedor decorado en azul, verde o cualquier otro color frío.

— Enriquece tu mesa con vajilla y cubertería bonitas. (Si eres de esas personas que sólo utiliza la vajilla y la cubertería «buena» ocasionalmente, quizá sea hora de que te preguntes a qué estás esperando.) En el mercado existen vajillas con ricos grabados a precios muy asequibles. Hay también juegos de cubertería para picnic con mangos plastificados de colores muy atractivos y son económicos.

— Si tienes un gusto ecléctico, colecciona platos y cubiertos diferentes de tu tienda, artista, o almacén de utensilios para restaurantes. Reúne una exquisita colección de piezas sueltas de porcelana, de artículos de plata de calidad o, incluso, de piezas de plástico bueno. No es el dinero sino la dedicación y energía empleada lo que enriquecerá tu mesa.

— Un espejo en el comedor refleja y multiplica el brillo de los candelabros o de las piezas de plata, los colores de la porcelana y los buenos alimentos. Antiguamente se colocaban espejos en caballetes a los lados de la mesa de los bufés.

— Si tu comedor también hace la función de despacho, organiza el espacio de modo que sea fácilmente convertible. Para trabajar, el espacio tiene que estar bien delimitado y debe destacar las cualidades de la claridad y la energía. A la hora de comer, puedes utilizar mesitas con ruedas (para transportar lo que necesites) y armarios cerrados (para guardar los útiles de trabajo). De esa manera podrás realizar las cualidades de la riqueza y el calor.

Bandejas

En algunas culturas es tradicional que los comensales recojan la comida en un punto central y se separen para comer cada uno por su cuenta o en pequeños grupos. Esta práctica se refleja en el diseño de platos y utensilios. Para un banquete de ese estilo puedes tomar como punto de recogida la cocina y como lugar para comer el porche o el salón. En este caso, los accesorios y organización de la comida serán especialmente importantes. Para enriquecer tu vida, estos accesorios deben transmitir las mismas cualidades de riqueza que un comedor bellamente dispuesto.

Las bandejas son un elemento simple y económico que enriquecen la ceremonia de servir la comida. En nuestra sociedad llena de prisas, las bandejas son prioridad y se pueden adquirir en tiendas de complementos para el hogar. Las bandejas pueden ser formales (lacadas en negro o rojo con bordes dorados) o informales (bandejas de cáñamo para el verano). Una bandeja bien provista puede convertir una comida rápida en una experiencia culinaria rica y digna.

– Haz una colección de bandejas para todas las ocasiones. Las tiendas de importación japonesas disponen de bonitas bandejas con lacados de imitación y baños de oro. Las bandejas de madera decolorada son muy atractivas, especialmente si están decoradas con baños de oro o plata. No es difícil encontrar bandejas de plata de calidad, que, eso sí, requieren un cuidado especial. Puedes también adquirir modelos de acero inoxidable –igual de elegantes– para uso diario. Por último existen bandejas de plástico claro con ricos y luminosos colores, así como bandejas con dibujos, divertidas e ideales para que las utilicen los niños.

– Acostúmbrate a emplear una bandeja para dignificar las comidas, aperitivos, meriendas o el agua para la mesilla de noche. Enriquécela con una servilleta fina, utensilios bonitos o una flor.

– Es conveniente tener una bandeja preparada en la oficina. Puedes enriquecer tu jornada laboral con un té o un café servido en una buena taza de porcelana (llévate una de casa). Para redondearlo, úsala con una servilleta y una cuchara de plata.

– Enseña a tus hijos a utilizar bandejas en lugar de llevar los aperitivos de cualquier manera de un lado a otro de la casa. Con ellas se dignifica la vida de los niños, además de ser un buen método para enseñarles los principios del cielo, la tierra y los hombres. A los niños suele gustarles preparar una bandeja, especialmente si es bonita o divertida.

La cocina

La cocina es un lugar cálido, nutritivo y gratificante para todos los sentidos. Los materiales agradables de colores cálidos y expansivos –por ejemplo, amarillos, naranjas y ro-

jos o los recipientes de cobre– reflejan energía. Una cocina
decorada en un estilo rico se asemeja más a una sala de estar: mesa de madera y sillas con cojines, un sofá, lámparas,
tapetes y obras de arte enmarcadas en las paredes. En el
otro extremo tenemos las cocinas de estilo francés, decoradas en azul y blanco. Estos colores fríos quedan compen-
sados con vajillas cálidamente decoradas –escenas coloris-
tas de frutas y hortalizas–, bellos suelos de madera oscura
y travesaños en el techo. Los cuadros o fotografías suelen
tener marcos rústicos.

- Si consideras que la decoración de tu cocina es demasiado fría (baldosas azules, blancas, verdes, o negras
  y blancas), invoca la riqueza con platos, vasos, servilletas y paños de colores vivos, recipientes y sartenes de
  cobre, flores.
- Utiliza grandes recipientes de cristal para exhibir tus
  provisiones de cereales, legumbres, hierbas y pastas –el
  colorido de estos productos es agradable para la vista–,
  así como puertas de cristal en los armarios, de modo
  que sean visibles los platos y las provisiones guardadas
  en el interior.
- Las latas antiguas con grabados plateados y dorados
  son un modo «rico» de guardar el té, el café, las galletas
  o el azúcar. Pueden encontrarse en tiendas de regalos
  y objetos decorativos.
- Usa cazos, sartenes y cuchillos de buena calidad para
  enriquecer tu cocina. Descarta el aluminio (infórmate
  sobre el aluminio, su posible toxicidad y la enfermedad
  de Alzheimer), las superficies antiadherentes deteriora-
  das –cuyas partículas se desprenden y van a parar a los
  alimentos–, y aquellos utensilios que no utilices, sea
  cual sea su precio.

Alfombras en la cocina
Las alfombras orientales pueden dar a tu cocina un toque
de opulencia. No tienen que ser de excelente calidad. Las
alfombras viejas o las imitaciones bastan. En Holanda es
típico cubrir la mesa con tapetes orientales, cubiertos a su
vez por una tela de hilo blanco. Frente al fregadero, pon una
alfombrilla de estilo persa (barata) con el reverso engomado.
Una estera puede salvar un suelo feo y estropeado, y enriquecer el espacio. Asegúrate de que el reverso sea de material
antideslizante. (Volveremos al tema del enriquecimiento
del suelo en el próximo capítulo.)

Cocinas-comedor

El escenario de las comidas diarias es más importante que el de los banquetes ocasionales. Úsalo más a menudo si lo tienes relegado a un segundo plano. Si sueles comer en la cocina, trátala como se merece y sigue los consejos dados en este mismo capítulo sobre los comedores formales.

Despensas

Las provisiones de comida y especias son señal de riqueza (igual que los bancos, museos y otros lugares donde se almacena abundancia). Procura, sin embargo, que el diseño apunte a la «organización» de la abundancia (claridad) y no a su energía.

– Llena tu hogar de provisiones. Haz compras a gran escala (siempre es más barato). Si adoptas actitud de rico al hacer las compras (aunque no lo seas), no te importará invertir más dinero en una sola compra, cuando adquieres cajas de vino, zumo, papel higiénico, pasta de dientes o cualquier otro producto que consumas regularmente.

A continuación estudiaremos cómo se manifiesta la abundancia mediante la estabilidad en el diseño.

25

Estabilidad

La riqueza va ligada a la estabilidad de la tierra, simboliza-da por un cuadrado: sólido, seguro y bien construido.

La estabilidad de la tierra

La estabilidad va asociada a la idea de echar raíces. Igual que la tierra, es beneficiosa para la vida y la longevidad. Da sensación de seguridad en el hogar. Todas las tradiciones geománticas, tanto orientales como occidentales, estudian la manera de concentrar la riqueza de la energía de la tie-rra. (Para más información sobre el tema véase el apartado «Referencias y lecturas recomendadas».)

– Si quieres concentrar la energía de la riqueza en el jar-dín, el porche o el balcón, primero debes buscar ejem-plos de manifestaciones naturales de la riqueza: un ár-bol, un canto rodado o una pequeña extensión de terreno con la «presencia» o las cualidades de la abundancia. Amplía esas muestras de riqueza. Reorganiza las áreas de modo que se destaquen más.

– Si dispones de algo de terreno alrededor de tu vivienda planta algo (puedes plantar un jardín o un huerto). Si no tienes terreno propio, pon macetas y jardineras o cuel-ga de la pared alguna imagen que evoque la energía de la tierra.

La estabilidad del espacio interior reside en el suelo y en la certeza de que nadie va a dar un traspié en la alfombra que pisa. Las mesas, sillas o estanterías cojas van en detrimen-to de la sensación de seguridad.

– Asegura tus alfombras con parches de goma. Pon una alfombra antideslizante en el suelo de la ducha.

– Pon un hule bajo el mantel de la mesa del comedor para lograr una superficie gruesa y rica (más estable). Si no tienes un hule puedes utilizar en su lugar una sábana doblada.

– Asegúrate de que los muebles que se usan con más frecuencia tengan una base lo suficientemente estable para desempeñar su función.

La estabilidad de los materiales

No existen materiales de construcción ideales. Todos tienen ventajas y desventajas, pero también todos ellos –sean naturales o artificiales– encarnan las cinco energías y responden a cualidades prácticas, emotivas y poéticas.

Materiales naturales

Los materiales naturales van ligados al cuerpo y a los organismos vivos. Aportan mucha vitalidad al hogar y lo armonizan con la naturaleza. Son equilibrados y transmiten serenidad.

Bandeja espiral hopi de mimbre con la figura de un pájaro.

– Elige los materiales inteligentemente. Las maderas, algodones y otras fibras naturales que hayan sido tratadas químicamente también podrían contener plástico.

– Infórmate del proceso de producción. ¿Se ha destruido algún ecosistema en algún lugar remoto para que tengas ciertos materiales naturales en tu casa? ¿Se ha empleado mano de obra infantil o han trabajado personas en condiciones miserables? No es fácil responder a estas preguntas, pero si diseñas tu mundo con estas preguntas en la mente, las soluciones «naturales» darán forma a lo que hagas.

Materiales artificiales

Los materiales artificiales –producto de la mente– encarnan el ingenio, la inteligencia y, algunas veces, el talento. Están en equilibrio principalmente con la energía física y el calor. Dado que la naturaleza de cualquier material –natural o fabricado– es vacía, sólo tu conciencia puede determinar si es útil o no.

– Antes de elegirlos, ten en cuenta las repercusiones de la producción y el uso de los materiales, así como los residuos que generan.

Intenta sintonizar con las cualidades expresivas de los materiales que utilices y escoge aquellos con los cuales te sientas identificado. Si diseñas tu hogar desde una perspectiva consciente podrás emplear todo lo que tengas a tu alcance para expresarlo.

El peso de los materiales

La riqueza «vale su peso en oro». El peso implica sustancia. El elefante es uno de los símbolos de la riqueza: es pesado y ocupa espacio. (En las sociedades más tradicionales, el peso corporal era signo de riqueza y bienestar.) La riqueza es la gente, son las cosas y los lugares colmados de bendiciones (reliquias de familia, antepasados, herencia espiritual) y abundancia material. En ocasiones, la riqueza puede parecer una carga. Es demasiado pesada, demasiado exigente. Se necesita tiempo para dedicarse a ella, para sostenerla. La estabilidad implica precisamente aprender a llevar esa carga.

Las viviendas modernas son cada vez más grandes, pero cada vez menos sólidas y estables. Los tabiques son huecos (y no de argamasa); las puertas y los picaportes son huecos (y no macizos); los suelos y las escaleras suelen ser de madera conglomerada (y no de madera auténtica). Los materiales endebles crean objetos inestables y sensación de desarraigo en nuestro cuerpo/mente. A pesar de que la ligereza de peso es conveniente para llevar cosas de un lado a otro en la vida diaria necesitamos cierta estabilidad.

- Si tienes casa propia, sustituye paulatinamente los materiales endebles por otros macizos –puertas sólidas, pomos de porcelana, cristal tallado o acero macizo, iluminación más generosa y ventiladores. Enriquece los suelos o cúbrelos con ricas alfombras para darles peso.
- Utiliza la cubertería de plata de forma regular o adquiere una de acero inoxidable suficientemente sólida. Utiliza servilletas de hilo en lugar de servilletas de papel. Cuando las guardes, enróllalas en un anillo de servilletas para volverlas a utilizar. (Para uso diario no importa que no estén planchadas.)
- Los muebles de cierta calidad hacen que su contenido no llame la atención desde fuera: una hilera de pesados libros que haría doblegar cualquier estantería endeble no supone un problema si descansa sobre una sólida estantería de roble.

- Elige tejidos gruesos (artesanos, terciopelos, brocados y piel) de colores intensos y cálidos (rojos, naranjas, amarillos y marrones) para dar solidez a la casa.
- Si en invierno damos calor y peso, compensamos el frío exterior. (Por el contrario, el fuerte calor veraniego se compensa con interiores ligeros, claros y frescos.)
- Si concedes a las necesidades de la vida –las más obvias como la comida, ropa y abrigo– el «peso» que merecen, enriquecerán tu vida.

La estabilidad de los suelos y los cimientos

La estructura general de una casa reside más que nada en su estabilidad, particularmente en el terreno y en los cimientos sobre los cuales se levanta. Cimientos sólidos –tanto física como espiritualmente– aportan estabilidad y sensación de bienestar. Una base inestable no fomenta la relación con la riqueza y la tierra. Las casas que se construyen sobre pilares, acantilados y cúmulos no tienen profundidad y están poco vinculadas a la riqueza. Parecen vulnerables y no pueden ampliarse.

- La estabilidad de cada casa depende de los cimientos. Manténlos en buenas condiciones. Examina bien los cimientos de cualquier casa que pretendas comprar.
- Si vives en un apartamento por encima de la planta baja, tus cimientos serán el suelo. Asegúrate de que el alfombrado proporciona el aislamiento sonoro adecuado. No debes tener que andar de puntillas por la casa ni soportar los ruidos del piso de abajo.

El suelo no es simplemente una plataforma para colocar los muebles. Se trata de una dimensión más de la riqueza del hogar. Si no dispones de muchos muebles, el suelo puede ser el centro de la decoración de la casa. Los materiales naturales afianzan el suelo: la madera, la lana, el cáñamo y la paja, el algodón y la seda y, en algunas zonas, la piedra y la arcilla, hacen que sintamos tierra firme bajo nuestros pies.

- Procura que haya un suelo de madera bajo el suelo enmoquetado. Restaura el suelo para devolverle brillo rico e intenso. Decóralo con alfombras.

– Plantéate instalar suelo de madera en la cocina. Es más cálido y suave que las baldosas, que pueden ser resbaladizas y no perdonan cuando se nos cae un plato. El parqué de madera auténtica (cortado y encastrado) no suele ser demasiado caro. El parqué de imitación no produce el mismo efecto. Multiplica el precio del material por dos en el caso de que quieras que te lo instalen. Otra solución es hacerlo tú mismo. La madera bien acabada facilita la limpieza de los líquidos derramados. Otra alternativa natural es el corcho.

Alfombras

Las alfombras son el recurso más fácil para enriquecer el suelo con color, texturas y motivos. Corona tu reluciente suelo de madera o enmoquetado con alfombras. De este modo, el suelo gana atractivo y estarás mejor protegido y aislado.

– No te precipites al comprar las alfombras. Elígelas pensando en el futuro. No compres alfombras que hagan juego con una decoración efímera, que cambiará en poco tiempo.
– Las alfombras heredadas de la familia aportan riqueza histórica al hogar. Adquiere alfombras que te duren toda la vida.
– Si hay un lugar o una cultura en el mundo que admires particularmente, compra allí tus alfombras. Si te lo puedes permitir, haz un viaje sólo para comprar las alfombras. Observa el material del que están hechas y averigua el significado de sus símbolos y colores. Compra alfombras en el lugar de origen de tus antepasados. Colabora con los artesanos que tejen las alfombras a mano.

Si la riqueza fuese sólo estabilidad, se estancaría. Pero no es así; la riqueza es energía, auge y expansión. Será nuestro próximo tema.

26

La energía del aumento

El aumento es antónimo de escasez. El vaso no solamente está lleno sino que rebosa. El aumento no deja rincones oscuros, agujeros negros ni bolsillos vacíos. Representa la abundancia y el bienestar incondicionales, siempre al alcance –y a la vez inagotables– puesto que no dependen de nada externo. La energía del aumento o crecimiento enriquece tu hogar.

El agua contribuye al aumento

La riqueza (tierra) está «casada» con el agua. El agua –la joya de la corona de la Tierra– incuba la vida y contribuye a darle auge. La riqueza se expande por medio de las vías acuíferas, incluido el vapor. Empléala para incrementar la riqueza de tu hogar.

- Un acuario, una pecera, una fuente o algunas plantas exuberantes, incluso acuáticas, pueden servir para enriquecer los sentidos e incrementar el caudal de riqueza de una habitación.
- Disfruta de los ricos olores de la cocina y el horno, que impregnan todo el ambiente.
- Procura que tu casa tenga el grado de humedad adecuado. El aire acondicionado y la calefacción resecan el aire. Un ambiente demasiado seco es tan nocivo como un ambiente excesivamente húmedo. La falta de hume-

dad puede ocasionar trastornos psicológicos y alterar el estado de ánimo. La humedad es un elemento esencial para la salud física y mental.

Los espejos incrementan la riqueza

Los espejos, al igual que los lagos, reflejan y multiplican la abundancia e incrementan la riqueza del hogar. El profesor tibetano Rinpoche Tai Situ definía la riqueza como una montaña frente a un precioso valle: el lago refleja tanto la montaña como el sol, la luna, las estrellas y todo lo que lo rodea. Los espejos multiplican la luz natural y los paisajes, así como las velas, los candelabros, el espacio interior y la riqueza que contenga.

Un aparador tradicional con espejo enriquece el comedor.

Los principales salones del castillo bávaro de Neueschwanstein, del siglo XIX –una fantasía barroca de colores blanco y oro–, estaban revestidos con espejos por los cuatro lados, para crear ilusión de opulencia y espacio infinito. Si quieres lograr el mismo efecto, aunque a escala menor, coloca espejos tras los candelabros de pared. Así incrementarás la luz.

– Sitúa un espejo en el rincón de tu casa que consideres más rico, o detrás de cualquier objeto cuya energía quieras aumentar.
– Puedes forrar de espejos la pared que hay detrás de los fogones, especialmente si es una cocina de gas. De este modo se «incrementa» la abundancia que proporciona la comida y el fuego.

Puedes reflejar, multiplicar, potenciar, amplificar, extender, regalar, compartir y expandir la riqueza… ¡sin que se agote! Es un elemento expansivo que no se refrena, un banquete inagotable para los sentidos.

Aumentar con el diseño

En el diseño, la riqueza es un recurso fundamental para incrementar la fuerza y el placer sensoriales. Pongamos, por ejemplo, que tenemos un jarrón antiguo de espléndida factura que, colocado en un simple estante, no se destaca visualmente. Para aumentar la sensación de riqueza podemos hacer lo siguiente:

- Pon el jarrón (cielo) sobre el estante (tierra) encima de una base de madera de palisandro (hombre) ricamente tallada.
- Fija un trozo de tela (o papel decorativo) detrás del jarrón como telón de fondo. O bien extiende la tela por detrás y por debajo del jarrón, dejándola colgar del borde del estante.
- Dirige un foco de luz hacia el jarrón para intensificar la energía. De esa manera, el jarrón emanará «riqueza». ¡Ni en un museo estaría mejor expuesto!
- Pon en el baño una cesta llena de atractivos jabones (no una simple pastilla blanca). Cultiva plantas grandes y frondosas en casa (no te limites a tener unos cuantos geranios). Cuando tengas invitados, puedes darles varias almohadas, mantas, toallas y material de lectura. Enciende velas en invierno y pon ramos de flores en primavera y verano.
- ¡Permítete ser desmedido, osado y escandaloso! No escondas tu secreta pasión por el punto o las rayas de estilo cebra, las lámparas de lava, las luces de Navidad o las estatuas tradicionales de tamaño natural. Comete «errores». Siempre es posible rectificar (si es necesario) para recuperar el equilibrio.

En la cultura africana ndaka (*¡n.dah.!kuh*), envuelven a la novia durante la ceremonia nupcial con tanta ropa que nadie puede saber cómo es su figura. Envuelven la cabeza con metros y metros de tejidos de vivos colores y la coronan con un velo de tintineantes abalorios. Los hombres la llevan a hombros sobre una plataforma de madera de árboles jóvenes, decorada con una alfombra de flores. Un palio de tela la protege del sol abrasador mientras la trasladan hasta el poblado de su prometido, acompañada por una comitiva de flautistas y cantantes que bailan alegremente detrás de ella.[1]

Las mejoras incrementan la riqueza
Podemos incrementar la riqueza mejorando aquellas cosas que normalmente pasan inadvertidas, como la pintura, la iluminación, las obras de arte, las alfombras y los utensilios de la cocina o el despacho.

- Cubre o restaura los muebles viejos. (Puedes dejarlo en manos de un especialista si no te crees capaz de hacerlo.) Sustituye los pomos de puertas y los tiradores de los

cajones por otros más bonitos, que pueden ser de acero, cristal o cerámica.
— Encarga un cristal cortado a medida para crear una superficie limpia encima de una mesa, estantería o cómoda. Coloca debajo del cristal una bonita tela, un papel dorado o un papel estampado a mano.
— Recorre las estancias de la casa en busca de posibles mejoras. Sustituye los percheros de pared por los clásicos percheros de pie o por otros más modernos que se ajusten a tu estilo. Reemplaza las perchas fabricadas con cables de metal o plástico por perchas de madera de cedro o forradas con raso. (En la lavandería estarán muy agradecidos si les regalas las viejas.) Agrega un cojín mullido o un canapé otomano a tu único sillón forrado de terciopelo. En ocasiones festivas, pon un tapete bajo la composición floral de tu recibidor, adorna la tapicería con cordeles trenzados y borlas doradas, cubre las sillas con elegantes fundas de raso.

El ingenio es la energía del aumento

El ingenio es nuestra salvación, hace que «nos saquemos conejos de la chistera» y transformemos las cortinas de terciopelo en elegantes vestidos de época. La necesidad es la madre del ingenio y el ingenio es el descubrimiento de la abundancia. Abundancia de ideas y posibilidades. Cuanto mayor sea el desafío, más rica es la respuesta. La imaginación es una actitud que expresa la abundancia incondicional. No depende de nada más que de sí misma. Enriquece tu hogar y tu vida a través de la imaginación.

Existen maneras de compensar la falta de recursos.
—Noam Chomsky

— Si sólo cuentas con un cojín más o menos bonito o un paño antiguo de hilo, enmárcalo con gracia y cuélgalo en el dormitorio o en el comedor.
— En el diseño, la imaginación se traduce en versatilidad; desde el mobiliario modular más original a las innovaciones más modestas. Las sábanas pueden convertirse en manteles, las fundas de almohadas pueden servir para cubrir asientos, las cortinas de la ducha pueden dividir habitaciones, las teteras descascarilladas hacer de floreros, el mobiliario del jardín puede otorgar un toque ecléctico al interior de la casa.
— Con sábanas y manteles se pueden improvisar maravillosas cortinas *ad hoc* que no tienen por qué recordar a

las residencias de estudiantes. Pueden colgarse de la barra de la cortina con chinchetas, grapas o clips. Si en la casa hay ventanas desnudas con marcos de metal, puedes adquirir imanes en una tienda de material de oficina para fijar láminas de un bonito papel que puedes pintar a mano.

El papel

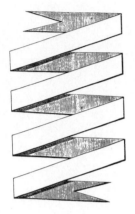

– Decora tu hogar con un bonito papel de regalo o con papeles pintados a mano. Puedes vestir las paredes con dibujos de vivos colores bajo una superficie de plexiglás (fijada con tornillos para espejos). Es ideal como telón de fondo para adornos florales y puedes cambiar el papel al empezar cada estación. Pon papel bajo el cristal de las mesas o cómodas. Fija tu fotografía favorita sobre una lámina de papel especial para crear un marco rico y original. (Si quieres proteger mejor la fotografía puedes intercalar un trozo de papel no ácido entre el papel de fondo y la fotografía.)
– Haz un listado de los problemas visuales que salten a la vista en la decoración de la casa. Acto seguido comprueba si puedes resolverlos utilizando papel. Visita una tienda de artesanía para familiarizarte con tipos de papel originales. Acude a una empresa gráfica o a un periódico local. Generalmente están deseando vender restos de papel y resulta muy barato.

La diversidad es la energía del auge

> Nunca estamos atrapados en la vida, dado que hay constantes oportunidades para la creatividad y desafíos para la improvisación.
> —Chögyam Trungpa

La riqueza es tan plena, tan perenne, que nunca se agotan las formas para ponerlas de manifiesto. La riqueza se exterioriza mediante un número infinito de variaciones de las cinco energías básicas y de sus cualidades. No es una coincidencia que el término «calidad» –que significa «característica única o personal»– tenga también el significado de «excelencia».

– Visitar un gran acuario puede ser una buena lección sobre la diversidad en el diseño, con sus colores de neón, formas y estilos extravagantes, texturas sorprendentes.
– Para ser ecléctico hay que «seleccionar elementos de muchas fuentes». Celebra la diversidad de tu mundo –tus viajes, herencia, familia, trabajo, intereses culturales y entorno natural– en el diseño del hogar.

Puedes practicar todos estos ejercicios para cultivar la riqueza sin gastar demasiado dinero. Sin embargo, el próximo tema gira en torno a las adquisiciones.

La riqueza crece con nuevas adquisiciones

La adquisición de objetos materiales –joyas, dinero y otros objetos de valor– incrementa la energía de la riqueza, al igual que lo hacen la acumulación de virtudes espirituales o la veneración a entes espirituales. Desde un punto de vista contemplativo, el objetivo de aumentar la abundancia es repartirla.

– Incrementa la fuerza de tu colección de reliquias familiares, arte o libros atesorándolos para exhibirlos en el momento oportuno. Evalúa la influencia que tienen en tu hogar. ¿Quién y de qué manera se beneficia de su energía? Piensa en tu caudal de abundancia. ¿Cómo te enriquece a ti y a tu entorno –intelectual, material y espiritualmente– y cómo puede extenderse?
– La adquisición de objetos sagrados vinculados a tu herencia personal, familiar o a tu tradición espiritual puede suponer un acto de rescate si parecen estar pidiéndonos socorro en la tienda.
– Para enriquecer tu mundo puedes también desenterrar tesoros comunes y corrientes en los lugares más insospechados.

En definitiva, la riqueza es el fruto de dejarse ir... Dejarse ir es una forma de generosidad, el tema al que dedicaremos el próximo capítulo. En el diseño del hogar, la generosidad nos desafía a pensar a lo grande.

27

Generosidad

La generosidad es la actitud y la actividad de la abundancia. En el diseño del hogar, se expresa por medio de la plenitud y de los gestos generosos. A la energía generosa le gusta dejarse ir.

La generosidad consiste en dejarse ir

Toda abundancia de la naturaleza es fruto de dejarse ir. Si los árboles otoñales llenos de frutos no se dejaran ir no habría cosecha; si las madres se negaran a dejarse ir, no habría ningún nacimiento.

– A continuación, se expone un ejercicio personal para aprender a dejarse ir.

- Separa ambos brazos del cuerpo y manténlos relajados con los codos ligeramente flexionados, las manos abiertas y las palmas hacia arriba. Aprieta los puños con fuerza. Luego ahueca los dedos suavemente hasta volver a abrir las manos por completo, como si ofrecieses un pequeño regalo a alguien o echaras a volar una mariposa.
- Vuelve a cerrar los puños. Esta vez apriétalos con todas tus fuerzas. Nota cómo se tensan los músculos de los brazos y los hombros. Relájalos de nuevo y abre las manos del todo.
- Vuelve a la posición de tensión, incluso con más fuerza. Piensa «más fuerte, más fuerte, más fuerte» durante treinta segundos. Acto seguido, abre las manos rápidamente y piensa «déjate ir». A medida que aflojes la tensión suelta un suave exhalación.
- Repite el ejercicio. Esta vez dirige la atención a tu mente mientras alternativamente aprietas y relajas los pu-

ños. Si detectas algún tipo de emoción negativa –ira, celos, resentimiento–, imagina que estás estrujando esa emoción con los puños. Sujétala, apriétala y, luego, relaja la mano y déjala marchar.

- Finalmente imagina que tienes en la mano tu posesión más valiosa. Sujétala, apriétala y, luego, relaja la mano y déjala marchar. Haz lo mismo con tus convicciones más profundas –sujétalas, apriétalas y déjalas marchar.[1]

> **La tierra es un recipiente sagrado y no puede ser poseído ni mejorado. Si tratas de poseerlo, lo destruirás; si tratas de retenerlo, lo perderás.**
> —Tao te Ching

Estilos de diseño generosos

Si comprendes que la riqueza es demasiado expansiva para controlarla, conservarla o negarla, superaremos los malentendidos acerca de cómo debe ser un estilo de vida generoso y, por tanto, un diseño acorde con ese estilo. Abre la puerta de tu hogar a la generosa energía de la riqueza.

> **Ser rico es en cierto modo una obligación, que otorga poder para hacer el bien. La riqueza es otra palabra para decir «poder».**
> —Lady Mary Wortley Montagu

- Expresa la generosidad en forma de colores. Sumérgete en una paleta con todos los colores, especialmente los tonos cálidos y ricos del otoño. Compra un juego de vasos de colores alegres y brillantes. Cambia el mantel blanco por uno naranja, rojo o negro. Pon encima unos salvamanteles que hagan juego, de colores o de paja.
- Expresa la generosidad en forma de dibujos, formas y tamaños. Amplía el tamaño de los objetos decorativos en un 200 %. Elige una cesta, un jarrón, un cuadro o platos de cerámica (para colgar en la pared) de dimensiones «gigantescas». Si coleccionas sellos, «hincha» algunos de tus favoritos hasta convertirlos en pósters.
- Adopta una actitud generosa hacia lo nuevo y deja de lado las convenciones y las manías estilísticas. (Si tu estilo es más bien extravagante busca la riqueza en el comedimiento.)
- Adopta una actitud generosa hacia los demás: evita la territorialidad. Abre la puerta a tus amigos, familia, niños y animales domésticos. Organiza en casa fiestas, reuniones, estudios y grupos sociales. Ten siempre llena la nevera, el tarro de las galletas y la bodega. Alimenta a tus invitados mental, física y espiritualmente. Comparte tus tesoros a través de todos los sentidos.

La «fuerza» de la riqueza se propagará por toda la casa y por el mundo en forma de liderazgo e influencia (presencia), lo cual nos lleva a nuestro próximo tema.

28

Presencia

En el inglés de la Edad Media «real» era una variante de «regio».
—Jeremy Hayward

La presencia es la energía de las personas, lugares y cosas «reales» (no virtuales): de las joyas auténticas (no de bisutería); de las flores vivas (no de tela) y del mobiliario antiguo de verdad (no las imitaciones). Una habitación puede tener presencia. La presencia es autoridad: como si fuera un rey o una reina transmite poder y puede mandar sobre el entorno.[1] La presencia es una forma de riqueza. (En tibetano, la palabra *yang* significa tanto «riqueza» como «presencia».)

«Los tejedores del pueblo africano de los ashanti fabrican un bonito tejido denominado *kente*. Lo hacen con hebras de seda brillante y asignan un nombre distinto a cada diseño. Uno de ellos, casi del todo amarillo, se llama "polvo de oro". El favorito de las mujeres es el que lleva por nombre "Cuando la reina viene a Accra". Para el primer presidente de Ghana, se diseñó especialmente el modelo denominado "Un solo hombre no puede dirigir un país". El rey de los ashanti lleva un *kente* especial que sólo él puede vestir.»[2]

— Recorre la casa con la mente y el corazón abiertos. La auténtica presencia dirigirá tu atención a través de su energía, no solamente por su atractivo visual. Registra cualquier experiencia de presencia «sentida». Intenta hacer este mismo ejercicio en un museo importante. ¿Qué objetos reúnen gente a su alrededor? Toma notas de la experiencia.
— Si se los ubica de manera adecuada (es decir, si no los colocas de forma que pasen inadvertidos entre las demás cosas), los objetos con auténtica presencia enriquecen el entorno. El secreto está en sacarlos a la superficie. Un entorno (espacio) suave, receptivo, limpio y bien definido (claridad) será un buen escenario para una presencia poderosa.

A continuación trataremos la dignidad. Cualquier persona u objeto digno tiene presencia; cualquier persona u objeto con verdadera presencia es digno.

Dignidad

La palabra «dignidad» significa «loable» o «noble». La verdadera riqueza –la que no se apoya en el dinero– consiste en cualquier cosa merecedora de respeto. Dado que la dignidad es un valor en sí mismo, en el fondo es simple y estática. La verdadera dignidad puede encontrarse en sesiones de meditación. Trungpa Rinpoche decía: «La práctica de la meditación comienza cuando nos sentamos y tomamos conciencia de nuestro lugar en el suelo. Entonces empezamos a percibir que, simplemente por ocupar ese espacio, nuestra vida puede ser útil e incluso maravillosa. Uno se da cuenta de que es capaz de sentarse como un rey o una reina en su trono. Lo sublime de la postura nos muestra la dignidad que emana de reposar con sencillez.»[3]

Los movimientos inspirados por la dignidad son pausados e imponentes (incluso las multitudes y el caos pueden moverse de forma sublime). Para atraer la riqueza es importante transmitir la nobleza inherente de cada uno a través de una conducta y un diseño dignificados.

– Cultiva la dignidad y el orgullo en cada una de tus habitaciones. En la cocina, por ejemplo, no debes mezclar los platos de las personas con los platos destinados a los animales. En la sala de estar es conveniente establecer fronteras espaciales y temporales respetadas por todos. Cierra las puertas de los baños (estén o no ocupados). En cualquier habitación debería haber recordatorios visuales (fotografías, retratos, muebles o una flor en un jarrón) de una vida dignificada. La dignidad invoca la abundancia; la falta de dignidad disminuye la riqueza.

Habitaciones infantiles que fomentan la dignidad y confianza

Para fomentar la dignidad y la confianza en tu hijo sigue las dos reglas de la abundancia: toma conciencia de cuál es la auténtica riqueza y ten una conducta impecable. Distribuye la habitación de tu hijo según el orden del cielo, la tierra y el ser humano: los zapatos abajo, los gorros arriba y la ropa en el centro. Una relectura del apartado «El cielo, la tierra y el ser humano» (capítulo 3) y del apartado «Un centro sin límites» (capítulo 13) puede contribuir a profundizar más en la idea de la dignidad a través del diseño.

Sírvete de las otras cuatro energías para crear una habitación infantil equilibrada (sin olvidar que el «equilibrio» es un proceso continuo):

Claridad. Organiza el espacio. Es la definición física de las áreas focales (un escritorio, un espejo, un pupitre o un objeto artístico).

Calidez. Hace atractiva y divertida cualquier habitación infantil.

Energía. Está integrada por todas las partes móviles que hacen que la habitación sea funcional tanto para ti como para tu hijo. Coloca percheros a la altura del niño, así como estanterías, espejos y complementos a su medida.

Espacio. Proporciona un lugar apacible. Encarna la suavidad (la ausencia de grandes estímulos) y la placidez de una habitación.

- Honra a tus hijos con símbolos de inspiración y protección (cuadros, estatuas o muñecos). Colócalos en lugares elevados de la habitación. Pon la figura de un ángel de la guarda, por ejemplo, sobre la cabecera de la cama, en un lugar protegido (sin mezclarlo con los juguetes). Cuelga un retrato de tus antepasados, de tu hijo con un miembro querido de la familia o de una ocasión memorable. Enmárcalo y cuélgalo en un lugar destacado.
- Enseña a tus hijos a respetar los objetos cotidianos (el colgador de pie, el armario de los zapatos, la estantería...) y los objetos especiales (la mesa donde está el florero, la colección de conchas o el rincón de la estantería donde luce una figura o un trofeo personal). Si tu perro duerme con los niños dispón para él una cesta o cojín en un rincón de la habitación (independientemente de dónde acabe durmiendo).
- Para estimular en el niño los valores de la dignidad y la presencia es mejor evitar las literas. Si un niño está encima de otro se violan los principios del cielo y la tierra, y los pequeños experimentan sentimientos de falta de armonía.

– Redacta un listado con lo que necesitan tus hijos. Pregúntales qué quieren tener en su cuarto y permíteles colaborar en la creación de espacio.

La fuerza de la riqueza se manifiesta de modos espléndidos y simples a la vez.

29

Simplicidad y esplendor

«La caza del león»: un magnífico
brocado conservado en el famoso
templo Horyuji de Nara, Japón.
(Ilustración cortesía de Kawade
Shobo Shinsha editores, Japón.)

La palabra esplendor –derivada de un verbo latino que significa «resplandecer»– se traduce por «luz brillante o lustre», «aparición o exhibición suntuosa». El esplendor es lo que irradia la riqueza. Emana de manera natural y puede encontrarse en una piedra, en un trozo de terreno, en las personas, lugares y cosas. En el mundo del diseño, el esplendor se expresa a través de objetos simples (una espléndida vasija de porcelana) o de mayor entidad (un grandioso piano de ébano).

La suntuosidad no encaja demasiado bien en nuestro mundo ajetreado. A menudo, el esplendor nos intimida. Puede hacernos sentir pequeños. (La simplicidad, en cambio, nos ennoblece.) Sin embargo, en un mundo «completo», el esplendor y la simplicidad deben ser dos caras de una misma moneda –la de la conciencia– y ambos son motivo de celebración. Es perfectamente posible vivir de manera espléndida en una habitación y habitar un palacio con sencillez.

- Para estimular tu imaginación prueba a colocar un cuadrado (grande o pequeño) de acrílico amarillo oro en una ventana con mucha luz.
- Elige un mueble y enriquece tanto como sea posible la superficie y los adornos. Busca un complemento que tenga una gracia especial: un cojín ricamente decorado, una alfombra de pie o una lámpara pintada a mano.
- Busca en buenos almacenes la tela más exquisita por su rico colorido, textura y peso (no tiene que ser necesariamente pesada sino que su riqueza debe tener «cierto peso»). Déjate llevar por las buenas «vibraciones». Compra uno o dos metros de esa tela y crea con ella un rincón especial en tu hogar.
- Dale riqueza a las superficies de mesas y escritorios, introduciendo motivos ricos bajo el vidrio (véase el capí-

tulo 26). Utiliza papeles de raso –pintados a mano, jaspeados, láminas de oro y plata– o bien un chal nupcial mejicano. Si vestimos las superficies con cristal proporcionaremos brillo al conjunto.

- Destaca los colores propios de la riqueza. Además del amarillo y el dorado, el negro suele ser adecuado para la tierra, el verde para potenciar el conjunto y el rojo para crear un foco de atracción. Utiliza objetos dorados. Además de láminas, embellecedores y placas brillantes, podemos emplear «baños de oro», o también productos más exóticos, como carey y ámbar.

Dorados y plateados

En Indonesia, los aristócratas solían vestir pareos con incrustaciones de oro para las festividades. En la época del Renacimiento europeo, en ocasiones especiales se cubría completamente de oro a los niños pequeños (a veces con consecuencias mortales).

- Utiliza el oro y la plata para transformar muebles desangelados, marcos sombríos o bandejas gastadas. Da un baño de oro o plata al lado inferior de los cristales que cubren mesas. Embellece con oro y plata molduras, cornisas, adornos de vitrinas y baldosas, así como paredes salientes (o la nevera). Es muy fácil de hacer (busca libros sobre el tema en una biblioteca o en una tienda de bricolaje). Los resultados son verdaderamente espectaculares.

Los dorados pueden transformar completamente un espacio simple si se contrastan con paredes blancas o de color.

No te avergüences de tener dorados fuera de casa. Este recurso se concibió precisamente para enriquecer las estructuras arquitectónicas y todavía se usa mucho en exteriores (por ejemplo, en letreros). Para dar un baño de oro o plata al exterior de la casa (frontales, adornos de la puerta principal o la placa con la dirección), puedes recurrir a un buen pintor de rótulos. Lo hará a un precio razonable y obtendrás un brillo duradero a prueba de agua.

Independientemente de que nuestra vivienda sea grande o pequeña, somos el centro de la misma. Si prestas atención a las múltiples formas que adopta la abundancia del entorno y las incorporas a tu espacio –además de cultivarla con tu manera de actuar y el diseño– la riqueza reinará siempre en tu hogar.

30

Enriquecer el espacio

La riqueza aporta al hogar abundancia, poder y sensación de bienestar. Rige especialmente el comedor y la cocina (puesto que va asociada a la satisfacción), la abundancia material de la casa, la dignidad y generosidad de cada estilo de vida. A continuación, ofrecemos un ejemplo de la riqueza que podemos dar a la cocina con la ayuda de las otras cuatro energías.

Crear una cocina

Riqueza. Colma la cocina de energía nutritiva, de abundantes y deliciosos alimentos.

Claridad. Proporciona una iluminación correcta. También proporcionan claridad un libro de cocina y buenas recetas. El agua –su elemento– purifica el espacio y todo lo que contiene. La claridad es la precisión necesaria para domesticar los caprichos del fuego, el agua, el vapor y la levadura.

Calidez. Atrae hacia la cocina con sus olores apetitosos y la esperanza de encontrar el placer prometido. Es la seducción que ejercen los colores alegres, un bonito mantel y los panecillos sobre la encimera. Es la pasión y maestría del cocinero –juntamente con el fuego– lo que hace que los alimentos se cocinen.

Energía. Está en los hornos eficaces, los relojes, el arte culinario y los cuchillos afilados. La ayuda solícita y la habilidad en el manejo de los utensilios, el arte de cocinar y la manera de servir la comida ¡todo ello contribuye a que la comida sea un éxito!

Espacio. Es la «política de puertas abiertas» (mientras más seamos, mejor). Acoge la riqueza de la cocina combinando el espacio físico con el equilibrio emocional.

Crear una instalación
para enriquecer el espacio

Para intensificar la energía de la riqueza en un determinado espacio, crea una instalación. Para darle «tono» al cuarto elegido, ponla a la altura de los ojos, «en el rincón de la abundancia» (el cuadrante sur) de tu casa o despacho, para que el trabajo abunde. O en el recibidor en tiempos de cosecha. Concentra la riqueza del cielo, la tierra y el ser humano en un mismo punto. Algunas sugerencias:

Cielo. Un fondo amarillo luminoso, una tela o papel dorado para definir el espacio (puede enriquecerse aún más colgando una tela antigua, un plato de porcelana, una imagen o figura haciendo un gesto de generosidad, el dibujo de una calabaza hecho sobre pergamino).

Tierra. Una mesa opulenta, una plataforma terrosa o canto rodado, que evoque la idea de riqueza.

Ser humano. Una estatua generosa, una gran cesta de flores o un objeto de poder para promover la armonía entre el cielo y la tierra.

Acrecienta la riqueza de tu instalación colocando un espejo detrás. Añádele plantas, peces o una fuente de donde mane agua, que incremente la energía. Otras sugerencias:

– Desafía las limitaciones que impone el espacio con una rica instalación «en miniatura»: pon un diente de león sobre la tapa de un frasco. Instala en la cocina un sagrario pequeño, pero rico, para mostrar gratitud e invocar la abundancia.

Soluciones para los excesos

Espacio. Permite expandir la riqueza. Ofrece nuevas vistas e impide que la riqueza se estanque. El espacio y la riqueza son «uña y carne».

Claridad. Pone orden en la riqueza y evita que se adueñe de la casa. Le da «forma» a la abundancia con cuadros, libros, muebles distribuidos en colecciones. La claridad también incluye las dietas, los banquetes de los días señalados y otros modos de organizar el consumo de la comida de manera que la riqueza no caiga en la avaricia.

Calidez. Es el placer de la abundancia y evita que la riqueza se convierta en soberbia y sea opresiva. Celebra la abundancia e invita a los demás a compartirla. La calidez (usada con prodigalidad) embellece el comedor y la presentación de la comida.

Energía. Hace circular la riqueza interna y externamente. Evita que se estanque o se bloquee (por ejemplo, en las dinámicas de ganar/gastar o comer/eliminar). La energía distribuye la abundancia y evita la decadencia.

Resumen de la riqueza

Dirección	Sur.
Color	Amarillo oro.
Elemento	Tierra.
Estación	Otoño.
Acción	Enriquecedora.
Sabiduría	Ecuanimidad.
Diseño	Abundancia, estabilidad, auge, dignidad, presencia, generosidad, esplendor.
Desequilibrio	Aplastante, ostentoso, permisivo, avaro, pesado, ambicioso.
Ubicación	Comedor, cocina, despensa y sensación general de bienestar en cualquier estancia de la casa.
Animales	Elefante, buey, cerdo y, tradicionalmente, dragón.

V

CALIDEZ

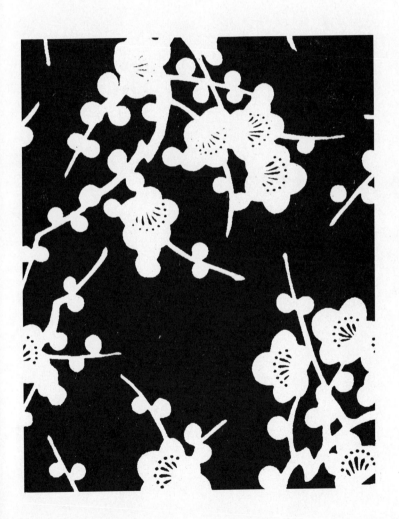

31

El poder de la calidez

La calidez da color, embellece el entorno y, además, nos hace sonreír. Se percibe con el corazón y el corazón se desarrolla en ambientes cálidos y afectuosos. Sin embargo, gran parte de nuestro tiempo lo pasamos en atascos de tráfico, en la oficina y en entornos saturados de estrés físico y mental. La calidez –al igual que la primavera– va ligada a la placidez, las reuniones y las buenas amistades; es un antídoto contra el frío, la desolación y la falta de sensibilidad. Puedes canalizar en tu hogar la energía de la calidez cuando desees o necesites:

> **Sólo con el corazón puede verse claramente; lo esencial es invisible a los ojos.**
> —Antoine de Saint-Exupéry

Más amor y comprensión… para cultivar tus amistades
Más placer… para mejorar tu vida social
Más comodidad… para hacer que la vida sea más bella
Más intimidad… para pasarlo mejor

La virtud fundamental de la calidez –dejando de lado la sabiduría de la conciencia– es la distinción entre estar «despierto» y estar dormido. Es la capacidad de atraer lo mejor del entorno. Es el amor incondicional, es una pasión que no se acaba nunca. En términos psicológicos, se manifiesta en forma de piedad y comunicación.

En el diseño del hogar, la calidez es una invitación para los sentidos. Es el «encanto» de un espacio y todo lo que contiene. La calidez genera habitaciones bonitas y llenas de objetos maravillosos. Hogares hospitalarios llenos de cariño. La calidez es profundamente íntima y, al mismo tiempo, visible. El placer y la diversión van acompañados de la pasión. Según la tradición tibetana, el animal que la representa es el pájaro *garuda* rojo. Sus cualidades también aparecen en perros fieles, monos juguetones, gacelas elegantes y aves del amor. En China, en el ave fénix, asociado con el fuego. (Inclúyelos en el diseño de la casa.)

Los lugares propios de la calidez son la puerta principal/el vestíbulo –que nos invitan a entrar en el espacio–, las salas de estar, el rincón de la chimenea y otros lugares íntimos. Fuera de casa, podemos encontrarla en los cafés, los locales sociales, teatros y otras salas de espectáculos.

Los excesos no son buenos

La calidez excesiva es empalagosa y da lugar a la avaricia. La pasión descontrolada surge de la necesidad y de la estrechez de miras. Llevada al extremo es adictiva y se acerca más al hipnotismo que al magnetismo. La calidez se vuelve febril. El juego se convierte en frívolo y permisivo. La seducción se torna apariencia. El agradable movimiento ondulante del fuego se transforma en una montaña rusa de vertiginosos ascensos y descensos. En el diseño del hogar, el entorno se hace «pesado» –demasiado cargado, demasiado llamativo– y falso. El exceso de calidez en el hogar resulta demasiado meloso, «cursi» e incluso ordinario. La calidez excesiva absorbe los sentidos, los embriaga y acaba por dormirnos. A continuación, estudiaremos cómo puede expresarse la calidez de forma juiciosa en el diseño del hogar.

Llevar la calidez al hogar

Si la calidez fuera una tela sería una gasa de color rosa, una cretona floreada o una suave manta roja. Si fuese un estilo decorativo sería un estilo «hogareño» (una casita vestida de rosales), íntimo (como un tocador) o divertido (como el mobiliario de los cincuenta). La calidez es una habitación llena de instrumentos musicales, una jarra de vino y un grupo de amigos junto al fuego. O unos amantes a la luz de una vela. La calidez es una función del fuego, como la luz de la vela, la electricidad o la magia del color. Para crear calidez, opta por las peonías rojas en lugar de orquídeas blancas. Pon pinturas provocativas en vez de motivos arquitectónicos. Pon mecedoras de madera en lugar de las prácticas sillas plegables. Y cambia la cocina eléctrica por una de gas, ¡para poder cocinar con el fuego!

– Recoge en tu cuaderno ejemplos de calidez arquitectónica de varias culturas. Incluye retales de telas.

- Reúne ejemplos visuales y literarios del elemento natural de la calidez: el fuego. ¿Cómo está representada en el arte, la arquitectura y el diseño de interiores?
- Incluye muestras de colores. El color es la «esfera» o atmósfera de cada una de las energías. El rojo –y todas sus cálidas manifestaciones– es el color de la calidez. Búscalo allá donde vayas: en el diseño, en la vida diaria y, especialmente, en la naturaleza. Observa los insectos, aves, animales y plantas, así como el suelo y las tonalidades rojizas de la luz natural.

Percibimos la calidez por medio de todos nuestros sentidos. Con ellos podemos dar calidez a nuestro entorno.

La vista

La calidez está en todo aquello que llama nuestra atención (como los colores intensos, especialmente el rojo). Sabe alimentar nuestro corazón (como las fotografías de personas y lugares queridos). Está en todo lo que nos da placer mirar o impresiona nuestros ojos (como un campo lleno de flores silvestres, una puesta de sol o un arco iris). Tiene magnetismo igual que el fuego (o un sillón forrado de terciopelo rojo). Nos hace sonreír (igual que un dibujo hecho por un niño, una tetera con forma de rana o una colcha de *La guerra de las galaxias*). Es provocativo –tan pronto la percibimos, desaparece– como una enagua de encaje que asoma por debajo de un vestido. Como el perfume, es la esencia de la elegancia. La calidez se manifiesta a través de los colores, las obras de arte, la artesanía y la decoración atractiva. Las flores sintetizan la energía de la calidez con su colorido, belleza y fragancias.

- Busca la calidez en determinados colores, objetos y rincones de tu hogar. ¿Qué te inspiran esos objetos? ¿Crees que al entorno le falta o le sobra calidez?

El oído

La calidez se asocia especialmente con el oído y con las ondas de energía medio llenas o medio vacías que percibimos en forma de sonido. Todos los sonidos son, en realidad, una forma de comunicación o de «habla». (La música es el «lenguaje» universal.) Los sonidos cálidos cautivan tanto nuestro cuerpo como nuestra mente y alma. Como si fuera una flauta solitaria, los sonidos cálidos nos embelesan. Para distraernos nos cuentan historias, cultivan nuestra admiración y nos hacen reír. La calidez es melodía, poesía, comedia y, en general, comunicación. La calidez está en el barullo de los niños que juegan, la gente que ríe o los granos de maíz que se abren en forma de palomitas.

– Si la hospitalidad fuera un sonido, ¿cuál sería? ¿Qué sonidos de tu hogar abren el corazón? ¿Qué significado tienen para ti? ¿Con qué música los compararías?

El olfato

Los olores cálidos nos deleitan, nos sugieren y, a veces, embriagan (como el aroma de una beldad, que pasa de largo o el olor del incienso). Los aromas cálidos crean ambiente y despiertan el recuerdo (como la dulzura de las flores primaverales, las bolsitas con lavanda o los estimulantes aromas del humo de la leña o del café recién hecho).

– Toma nota de los aromas seductores y agradables que hay en tu hogar. Sigue el hilo que los lleva hasta tu corazón. Escribe un poema y comienza cada verso con un aroma, continúa con una asociación y termina con el significado que tiene esa fragancia en tu vida.

El gusto

La calidez es el sabor del deseo –menos nutritivo que placentero–, seductor y diabólicamente delicioso. Es como una *mousse* de chocolate, un buen vino, los postres y los dulces, en general (no como los medicamentos o alimentos «saludables»). En el diseño es el gusto por la delicadeza, por los estilos recreativos, confortables, elegantes o divertidos. (No hay que cometer el error de trivializar la calidez como si fuera un elemento demasiado «femenino» o frívolo; su energía es poderosa e indispensable para la vida.)

– ¿Qué muebles y complementos escogerías para crear calidez? ¿Qué aspecto tuvo la calidez en otros tiempos y en otros lugares? Toma muestras de interiores.

El tacto

La calidez es agradable al tacto. Está en los pliegues de suave muaré, en los edredones de plumas y en la acogedora simplicidad del algodón y el hilo. La hallamos en un lujoso sillón de piel y en una otomana, en las temperaturas agradables (más en la suavidad de un ventilador que en el frío del aire acondicionado; en el calor del fuego más que en el aire seco de la calefacción). La calidez es el contacto diario con los seres humanos y los animales. Las sensaciones del amor físico son calidez.

— Busca en tu hogar los objetos placenteros al tacto. ¿Te produce sensación agradable el contacto con el despacho, la cocina, los muebles de la sala de estar, la iluminación y el resto de los accesorios?

La mente

En una mente cálida hay cariño e interés sincero por los demás. Alienta las confidencias, los relatos con pelos y señales de aventuras románticas. La mente cálida es abierta (como una flor), benévola (como el buen tiempo), juguetona y dispuesta a la diversión. Una mente cálida es curiosa y agradecida (no desprecia). Le encanta comunicarse y expresarse a través de la poesía, la música, las canciones, la danza, la moda y los gestos seductores.

— Piensa en tus sentimientos de anhelo, amor y agradecimiento. Elige uno de esos tres sentimientos y exprésalo a través de un sentido que normalmente no utilices como «puerta al exterior». (Si, por ejemplo, eres escritor, exteriorízalo visualmente.) Si te expresas normalmente a través del interiorismo y la moda (vista), transmite ese sentimiento mediante sonidos, sabores o texturas.

Hay seis maneras básicas de dar calor al hogar. En los próximos capítulos veremos cómo pueden aplicarse al diseño.

La finalidad de la vida es apreciarla. Es insensatez no apreciar las cosas, y es insensato tener demasiadas si no las aprecias tanto como merecen.
—G. K. Chesterton

32
Color

¡El color es una de las manifestaciones más bellas de la calidez! El color surge de la claridad de la luz y a ella regresa. En muchas culturas, los colores se relacionan con determinadas deidades o con energías sutiles que irradian las cualidades de la sabiduría, de la misma manera que el sol irradia rayos de luz. En cualquier caso, el color –vinculado a la luminosidad, el fuego y la pasión– está íntimamente ligado a nuestra vida física y emocional.

El color y las emociones

Las «asociaciones» emocionales con los colores tienen origen fundamentalmente en nuestra percepción de la naturaleza: el sol es amarillo (y cálido); la luna y las nubes son blancas (frías); el fuego y las rosas son rojas como la sangre (cálidos); el agua y el cielo son azules (fríos); etcétera. Todas estas realidades quedan reflejadas en el diseño.

Los techos, por ejemplo –que en todo el mundo se asocian al cielo– se pintan con frecuencia en azul y blanco (las nubes) y en dorado (el sol). Los uniformes azules (que son muy comunes en los policías de todo el mundo) denotan autoridad y superioridad. Sin embargo, el frío color azul carece del calor y la pasión del rojo. Ése es el origen de la palabra *blues* (en inglés, «azul» y «tristeza»), que designa el estado de ánimo de la persona solitaria o de la que ha sufrido un desengaño amoroso. (¡Un frío color azul en las paredes del dormitorio podría tener consecuencias desastrosas para tu vida amorosa!)

El verde es el color de los brotes tiernos, que luchan por hacerse un lugar al sol. Un semáforo en verde nos indica que tenemos que ponernos en movimiento. Estamos «verdes» cuando somos nuevos o recién llegados a una disciplina. A veces nos sentimos «verdes de envidia».

El amarillo es el color del sol, fuente de abundancia. A menudo, se emplea para referirse a los alimentos, la fertilidad, la realeza y la potencia.

El rojo, color de la calidez

El rojo, color de la sangre, es el color del amor, el fuego y la calidez. Al igual que el fuego, el rojo es un color con magnetismo: caliente y provocativo. Está vinculado a nuestro apetito y a la digestión (un proceso «de cocina») y es útil en el campo de la alimentación, contrariamente a lo que ocurre con colores neutros como el gris o el beis, mortales para un restaurante. En el puente de la Golden Gate –que es rojo– es fácil comprobar que ese color transmite una poderosa y sugerente sensación. Los adolescentes y los jóvenes están en la etapa «roja» o floreciente de la vida. El rojo detiene la mente. Un semáforo en rojo indica que hay que parar. El color rojo nos dice «despierta», «presta atención». Por eso se emplea para advertir el peligro. (¡Imagina qué ocurriría si las banderas de peligro fueran amarillas o violetas!) Cuando el rojo está fuera de control es un tono manipulador que manifiesta «quiero y necesito» y se expresa en términos de codicia y opresión.

El color y los cinco tipos de energía

El color vibra con los poderes y las bendiciones de las cuatro direcciones, y con el espacio central. Cada color es expresivo a su manera. Todos los colores hablan a las emociones, al intelecto, a los sistemas endocrinos, órganos vitales y energías externas, así como a los recuerdos y a las proyecciones. (Si pudiéramos saber el color favorito de

Azul (blanco)	Amarillo	Rojo	Verde	Blanco (azul)
Frío	Caliente	Caliente	Frío	Todos los colores (luz)
Claridad	Riqueza	Calidez	Energía	Espacio
Este	Sur	Oeste	Norte	Centro
Agua	Tierra	Fuego	Viento	Vacío
Invierno	Otoño	Verano	Primavera	Atemporal
Círculo	Cuadrado	Semicírculo	Triángulo	Informe
Tranquilizador	Enriquecedor	Atrayente	Destructor	(Espíritu abierto)

nuestros antepasados, aprenderíamos mucho del legado familiar.)

Tengo una colección de gafas de colores que utilicé en seminarios, durante los cuales pasamos largos ratos contemplando el mundo a través de lentes azules, amarillas, rojas, verdes y blancas, prestando atención al modo en que su energía nos afectaba. (Las bombillas de colores y las diapositivas de campos de colores sólidos producen efectos similares.) Cuando nos quitábamos las gafas, pasábamos entre quince y veinte minutos «deambulando sin rumbo» y comprobando cómo podía una energía particular afectar nuestra manera de percibir el mundo.

– Con o sin gafas de colores, intenta dedicar una hora (o un día) a cada color. Concéntrate en él, siéntelo y observa cómo se manifiesta en el mundo. Cuando uno se concentra en un color, ¡lo ve por todas partes! Vístete de blanco, azul, amarillo, rojo o verde y analiza cómo te sientes con cada uno de esos colores. Anota tus impresiones. Escribe un poema. Explora esa cualidad energética en tu hogar. Y también en otros lugares.

Los colores de la naturaleza

Las combinaciones de colores más mágicas y agradables son las inspiradas por la naturaleza. El infinito abanico de colores de la naturaleza irradia las cinco energías y todas sus variaciones. Cada color luce su propio «tema» y vibra en determinado plano físico, emocional y espiritual. (¡Los urbanistas no son una excepción! La ciudad también es un lugar maravilloso para estudiar los colores de la naturaleza.) Descubre qué energías naturales dominan el paisaje: las del cielo o las de la tierra. Estudia las combinaciones de colores que se dan en las plantas, animales y aves (incluye también los colores de fondo, no sólo los colores protagonistas). Traslada ese abanico de colores al diseño del hogar.

A continuación veremos un simple ejemplo de cómo hacer un inventario de colores urbanos. Cada uno puede hacer sus particulares variaciones.

Tierra. Hormigón, gris carbón, negro (en el sendero del parque o en el asfalto).

Agua. Plateado (en la lluvia).

Fuego. Colores cálidos o fluorescentes en pequeñas dosis (en la puesta de sol, en el crepitar de las luces de neón, una forma de fuego).

Viento. Diseños con líneas en diversas direcciones multicolores o monocromos (para las formas de vida que fluyen aceleradamente).

— Diseña una habitación a partir de los colores del ave (también puedes utilizar un paisaje o planta) que encuentres más interesante.
— Invoca las energías del sol y de la luna introduciendo oro y plata. Hay complementos metálicos plateados que son muy luminosos y no resultan demasiado caros. Lo mismo puede decirse de los chapados en oro y plata. Los complementos de latón (soportes para plantas, aldabas y candelabros) si se conservan adecuadamente, brillan como el sol. Utiliza dorados y plateados para honrar al sol y a la luna en el interior de tu hogar. (Para más información sobre los colores y las estaciones, puede consultarse el siguiente apartado «Colores cálidos y colores fríos».)
— Observa la armonía de las combinaciones de colores que se producen en la naturaleza y evócala en tus diseños. Utiliza los colores de la tierra para el suelo: están hechos para caminar sobre ellos. Los suelos blancos y beis son una guerra constante. (Rara vez encontraremos el color blanco en el suelo, salvo en la piedra.) Los suelos de piedra blanca son muy adecuados para cierto tipo de lugares. Los suelos de piedra, arcilla y baldosas de cualquier color son «frescos» y resultan muy apropiados para climas cálidos.

Los colores de la pintura

Los colores y propiedades de la luz natural cambian constantemente a medida que avanzan las horas del día. Sin embargo, las paredes pintadas con pinturas de colores brillantes —rojos, azules, verdes o violetas intensos— son muy constantes. Por esa razón hay que descartar esos colores: son tan fuertes que enseguida exigen un descanso. Pero, hay que tener en cuenta que pintar las paredes de colores fuertes puede ser una muy buena opción para restablecer el equilibrio entre muebles descomunales y techos demasiado altos, así como para dar entidad a una habitación muy pequeña siempre y cuando se justifique.

Colores cálidos y colores fríos

Todos y cada uno de los colores superan en calidez al blanco y al negro. Partiendo de esta premisa, haremos un repaso general de la calidez, el frío y la neutralidad de los colores más habituales.

Los desequilibrios de color (excesos de calor/frío) en una casa suelen reflejarse en la vida de sus moradores. Es importante prestar atención a los colores dominantes y a los que están ausentes en la casa. Piensa en sus elementos, energías y asociaciones.

— Los colores de las zonas principales (cocina, comedor, dormitorio, despacho) ¿refuerzan las actividades que se desarrollan en ellas? ¿Están en equilibrio con otras energías? Analiza, por ejemplo tu estudio (un entorno «frío», mental): ¿goza del equilibrio de los colores cálidos (rojos, dorados, materiales naturales)? Anota tus sensaciones sobre los colores de tu hogar.
— El color de la iluminación interior ¿es cálido (rosa/amarillo), frío (azul/violeta) o neutro (simulación de luz solar o focos de luz muy intensa)?
— Repite el ejercicio anterior con los colores del armario. Dirige tu atención a los colores de la ropa (y piensa en cuándo y por qué te pones cada prenda). Cuando nos sentimos apagados o cuando el tiempo es gris, una chaqueta o bufanda rojas pueden levantar nuestro espíritu y el de quienes nos rodean.

Los colores de las estaciones

Los colores cálidos y fríos están directamente relacionados con las estaciones y la «temperatura» ambiental. Los colores de los ciclos naturales alternan el frío y el calor: se empieza por el frío al principio de cada ciclo (verde pálido en primavera, rosa/azul pastel para bebés) hasta llegar a los colores cálidos del verano y el otoño (rojos intensos, amarillos, dorados), para finalizar de nuevo con los colores fríos (azules/blancos/negros del invierno). De estos colores básicos surgen las tonalidades secundarias.

Colores cálidos	*Colores fríos*	*Colores neutros*
rojo (oeste, primavera, fuego)	azul (este, invierno, agua)	blanco/claros (centro)
amarillo (sur, otoño, tierra)	verde (norte, verano, viento)	

– Para equilibrar los ciclos de la vida reviste las habitaciones de los niños y los ancianos de colores templados (no demasiado cálidos o fluorescentes). Para equilibrar la energía cálida de los adolescentes utiliza colores más frescos y mentales (azules, verdes, violetas), especialmente en las habitaciones donde estudian. (Más información en «Referencias y lecturas recomendadas».)

Los colores fríos vinculados al agua (azul, blanco) y el viento (verde) son especialmente refrescantes durante los días calurosos. Equilibra las temperaturas frías con colores cálidos, asociados a la tierra (amarillos, dorados, marrón/ negro) y al fuego (rojos, naranjas).

– Honra la rigidez de los colores del invierno (blanco/negro, plateado, azules fríos y violetas) pero, como la naturaleza, equilíbralos con la calidez de rojos intensos, naranjas profundos y amarillos. Utiliza oro y materiales naturales (arcilla, madera, ramas de pino) para dar calidez a tu hogar. Exhíbelos en forma de obras de arte, adornos florales y otros complementos decorativos.
– Celebra el verano con colores cálidos y alegres (equilibrados con el frío del blanco y la rigidez del negro o del azul marino). Refréscate con azules, verdes y la suavidad de los tonos neutros o pastel.

Los tonos extremados de los colores fríos/cálidos pueden equilibrarse con importantes dosis de espacio (y viceversa): una pintura «cálida», por ejemplo, encaja muy bien en una gran pared blanca. Una habitación neutra cobra vida con unos cuantos cojines de color naranja o con una alfombra lanosa ribeteada de rojo. Conozco alguien que equilibró instintivamente un abrumador verano en Los Ángeles pintando su apartamento con varios tonos de azul y blanco.

Precisamente, el estilo propio de Los Ángeles es un buen ejemplo de equilibrio visual. Los Ángeles (ciudad cálida y heterogénea) fue la cuna de un estilo caracterizado por el uso de colores muy cálidos y extravagantes, combinados —eso sí— con líneas y formas muy frías, rematadas con perfiles muy duros.

Mezclar los colores
Los colores complementarios se oponen entre sí en el espectro del color. Si los mezclamos, obtenemos un color apagado. Si los ponemos uno junto al otro, se intensifican

entre sí. Si tienen «la misma» intensidad, vibran o «chirrían» al encontrarse.

La mezcla de colores cálidos y fríos puede amenazar el equilibrio de temperaturas: el rojo (cálido) con un poco de azul (frío) es más frío que el rojo con el amarillo. (Opta por esta combinación para ocasiones más formales. O bien resérvala para la edad madura.) Los fríos azules y verdes pueden caldearse con rojos o amarillos que dan lugar al violeta o al turquesa. El rojo mezclado con un amarillo intenso produce una combinación cálida que puede llegar a «caliente».

– Si buscamos menor intensidad y más sensación de espacio podemos mezclar el blanco con cualquier otro color.

Instalaciones de colores

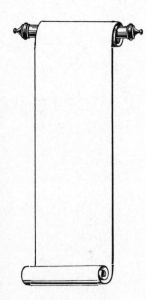

No es necesario volver a pintar todo el apartamento o toda la casa para trabajar con el color de un espacio. Se puede optar por colgar paneles de tela o papel pintado (son fácilmente intercambiables). Es una solución simple y económica para canalizar la energía de un color en particular. Intensifica el campo del color con una composición floral cuya energía sea compatible; o bien con un objeto artístico o una pintura para cambiar el «tono» de un espacio.

Luz de color

Todos los materiales translúcidos (el cristal, el papel o los tejidos transparentes) son mágicos porque difuminan su color en forma de luz. Las vidrieras de colores son un ejemplo especialmente bello de colorido y luminosidad. No tiene por qué ser caro ni tiene que seguir determinada moda (si no puedes permitirte comprar vidrieras de colores, puedes simularlas utilizando otros materiales). Procura utilizar las luces de colores con prudencia y sutileza para no crear determinado «estado de ánimo» en la habitación.

– Cuelga o apoya una vidriera de colores sobre una ventana bien iluminada o utilízala para esconder una lámpara poco atractiva. También puedes conseguir un efecto similar con cuadrados de pintura acrílica o con papel de celofán de colores cortado a medida. Prueba en una ventana una lámina de cada color durante un día y observa cómo afecta al espacio. Las láminas de acrílico pueden instalarse sobre los vanos de las ventanas (enci-

ma de la superficie de cristal) con pequeñas calzas metálicas, de los que se ponen detrás de los marcos para fi-
jarlos a la pared.
- Adquiere paneles, bandejas, vasos de cristal, jabones y
cortinas de baño translúcidos de distintos colores. Su
precio es bastante asequible para experimentar y diver-
tirse con ellos.
- Utiliza luces de colores, sombras y farolas para lograr
efectos especiales. (Sin embargo, es conveniente que las
pantallas de las lámparas de uso diario emanen luz clara e incolora.) Se puede suavizar la luz con marfil, con
sombras de nácar rosa o hacerla más intensa con blanco luminoso.

Interpretación del color

El color es una forma de comunicación poderosa y significativa en todo el mundo. Las distintas interpretaciones
culturales del color reflejan tanto la universalidad como
las diferencias, que se dan en los humanos al experimentar
la realidad. Las distinciones entre colores «masculinos/fe-
meninos» o «yin/yang» también difieren. En cambio, es
universal la importancia dada al equilibrio entre sus energías complementarias. No hay pautas fijas para interpretar
los colores. Su significado depende de factores culturales,
espirituales y personales, aspectos que a menudo se entre-
mezclan.

Los europeos relacionan el color con el fuego y la vida;
su ausencia (el negro) con la oscuridad y la muerte. En
cambio, para la tradición japonesa zen, el negro representa la riqueza de todos los colores y encarna la colectividad
y la liberación. Para los chinos y los tibetanos, el negro representa el agua o la tierra y la riqueza. En otras tradiciones se cree que el negro absorbe la luz y atrae lo negativo.
En Occidente, el negro es símbolo de luto.

El blanco, color de la pureza en Occidente, es el color
de los trajes de novia, lo mismo que la decoración, las velas y los adornos florales de una boda. En China, el blanco
es el color de la muerte y del luto (mientras el rojo, utilizado en las ceremonias nupciales, es el color de la alegría).
Para la cultura yoruba africana, el blanco es símbolo de la
pureza y la realeza (sus túnicas y ornamentos para la cabeza están decorados con brillantes incrustaciones de conchas blancas), mientras que el azul/añil y el verde son

símbolos de «frialdad» de carácter y signo de piedad.[1] En la tradición artística y arquitectónica china, el verde aparece como signo de longevidad, el azul es el color del cielo y la veneración; el amarillo, el violeta y el dorado (utilizados antiguamente en túnicas, mantas y decoración) son los colores de la realeza.

— Para utilizar el lenguaje de los colores con acierto, presta atención a las diferencias culturales («Adonde fueres, haz lo que vieres»).

El color es el lenguaje de la pasión, el placer y el juego. A continuación veremos cómo podemos trasladar su energía al diseño del hogar.

33

La pasión, el placer y el juego

La pasión es la energía del amor que, en buena parte, es deseo. El dolor y el placer producidos por el amor enternecen nuestro corazón y nos hacen más humanos; nos ayudan a abrirnos a las energías del cielo, la tierra y las demás personas. No subestimes las múltiples formas que puede adoptar el amor tanto en tu vida como en tu hogar.

- Expresa el amor en toda la casa con pequeños detalles. No te olvides de ninguna habitación (cuelga un saquito aromático en tu ropero).

La pasión

La pasión es seductora. La diferencia entre «invitar» y «seducir» la encontramos en su etimología latina: originalmente, la palabra «seducir» significaba «hechizar o engañar». La seducción desvía hacia el deseo y conduce a la embriaguez de los sentidos. Su color es el rojo, relacionado con el «calor» y la danza provocativa del fuego. La seducción en sí misma satisface el deseo.

El misterio
El misterio es el flautista de Hamelín de la seducción. La seducción se sustenta básicamente en lo desconocido, que nos atormenta y nos hace seguir adelante, tratando de adivinar lo que no vemos. En lugar de una visión completa, es como una mirada rápida; una insinuación, en lugar de una afirmación a plena voz. (Los románticos quimonos japoneses son prendas «frías» en apariencia, pero sus dibujos de color escarlata se tornan insinuantes en el cuello y las mangas.) El misterio cobra fuerza con el distanciamiento y la reserva. Es exactamente lo contrario de la familiaridad y la «revelación completa». El misterio está al servicio de la pasión.

Dormitorios seductores

Los dormitorios satisfacen fundamentalmente dos objetivos: el sueño y el sexo. Sin embargo, es necesario que sean estancias flexibles, dado que en ellas pasamos más horas durmiendo y renovándonos que haciendo el amor. (En otras palabras: no es una buena idea diseñar el dormitorio como un templo de pasión y pintarlo de rojo.)

La primera regla que impone la seducción es: ¡la seducción es algo «especial», fuera de lo normal! Los colores demasiado llamativos pierden efecto con el uso diario. Es preferible crear inicialmente un dormitorio apacible y relajante (véase la III parte, que lleva por título «Claridad»), para después adornarlo con «motivos especiales».

– Utiliza complementos románticos en ocasiones especiales: colchas y sábanas vistosas, o un chal sobre el sillón. Cuelga de la pared una tela efectista para formar dosel alrededor de la cama. Busca estampados románticos, de tu cultura o de otras. Recoge algunas muestras en tu cuaderno.
– Guarda los complementos especiales en lugares especiales: un cofre de cedro, un baúl o una estantería.
– Recurre a todos los sentidos para transmitir mensajes seductores. En ocasiones especiales, puedes cubrir la cama con un rico y cálido terciopelo (tacto) con ribetes de colores sensuales.
– Puedes impregnar la habitación con la fragancia de aceites aromáticos (olfato). Perfuma tu cuerpo con ellos o echa unas gotitas en las bombillas y en la bañera. Pon flores frescas en un jarrón. Enciende velas perfumadas e inciensos. (En Japón, el arte y la ciencia del incienso dieron lugar a un ritual muy similar al de la ceremonia sajona del té.)
– Escoge tonos cálidos, especialmente rojos y colores excitantes (si vives en un clima tropical, tal vez los colores fríos resulten más seductores).
– Presta atención a la iluminación. Las bombillas rosa pálido en el dormitorio embellecen la tonalidad de la piel –cualquiera sea su color– a diferencia de las luces de colores intensos. Cubre la lámpara con un *foulard* exótico

(vigila que no se queme). Enciende velas (en recipientes adecuados) o difumina la luz del techo con un pañuelo grande o una pantalla de papel.

- No te envuelvas en telas sintéticas para seducir. Las sábanas de raso son muy exóticas, pero si son sintéticas, no resulta nada agradable dormir en ellas (lo mismo ocurre con la ropa interior «sexy»). El algodón fino o la seda son mucho más sensuales. El tacto de las sábanas de algodón es más fresco y agradable. Las mantas de franela roja transmiten sencillez y placer visual.

- Evita el uso de espejos para «encender la pasión». Su ubicación en techos o en paredes frente a la cama hará la experiencia sexual más objetiva y, por lo tanto, irá en detrimento de la sensualidad.

- Cierra todas las puertas del dormitorio, incluidas las de los armarios y el baño, de modo que la energía de la seducción no se disipe ni se extravíe.

El placer

El calor otorga placer a tu hogar. El placer es como la guinda del pastel: va más allá de la comodidad (¡se puede estar muy cómodo y no sentir alegría en el corazón!) y de la mera funcionalidad. El placer es el sentido del humor, la sorpresa, el deleite y, sobre todo, la belleza.

El placer está en las grandes velas dentro de globos de cristal, en las baldosas pintadas a mano, en las enormes toallas de baño, en una buena colección de música o en un animal doméstico. Los trabajos manuales útiles –lámparas/pantallas, telas, cerámica, vidrieras o cristales soplados– son placeres diarios y a la vez, obras de arte.

- Haz a tu hogar regalos especiales de forma regular. No necesitas comprar nada: bastará con unas flores del jardín, un cambio de decoración, un intercambio de piezas artesanales con un amigo o una profunda limpieza al llegar la primavera. Trabaja con las cinco energías y con todos los sentidos. No hace falta gastar mucho dinero para hacer de tu hogar un centro de celebración permanente.

El placer es un estilo personal
Los placeres personales son aquellos que nunca dejan de deleitarnos. Entre ellos están el arte, el diseño y la decoración. Son las semillas de nuestro estilo personal. Una lista

de placeres personales de cualquier individuo podría ser: el sol de primera hora, la luna creciente, la fauna, las fresas silvestres, las novelas de intriga y los crucigramas. Si incorporamos esta lista al diseño del hogar, el resultado sería, más o menos, el siguiente:

- Un rincón para desayunar frente a una ventana orientada al este.
- Un cabezal de cama con una luna creciente pintada o esculpida.
- Un juego de té hermosamente pintado.
- Una manta de color frambuesa en el sillón favorito.
- Un enorme póster enmarcado con la carátula de una película basada en un libro de Agatha Christie.
- La ampliación de un crucigrama resuelto con éxito, montado en un sencillo marco de cristal y colgado en el estudio o sobre la mesita del teléfono.

– Haz una lista de placeres personales y anótala en tu cuaderno. Te ayudará a ser más consciente de ellos y a localizarlos en tu entorno y en el diseño.
– Decide cuál es tu cuadro favorito (fotografía, poema o mito). Obsérvalo con detenimiento e imagínatelo (sus colores, texturas y el estilo de energía) en forma de habitación. No tengas miedo de añadir toques de dramatismo y seriedad a la decoración.
– Piensa en cuáles son tus aromas favoritos. Infórmate acerca del «poder de las flores» y de las correspondencias físicas, emotivas y mitológicas de las plantas y las flores. Pon en tus cajones del ropero saquitos con tu fragancia favorita.

Encontrar tu estilo personal será como elegir una superficie donde pintar. Una vez localizado, debes trasladar las energías ambientales a la superficie elegida.

El juego

El juego es una forma alegre que adopta la pasión. Es sedante y seductor, igual que las personas con ganas de jugar. Es un factor que aporta sorpresa, espontaneidad y creatividad a nuestra vida. El juego tiene la capacidad de informar, curar, ampliar nuestros horizontes, aumentar nuestra energía, darnos felicidad y hacernos despertar.

El juego es, básicamente, un modo de estar en el mundo. Nos dice: «Yo estoy aquí y tú ahí. Ven aquí y divirtámonos juntos». No es que todo sea «divertido» pero sí que uno puede reírse de todo.

La arquitectura también puede ser juguetona y romántica: a las casas victorianas, por ejemplo, se las llamaba «señoras» y las adornaban con «collares» de «encaje de carpintero». La moldura de encaje colado –que el invento de la sierra de aguja hizo posible– nació del puro placer inventivo. El juego es el «ábrete sésamo» de la creatividad.

– No tengas miedo de que el capricho, el delirio y las rarezas entren en tu hogar. No existen reglas: ¡las cosas divertidas se cuelan en tu vida cuando estás «iluminado»! Para bajar los techos del apartamento de un artista amigo mío hicimos una cenefa con las historietas de periódicos dominicales. Las recortamos, las colocamos con espíritu travieso y las sellamos en acrílico mate.

34

Hospitalidad

Ser hospitalario significa «cuidar de los invitados» (la palabra tiene el mismo origen que «hospital» y «hospicio»). En las culturas más antiguas se trata a los invitados como si fueran deidades. Las personas que viven más allá de las paredes de la casa reciben toda clase de honores y sus necesidades se anteponen a las del anfitrión.

El hecho de atender a los demás renunciando a las propias necesidades es un acto de desprendimiento (en tibetano, *tonglen*) que nos devuelve a nuestro estado natural. La hospitalidad permite que nos pongamos en el lugar de los demás. Todos los hábitos culturales relacionados con la hospitalidad –hayan surgido del miedo y la aversión o del amor y la piedad– buscan devolver la integridad de uno mismo y del «otro». La base de la hospitalidad es la empatía (ponerse en la piel del «otro»).

La hospitalidad es un antídoto contra el abatimiento y la indiferencia. Considérate también un invitado en tu hogar. Si eres hospitalario contigo mismo sabrás serlo con los demás. Si tu hogar te proporciona alegría de corazón, también alegrará el de los demás. Si no te alegra a ti, no podrá alegrar a nadie.

– Trátate a ti mismo y a los que viven contigo como si fuerais invitados de honor. Preocúpate de igual manera por su confort y acomodo.

La hospitalidad es invitar

El año pasado murió una joven amiga mía de cáncer de pecho. El funeral budista se celebró en la escuela cuáquera donde había sido maestra, y al sepelio acudieron cientos de personas pertenecientes a ambas tradiciones. Entre ellas se encontraba el novio adolescente de su hija, quien –tras la larga y sobrecogedora efusión de elogios– se levantó con timidez y consiguió atraer la atención de todos, diciendo simplemente: «Siempre me invitó a entrar en casa». Nos explicó que, a pesar de su timidez, mi amiga siempre le hacía sentirse bienvenido. Su actitud lo había impresionado profundamente. Tras aquellas palabras no quedaba nada por decir.

- Invita a personas –familiares, vecinos, amigos o a tus hijos– a ir a tu casa para tomar una taza de té, un tentempié o cenar. ¿Qué comidas y bebidas escogerás para deleitar, seducir o complacer a tus invitados? (¿Cómo se expresa la hospitalidad, la pasión o la armonía en las artes culinarias de otras culturas?)
- Invita a un miembro de la familia a compartir un rato junto al fuego (prepara el té y dispón varias mantas al alcance de las manos).
- Fíjate en el asombroso modo en el que responden todos tus sentidos ante sabores, sonidos y aromas que invitan a disfrutarlos. (¡En eso consiste precisamente el atrayente poder de la calidez!)
- Visualiza la hospitalidad (celebraciones festivas, cenas o fiestas de bienvenida) traducida al diseño del hogar. Infórmate sobre formas de hospitalidad de otras culturas y otros tiempos. ¿Cómo se manifiesta? Apunta en tu cuaderno ideas para inspirarte.

La hospitalidad comienza en la puerta de entrada y en el recibidor de nuestra casa.

Puertas de entrada que invitan

En la cara de tu casa, las ventanas son los ojos y la nariz. Si seguimos con esta imagen, la puerta principal es la «boca». Si deseas que la vida se abra camino hasta tu puerta, ¡haz que esa puerta sea atractiva!

- Mantén limpio el sendero de entrada y asegúrate de que esté bien iluminado. Unas cuantas plantas (que no estén marchitas, manchadas ni tristonas) ayudarán a hacer el camino más atractivo. Planta arbustos con flores aromáticas alrededor de la casa (evita ponerlas justo ante la puerta de entrada si no quieres tener enjambres de abejas por invitados). Si vives en un apartamento asegúrate de que las luces de la entrada estén perfectamente relucientes.

- Si la entrada está oculta o arrinconada, alégrala con colores vivos, adornos atractivos y mucha luz. Un espejo puede servir para crear ilusión de espacio y luz (de modo que, en lugar de repeler, atraiga a los invitados).
- Pinta la «boca» de la casa. El rojo (como el color de los labios) transmite un mensaje de invitación muy convincente. Puedes poner plantas y arbustos rojos cerca de la entrada. Aunque el rojo es el color más atrayente, cualquier color fresco y vibrante surtirá un efecto parecido. (Nos ocuparemos del color más adelante en este mismo capítulo.)
- Si tu puerta es de madera natural o de estilo rústico, asegúrate de que esté en buen estado.
- Engrasa bien las bisagras de la puerta de modo que no chirríen. (El sonido de una puerta o de junturas que chirrían es irritante.) Mantén en condiciones la cerradura y bisagras para que la puerta se abra con suavidad. Entrar en casa no debe ser una hazaña. El felpudo de la entrada debe ser igual de bonito que la puerta nueva (y tan ancho como ésta). Compra otro si el que tienes está muy gastado. El felpudo es el mensaje diario que el dueño de casa transmite al mundo.
- Desde los más corrientes hasta los más elaborados, cada elemento de la puerta y la entrada de casa cuenta con una rica tradición y posee un rico caudal de significados. Búscalos no sólo en tu entorno cultural sino en otras tradiciones.

Latón y pan de oro

Puedes hacer un «*lifting* facial» a la casa con el latón y el pan de oro: en el picaporte de una majestuosa puerta de estilo francés, en una aldaba, en una placa. Tal vez con faroles de carruajes de vidrio y metal que dan luz intensa.

En nuestra casa doramos el frontón de la puerta para que se reflejaran los «rayos» del sol naciente. (Si deseas saber más sobre los lacados de metal, consulta la parte IV.)

Deidades en la puerta

Se suele adornar la puerta de entrada con símbolos para atraer las energías positivas, a veces protegidos con fanales que mantienen alejadas a las negativas. En Bali, cuelgan una casita en miniatura cerca de la puerta de entrada para invitar a los espíritus a reunirse en su propio recinto (donde se hacen ofrendas diarias). En China, la puerta principal está tradicionalmente protegida por estatuas de leones

Este panel de madera procedente de Ghana incluye dibujos de peces a modo de buen augurio.

o tambores, y se esconden o incorporan objetos mágicos en el dintel. (El tema de la protección se trata con más detalle en la parte IV.)

Puertas ligeras

Cualquier puerta nos invita a entrar en otro espacio. Las puertas ligeras (cortinas de abalorios, cañas o tela) y los biombos proporcionan sensación de accesibilidad al espacio que tienen detrás, además de dar al ambiente velada sensación de misterio. Sin embargo, las puertas tradicionales de bisagras son necesarias por la intimidad y la protección que ofrecen.

– Para obtener una atractiva puerta ligera, puedes sustituir una de las puertas interiores por una cortina.

Recibidores que invitan a entrar

El recibidor es un puente entre el exterior y el interior y, como tal, es el responsable de la primera impresión que recibe el visitante al llegar a la casa. Es lugar concebido para que los invitados descansen y se reagrupen (y no para guardar la bicicleta o el carrito de la compra). El recibidor es ideal para celebrar la energía de las estaciones, dado que es un espacio de transición y cambio. (En la parte VI, titulada «Energía» se tratan con más detalle los espacios «de transición».) Ofrecemos algunas ideas para crear un recibidor atractivo que levante el espíritu de los invitados:

– Utiliza el color, las obras de arte y un estilo personal para crear un recibidor que te defina. Si el espacio lo permite, exprésate mediante una escultura, una inscripción, un cuadro o un adorno floral. Haz que tu recibidor sea tan mágico como funcional.
– Permite que tus invitados se relajen un poco antes de seguir adelante. Pon flores frescas en un jarrón sobre un pedestal o en una cesta colgante. Detrás puedes poner un colorido telón de fondo. Adorna el suelo con una composición de calabazas, conchas o piedras que puedas recoger del entorno.
– Si no dispones de recibidor (o la puerta conduce al huésped a un pasillo), utiliza el techo (con un panel/estandarte o con una iluminación alta) o el suelo (con una alfombra, una baldosa especial o un cambio en el material que reviste el suelo) para crear el espacio de entrada. Sitúa algún mueble, plantas o un biombo para

Composición tradicional japonesa para el Año Nuevo elaborada con decoraciones de pino y papel, concebida para instalar en el vestíbulo.

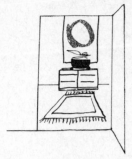

separar la entrada del resto de la vivienda. Cuelga un bonito espejo o un cuadro para crear un ambiente más atrayente.

– Si tu vestíbulo de entrada es largo y lúgubre, ilumínalo adecuadamente y aumenta el atractivo del techo y el suelo. Puedes colgar una «colección» de estandartes, banderines con plegarias estampadas o cortinas. Coloca varias alfombras (dejando espacio entre unas y otras) para que el suelo tenga más de un material. También puedes colocar uno o más espejos para reflejar la luz del vestíbulo.

Entradas de garajes atractivas

Finalmente, si la entrada de tu casa es a través de una puerta interior que da al garaje (como ocurre cada vez más), ráscate el bolsillo y trata esa puerta como entrada principal normal. Los garajes suelen ser bastante lúgubres (especialmente por la oscuridad que los caracteriza). Es cierto que los garajes no tienen por qué estar «embellecidos», pero sí es preferible darles un soplo de inspiración.

– Intenta convertir esa puerta interior en una entrada tan atractiva como la principal. Limpia y pinta el interior del garaje, si es posible, incluidos el suelo y el techo. (Algunos coches dejan viscosas marcas de aceite en el suelo.) Despeja la pared de entrada de juguetes y trastos (cuélgalos de las otras tres paredes que no están a la vista). Pinta la puerta de entrada a la casa con un color claro e ilumínala bien.

Una conocida pintó las paredes de su garaje de un blanco muy luminoso y la puerta de entrada a la casa de rojo enmarcada con motivos geométricos de inspiración india. Otra pareja pintó su garaje de blanco y amarillo, y añadió una puerta en forma de celosía de madera, siguiendo el estilo de su patio ajardinado.

– Dota de comodidad esa entrada interior, con perchas para abrigos y muebles para dejar zapatos y sombreros. Coloca una alfombra que delimite la zona o un felpudo que dé la bienvenida. Pon una mesa bonita cerca de la puerta para dejar los bolsos y paquetes.

– Si vives en un apartamento y debes entrar en casa desde el garaje o el ascensor puedes compensar espacio tan desangelado con un recibidor especialmente acogedor.

La hospitalidad es confortable

La verdadera comodidad puede compararse con los buenos zapatos: cuando nuestro cuerpo y nuestra mente están realmente cómodos, no la notamos. La comodidad está a nuestro servicio; no debe llamar la atención. Una casa pretenciosa y excesivamente decorada no es confortable porque las necesidades de la casa se anteponen a las nuestras.

– Si lo que buscamos es un mayor confort debemos elegir accesorios y materiales naturales agradables, pero no demasiado llamativos. (Una habitación de color rosa fuerte puede tener muchas virtudes, pero el confort no es una de ellas.)

La comodidad es la responsable de satisfacer nuestras necesidades básicas: por ejemplo, cuando hace calor, la comodidad son las bebidas frías, el ventilador y los cubrecamas de algodón (que por su ligereza son preferibles a la tapicería más pesada y cálida).

– Poner los pies en alto no sólo es cómodo sino beneficioso para la salud. Pon otomanas y taburetes especiales para los pies (tierra); no pongas los pies encima de la mesa (hombre). En los meses más fríos –aparte de poner alfombras– puedes emplear una bandeja plegable para cenar cómodamente junto al fuego o frente al televisor y un soporte para libros junto a tu sillón favorito. Pon cojines en los asientos de las sillas metálicas o de madera. O bien protégelos con cojines especiales para los asientos del coche –que cubren tanto el asiento como el respaldo– además, puedes taparlos con cualquier colcha.

Muebles confortables

Los seres humanos somos criaturas erectas. Nos tumbamos para dormir y no nos encontramos cómodos –ni física ni mentalmente– en posturas semipostradas o en muebles que nos fuerzan a doblarnos. ¿Cómo conseguir que los muebles nos mantengan despiertos sin dejar de ser cómodos?

– Estudia las sillas y sofás de la casa: ¿Son los asientos demasiado blandos o demasiado profundos? ¿Te obligan a adoptar posturas forzadas?¿Te llegan los pies al suelo o te cuelgan como si fueras un niño?

Entornos cómodos

El verdadero confort suaviza las aristas y procura compatibilizar las necesidades. Encuentra la «esencia» de las cosas estés donde estés y disfrútala tal como es. Si el mundo exterior es intolerante, busca los «resquicios» para llegar al corazón de las cosas. Refléjalos en tu espacio vital. El mundo se vuelve mucho más cómodo cuando las energías internas/externas están en armonía.

– Si ponemos un elemento *chic* en el campo o una jungla tropical en Manhattan tendremos que tratar de armonizarlos o estarán del todo fuera de lugar. Al crear un rincón interior debemos procurar que esté en armonía con el entorno.

Rincones y escondrijos íntimos

Cuando era niña, mi familia y yo íbamos a cenar una vez por semana a un curioso y viejo restaurante llamado The Inglenook (que en gaélico significa literalmente «el rincón de la chimenea»). Estaba instalado en una vieja y laberíntica casa victoriana con habitaciones a modo de colmena, fuegos abrasadores y un servicio familiar. Era un interior cálido, íntimo y memorable.

La palabra «intimidad» –cuyo origen es un vocablo latino que define «lo más interior»– significa «ser de la familia», «ser conocido». La intimidad une a padres e hijos, a amigos y a amantes, y a cada uno con lo más profundo de su ser. En el diseño del hogar, la intimidad es un rincón o recoveco agradable, un punto apartado donde distraerse y guardar secretos. Un lugar íntimo puede ser algo tan simple como una mesa con dos sillas, una vela, una manta, un cojín o un biombo.

Para crear un espacio íntimo, las fronteras son muy importantes. La satisfacción de pequeñas necesidades y deseos en el interior de dichas fronteras proporciona sensación de independencia.

– Localiza un rincón que te atraiga –un punto de luz, una cocina de leña o una ventana con determinada vista– y crea un espacio íntimo en él. Reduce al mínimo las influencias externas y aprovecha al máximo el placer y la tranquilidad.

–   El baño –aunque se asocie en primer lugar con la purificación– también es un espacio íntimo. Crea una especie de balneario privado con velas, plantas colgantes y una decoración cálida. Relájate y recobra tu energía.

Ahora, veremos de qué manera la calidez da armonía al hogar.

35

Armonía

La armonía no está en los ambientes excesivamente cargados o en los poco hospitalarios, sino que radica en los lugares prácticos. La armonía es un punto positivo que une la riqueza de la vida con el espacio, permitiendo que las cosas sigan su curso.

Armonía con los niños

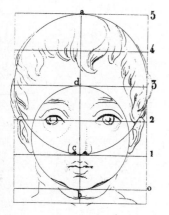

Los niños son como lunas crecientes: su energía está en expansión, pero no totalmente desarrollada. Necesitan más espacio que los bebés y menos que los adolescentes. Los adolescentes requieren mucho más espacio. Para el diseño de una casa con niños, la armonía pasa por poner en equilibrio las cinco energías dentro de su limitada órbita. A continuación encontrarás una lista de elementos imprescindibles para su correcto desarrollo:

Espacio. Proporciona a los niños un entorno receptivo y les ofrece placidez y relajación.

Claridad. Les concede unas fronteras positivas, «iluminación» física e intelectual y un remanso de paz y seguridad imprescindible para los niños.

Riqueza. Genera un entorno estable y nutritivo, y fomenta la autoestima. Cuanto más rico en todos los sentidos sea su mundo, más sanos estarán los niños.

Calidez. Equilibra el espacio y las fronteras positivas con los colores cálidos del hogar. Los niños necesitan calor físico y emocional. Los colores cálidos y fluorescentes de los juguetes y de buena parte de su ropa los excita y estimula, a veces incluso demasiado.

Energía. Los inspira, les da sensación de logro y les proporciona buenas áreas de trabajo para aprender y empuje para salir adelante.

Dormitorios infantiles demasiado estimulantes

Los niños experimentan el tamaño de su «contenedor» de manera muy exagerada porque el suyo es muy pequeño. Su experiencia del espacio (cielo) puede equilibrarse mediante las limitaciones que les imponen sus tareas prácticas y el esfuerzo físico (tierra). También pueden lograr equilibrio a través de sus percepciones sensoriales y los momentos de concentración. Los niños, al igual que los ancianos, adquieren confianza en sí mismos si disponen de entornos seguros.

Las habitaciones destinadas a los niños suelen estar –con la mejor de las intenciones– sobrecargadas de estímulos y atiborradas de juguetes. Además de estimulación intelectual, amor y un entorno rico, los niños necesitan experimentar el espacio: la sensación de que «no pasa nada», del silencio. En entornos espaciosos, los niños están atentos y relajados. Cualquiera que sea su edad, en el fondo los niños están más a sus anchas cuando están alertas.

Armonía con los adultos y con los ancianos

Para la mayoría de nosotros, el mundo se extiende mucho más allá de las cuatro paredes de la casa. Los más jóvenes y los ancianos tienen una percepción más restringida debido a sus limitaciones físicas y carencias sensoriales. Cualquiera que sea el espacio del que disponen, debe satisfacer sus necesidades y sus deseos. (El equilibrio de energías –descrito en el apartado anterior– también es aplicable a los ancianos.)

Los adultos tienen una noción del bienestar ambiental totalmente diferente a la de los niños y ancianos. Los jóvenes adultos –que, generalmente, se creen invulnerables– se desarrollan gracias a estímulos y a cambios ambientales. Con el tiempo, las personas se sienten más vulnerables, pero conservan cierto gusto por los estímulos y la innovación.

Espacios para los ancianos

Dado que suelen sentirse más vulnerables y el mundo los abruma, a los ancianos no les gustan los estímulos ni los cambios violentos. Tampoco están tan atados al reloj, cosa que –aparte de tener muchas ventajas– puede desorientarlos bastante. Enfrentados a diario con el desafío del deterioro físico y la precariedad, su bienestar depende de no gastar energía y de un entorno seguro. En casa, les resultan viables las cosas conocidas e inalterables, en un espacio cada vez más reducido.

Podemos utilizar estos parámetros para crear un espacio digno que levante el ánimo. Un espacio que favorezca la conciencia despierta y facilite el proceso de «dejarse ir». (De todas formas nuestros «hogares» se desvanecen del todo. En muchas culturas, cuando llegas a los sesenta años, te conviertes en vagabundo o ingresas en un monasterio, donde te preparas para esa etapa del viaje.)

A continuación estudiaremos cómo crear armonía en las zonas comunitarias del hogar.

Armonía en los espacios comunitarios

La mayoría de nosotros nos hemos iniciado en las cuestiones domésticas jugando a las casitas. A través del juego aprendemos a desenvolvernos en el mundo. Las habitaciones comunitarias nos brindan la oportunidad de compartir la vida con los demás. Nos invitan a comunicarnos, a crear, a celebrar y, por supuesto, al descanso. Antes de que llegara la televisión, el centro del «cuarto» era la chimenea. Solía estar equipada con juegos de mesa y cartas, zonas de lectura o costura e instrumentos musicales.

– Equilibra las energías del sexo y la edad en las habitaciones comunitarias. No permitas que los juguetes, los proyectos creativos, la información deportiva o la formalidad excesiva dominen el espacio.
– En las habitaciones comunitarias limita el uso de los aparatos electrónicos, juegos de ordenador y útiles de trabajo. Debe ser un espacio donde tu familia y tú podáis estar sencillamente juntos.

Comparte tu presencia de ánimo y tu espacio físico para crear un hogar armonioso. Cuando estás despierto, estás en armonía con el mundo que te rodea y, cuando estás en armonía con el mundo, ¡estás despierto!

– Favorece el ambiente «despierto» en la sala familiar, prestando atención a los detalles y a la decoración. La belleza de un adorno floral, la poesía del color o la buena disposición de los muebles repercuten en la mente y la conducta de todos los que comparten el espacio.

(Flores frescas en una mesita son un deleite para los ojos y la mente, y, de paso, evitan que las personas pongan en ella los pies. Si los sofás y sillones están frente a frente propiciarás la conversación, cosa que no sucede si están alineados frente al televisor.)
- Averigua cuál es la energía de las habitaciones comunitarias y prepara «antídotos» energéticos para compensar el caos, la confusión, la negligencia o el estrés.

Desde el punto de vista contemplativo, la verdadera calidez y el espíritu despierto definen la elegancia, tema sobre el cual versará nuestro próximo capítulo.

36

Elegancia

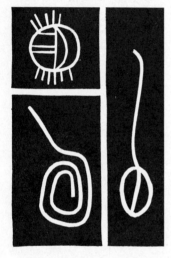

Dibujos de los bosquimanos africanos.

La palabra «elegancia» –del latín *eligere*, «seleccionar»– significa «gusto por la belleza en el comportamiento, en la forma o en el estilo». La elegancia es lo contrario de lo vulgar y lo mezquino. Es una expresión de sabiduría selectiva que surge de un estado mental cálido (inquisitivo, tenaz, práctico), abierto a todas las posibilidades.

– Busca un ejemplo de algún elemento de tu hogar que consideres elegante. Estúdialo detenidamente para saber por qué te produce esa sensación.

La elegancia no es un estilo «prioritario», sino la combinación perfecta entre la gracia y el encanto. Sus efectos nos alcanzan sin hacernos perder la cabeza. Desde un punto de vista contemplativo, la elegancia es sinónimo de «no-agresión», y la «no-agresión» es sinónimo de «arte». La elegancia, serena y carente de afectación, es el arte de vivir en armonía con el mundo.

«Función al traste, fin del estilo»

La elegancia, como la belleza, es fácil de notar pero difícil de encontrar. La elegancia es «instinto», simplicidad (incluso la riqueza puede ser sencillamente elegante) y placidez. Pero, por encima de todo, la elegancia es audaz. Transmite un sentimiento generalizado de inspiración y funcionalidad. La elegancia enfrenta todo lo perceptible, ayuda a no tener rincones oscuros y ahuyenta el miedo a conocer el dolor, la enfermedad, la edad avanzada o la muerte. Los hogares elegantes no son refugios *de*, sino refugios *para* los desafíos de la vida. La elegancia queda resumida en el lema de la Madeira Girls School: «Función al traste, fin del estilo».

Recipientes chinos.

Arte

El arte tiene el poder de invocar a los dioses. Es un puente (principio humano) entre nuestra mente (cielo) y el mundo (tierra). Sea la pintura de un prado con un corcel en pleno salto o una abstracción colorista, el arte es una forma de invocación.

— Elige expresiones artísticas que te sugieran espacio, claridad, riqueza, calidez y energía para tender un puente entre las energías del universo y tú. Introduce e instala estas energías en tu hogar por medio de obras de arte.
— Cultiva tu pasión por la elegancia y el arte. Busca un tipo de arte que despierte tus sentidos, que te llegue al corazón, que te provoque sensaciones y te haga sentir «real». Fíjate en los objetos que te llaman la atención cuando vuelves paseando a casa. Lleva el arte a tu casa (si tu obra favorita tiene un precio inalcanzable, adquiere una reproducción).
— Haz circular la energía del arte en tu vida: cambia las obras que tienes en las paredes de tu casa, intercámbialas con otros coleccionistas, préstalas para exposiciones que valgan la pena o regálalas.
— Utiliza tu propio caudal de creatividad. Explora una o más disciplinas artísticas. Estudia detenidamente tus intereses y emociones e incorpora al menos una disciplina artística a tu vida. En otros tiempos, el esfuerzo que hoy dedicamos al cuidado físico se dedicaba íntegramente a las artes creativas.

El arte es la madre de la religión.
—Onisaburo Deguchi

El arte tiene que «transportarte». El diseño no tiene por qué hacerlo, a no ser que sea un buen diseño de autobús.
—David Hockney

Diseño y decoración

El corazón se siente atraído por las artes expresivas. La mente se siente atraída por la información. Las artes aplicadas ocupan un lugar intermedio, ya que pertenecen a una categoría donde encajan el diseño y la decoración. Su magia cotidiana puede aportar al mundo sabiduría, compasión y poder. Lo contrario de la magia cotidiana es el diseño «convencional», que sólo sigue prácticas y huellas trilladas y predeterminadas. La conciencia alerta no tiene límites y es espontánea. Sin magia, el diseño –palabra de origen latino que quiere decir «significar» o «indicar»– no tiene razón de ser.

El diseño siempre debe basarse en las necesidades personales.
—Rinpoche Khandro

El espíritu del hogar

Cerámica indígena
de estilo Pueblo.

Orla decorativa
de una pared romana.

– Para conseguir que tu mensaje llegue a destino, une los datos sensoriales a un estado mental despierto. Decide cuál de las cinco energías deseas comunicar y «envíala» a través de uno o más «canales» sensoriales del diseño.

Diseño de superficies

Desde el principio de los tiempos, los artistas han pintado, esculpido, teñido, recitado o impreso sus mensajes en los objetos de uso diario. Los diseños de superficies (cenefas, etcétera) constituyen un método muy eficaz de transmitir las cinco energías al hogar.

– Recoge en tu cuaderno ejemplos de claridad, riqueza, calidez y energía en el diseño de superficies: telas, cerámicas y objetos domésticos. Intenta invocar una energía determinada (por ejemplo, la calidez) en un rincón de tu casa mediante un diseño de superficie.

Las artes aplicadas incluyen la espiritualidad (cielo), la moralidad (principio humano) y los aspectos prácticos de la vida en la tierra. No hay que considerar el arte, la religión y la forma de vida por separado. Sólo hay diferencias en el grado de elegancia y en la calidad de vida. El diseño puede ser, en este sentido, determinante.

El diseño a partir de la naturaleza

Los seres humanos somos parte de la naturaleza. Estamos «diseñados» fisiológicamente de acuerdo con las leyes naturales, y el diseño iluminado las utiliza como directrices.

Los principios del diseño natural –el cielo, la tierra y el ser humano, las cuatro direcciones, y los cinco tipos de energía– van más allá de cualquier conflicto entre la naturaleza, el arte, la ciencia y la tecnología. Su misión es abrir un mundo de posibilidades de diseño. Tal vez te sorprendas tú mismo con los colores, formas y estilos que se te ocurrirán, en caso de que decidas basar tus diseños en los «principios» de la naturaleza. ¡La naturaleza tiene muchas más facetas que las asociaciones habituales del verde y los bosques! (Para más información, consulta el capítulo 10 «Crear ilusiones».)

> **Es necesario admitir que el arte estimula y satisface una parte de nuestra naturaleza que, de lo contrario, no se sentiría afectada, y que las emociones que despierta el arte en nosotros son de un orden distinto que las procedentes de cualquier otro tipo de experiencia.**
> —Jeannette Winterson

– Diseña una habitación de estilo futurista inspirándote en la naturaleza.

Artes decorativas

Antiguamente, lo que hoy conocemos como «artes decorativas» se consideraban disciplinas para educar, civilizar, inspirar y fortalecer a los seres humanos. Tras la primera guerra mundial, Linda Lichter escribió: «Las mencionadas discusiones sobre las influencias de la arquitectura y la decoración doméstica se han desvanecido. Es bien sabido que, en un principio, la forma obedecía a su función, no a una filosofía. La decadencia del hogar espiritual condujo a que especialistas externos –físicos, psiquiatras o trabajadores sociales– asumieran las funciones que corresponden a la familia».[1]

Las artes decorativas se ocupan de lo que vivimos a diario. El diseñador Bob Ingram, de Filadelfia, lo resumía así: «Las artes decorativas definen la textura de la cultura».

– Elige el elemento natural que te parezca más tentador (por ejemplo, el fuego). Busca ejemplos que evoquen el fuego en las artes decorativas de todo el mundo. Haz este ejercicio por «cualquier» razón que sea importante para ti en este momento: por amor, por salud o por dinero. Si lo haces por las cinco energías y por sus cualidades conseguirás crear un mundo.

Decoración compulsiva

El apremio por decorar una casa sin terminar puede resultar irresistible. Cualquier construcción o renovación suele llevarnos más tiempo de lo previsto y es muy difícil encontrar el espíritu de un espacio antes de que esté terminado. Los siguientes pasos pueden ser útiles en este caso:

– Ocúpate de zonas cuya estructura ya esté terminada y disponte a trabajar en el siguiente nivel (instalación eléctrica, enmoquetado, pintura). Mientras lo haces, empieza a decorar de acuerdo con tus necesidades y deseos. (Vuelve a leer el apartado «El placer es un estilo personal», del capítulo 33.) Tu estilo personal en el arte, alfombras y objetos no va a cambiar porque adoptes una postura renovadora.
– La magia del diseño es un viaje sin destino que nos pone en el camino de la frescura y la espontaneidad. La colocación del primer objeto, incluso si se trata de un jarrón con nuestras flores favoritas, es el primer paso de ese viaje.

La palabra «decorar» deriva de la palabra latina *decere*, término que significa «convenir», «acordar»; vinculada a las nociones de honrar y dignificar.

Pareja de pájaros, animales o personas en un diseño para propiciar las relaciones. Las figuras solitarias refuerzan la soledad y el aislamiento.

Si quieres una regla de oro que lo englobe todo, escucha esto: no tengas nada en la casa que no te parezca útil o bello.
—William Morris

Belleza

La belleza refleja la bondad y el resplandor sin trabas de la vida. Eso es lo que nos atrae de ella. La princesa de Gales, Diana, era un ejemplo de lo dicho. Dado que expresa lo mejor de nosotros mismos, la belleza verdadera no se conforma con las expectativas convencionales ni admite comparaciones. Puesto que lo mejor de nosotros mismos es algo que no tiene trabas, la belleza se manifiesta de infinitas maneras, incluidas –como en la tradición japonesa *wabi* y la *belle laid* francesa– la belleza interna de lo feo, de la edad avanzada y de la imperfección.

– Dedícate a hacer fotografías, dibujar, pintar o, simplemente, apreciar la belleza de los objetos ordinarios que te rodean: una silla, una ventana, un juguete o una cabeza de ajos.
– Rodéate de objetos bellos. No te dejes cegar por la belleza, pero tampoco subestimes su fuerza.

En palabras de W. Somerset Maugham: «La belleza es una forma de éxtasis; es tan simple como el hambre. En realidad no se puede decir nada sobre ella. Es como el perfume de una rosa: lo podemos oler, eso es todo».

37

Magnetizar el espacio

La calidez hace que toda la casa sea atractiva y agradable. Rige principalmente las habitaciones comunitarias (relacionadas con la comunicación), así como el encanto del dormitorio y de otras zonas íntimas. A continuación, un ejemplo de cómo crea calidez un espacio social, con la ayuda de las otras cuatro energías.

Crear un espacio social

Calidez. Convierte en agradable una habitación. La encuentras tanto en texturas y colores bonitos como en las conversaciones interesantes. La calidez son los «pequeños placeres» –un fuego encendido, unas flores o un taburete para los pies–, que nos invitan a entrar y a pasar el tiempo.

Espacio. Es la placidez que conduce al juego y a la relajación.

Claridad. Organiza el espacio de modo que todos puedan disfrutarlo. Es la encargada de disponer el mobiliario de manera que favorezca la conversación, de proporcionar una buena iluminación (en lo posible suave y agradable). Es el centro de ocio y de juegos que desafían la mente.

Riqueza. Satisface los deseos de todos. A gran escala, proporciona cantidad de sillones cómodos y complementos elegantes; celebraciones sociales y ocupaciones placenteras. A pequeña escala, la riqueza es el esplendor de las cosas simples (como el de una naranja perfecta encima de un plato). En cualquiera de los casos, la riqueza dignifica nuestro entorno social y crea sensación de bienestar.

Energía. Lleva vitalidad al espacio con la ayuda del buen diseño y la tecnología avanzada –televisión/vídeo, reproductor de discos compactos/radio– puesta al servicio del entretenimiento y de la información. Es la viva competitividad de los juegos de cartas y las discusiones.

Crear una instalación
para magnetizar el espacio

Para potenciar la energía de la calidez o llevar energía atractiva a un espacio específico puedes crear una instalación. Colócala en la línea de visión de una habitación particular con el fin de establecer el tono: en la sala de estar o en el porche, donde suelas reunirte con otras personas. En el dormitorio para encender el fuego de la pasión. En el recibidor de la casa durante los días del equinoccio. Combina la calidez del cielo, la tierra y el ser humano en un mismo punto. Aquí tienes algunas sugerencias:

Cielo. Un cálido fondo rojo que defina el espacio de la escena (tal vez adornado con una cenefa decorativa, un dibujo colorista o un sol/fuego simbólico).

Tierra. Una mesa o pedestal elegantes o divertidos.

Ser humano. Una estatua atractiva, apasionada o divertida. Una flor o cualquier elemento decorativo que armonice el cielo con la tierra.

Para intensificar la energía de la calidez puedes utilizar fuego real o fictício (velas o un símbolo del sol), colores cálidos (rojos, amarillos y naranjas), materiales cálidos (madera, terciopelo, oro y paja), la representación de un pájaro o animal «fogoso».

- Para atraer la energía de la calidez instala una escena que represente una celebración, una fiesta o una casa de puertas abiertas.

Soluciones para los excesos

Claridad. Concentra la pasión de la calidez (en las relaciones, el arte, la escultura o la música) y, al tiempo, evita que se convierta en algo fortuito o caótico. La claridad es el aspecto formal de la calidez: una rosa roja en la solapa, los buenos modales (invitaciones por escrito), el cortejo, la hospitalidad refinada (una mesa con mantel blanco).

Espacio. Hace que la pasión se relaje y no se convierta en algo febril o incontrolable. Está presente en el humor, la flexibilidad ante los cambios y el intervalo de silencio durante una conversación.

Riqueza. Evita que la calidez se agote, se torne superficial o exigente. Tiene raíces (reliquias o retratos de familia) y es expansiva (las manifestaciones de amor hacen que las familias se expansionen). La hospitalidad de la riqueza es generosa, con mucha y buena comida, agradable compañía, y mantas gruesas y cálidas.

Energía. Evita que la calidez sea demasiado soñadora o caprichosa. Está en decorativos candelabros de pared que funcionen de verdad o en un atractivo recibidor con un lugar para dejar las botas y el paraguas. La energía hace que las conversaciones se prolonguen, sublima el arte y dinamiza la vida cultural. La energía no da lugar al decaimiento y, a la vez, proporciona sensación de amparo.

Resumen de la calidez

Dirección	Oeste.
Color	Rojo.
Elemento	Fuego.
Estación	Primavera.
Forma simbólica	Semicírculo.
Sabiduría	Discriminación de la sabiduría consciente.
Diseño	Color, pasión, placer, juego, hospitalidad, armonía, elegancia.
Desequilibrio	Empalagoso, hipnótico, adictivo, frívolo/inconstante/superficial (falta de profundidad), excesiva decoración (demasiado «cursi», meloso, llamativo y artificial).
Ubicación	Puerta principal/entrada/recibidor, cuartos de estar/familiares y zonas comunitarias, dormitorios, chimeneas y otros rincones íntimos.
Animales	El perro fiel, el mono juguetón, la elegante gacela; las aves del amor, el fénix chino y, tradicionalmente, el garuda rojo.

ENERGÍA

38

El poder de la energía

«Fue el viento quien les dio vida. Es el viento que sale de nuestra boca el que nos da vida. Cuando deja de soplar, morimos. Podemos seguir el rastro del viento en la piel de los dedos; nos muestra hacia dónde soplaba el viento cuando fueron creados nuestros antepasados.»
—Washington Matthews, *Navaho Legends*

La energía –asociada al norte, al viento, al color verde y a la forma triangular– es la vitalidad del diseño. Es la fuerza vital de los otros estilos y los hace circular por nuestro hogar y nuestra vida. Es la energía «ascendente». Se caracteriza por ser vigorosa y abrupta.

Canaliza la energía hacia tu mundo cuando necesites o quieras:

Más ánimo/vitalidad…	para que tu trabajo se traslade al mundo
Más crecimiento/ renovación…	para superar una etapa de transición
Más motivación…	para ser más eficiente/ productivo
Más facilidad/menos esfuerzo a la hora de actuar…	para superar los obstáculos y la negatividad
Más éxito en tu actividad…	para alcanzar las metas que te hayas fijado

El poder fundamental de la energía es la sabiduría global. Desde un punto de vista contemplativo, la meta ya está alcanzada. La energía asume que todo es realizable y, por lo tanto, se ocupa de sus cosas sin esfuerzo. Desde la perspectiva espiritual es la iluminación espontánea. De acuerdo con la psicología es el antídoto contra la depresión, el miedo y la pereza. Al igual que el viento – cabal y direccional–,

la energía siempre logra cumplir con su labor (razón por la cual está vinculada al trabajo). Es un ente que nos anima a trabajar en el mundo.

El animal tradicional de la energía es el alegre león de las nieves. También la tienen los ajetreados castores, las abejas, los animales de pies ligeros y los pájaros que vuelan más alto.

En el diseño, la energía es la vitalidad y el éxito general del espacio. Por su rapidez de movimiento (como el del viento), está relacionada con las herramientas, las tareas y diseños funcionales, las comidas rápidas, las cadenas de montaje y la fe en el progreso. Se halla en lugares de trabajo (despacho, sótano, garaje), en áreas para el ejercicio y el deporte, en zonas de tránsito como caminos, pasillos y escaleras. Fuera de casa, la energía está en el mercado, las tiendas, las fábricas y los centros de deportes; en los aeropuertos, las autopistas reales (y virtuales) y otros cauces de energía.

Los excesos no son buenos

> **Sin un mínimo de cordura no hay viaje, movimiento ni energía creativa.**
> —Chögyam Trungpa

Los excesos de energía son frenéticos e ineficaces (un desequilibrio entre realizar y no realizar, entre moverse y estar quieto). Desde un punto de vista psicológico, es «lo verde mezclado con la envidia» y el esfuerzo constante para demostrar que estás a la altura de los demás, tanto social como materialmente. Es responsable de «la enfermedad de las prisas» y de la ansiedad. Se manifiesta en forma de ambición, adicción al trabajo, competitividad y guerra. Los excesos muy extremos adoptan la forma de celos y paranoia (así como una preocupación exagerada por la seguridad y las armas). El exceso crea entornos del «tipo A», veloces e insensibles, con excesivo énfasis en los negocios, los deportes y la defensa. Los hogares del tipo A hacen que uno tenga la sensación de estar corriendo sin moverse. En el próximo capítulo analizaremos cómo puede una energía equilibrada velar por la salud de nuestro hogar.

Llevar la energía al hogar

Si la energía fuese un tipo de tela sería una tela «funcional»: la seda ultrarresistente de los paracaídas, el lienzo tosco, la tela tejana, el nilón impermeable y el plástico con estampados dinámicos. Si la comparamos con un estilo de muebles, la energía sería el mobiliario funcional, portátil, móvil y multiuso, preferiblemente «de diseño». Si fuera un tipo de iluminación sería la fluorescente de bajo consumo energético, la potente luz de neón, la lámpara de luz graduable o la efectiva luz de un flash. O quizás un rayo. ¡Si fuese una planta, la energía probablemente estaría demasiado ocupada para florecer!

Las personas experimentamos la energía a través de todos nuestros sentidos: vista, oído, gusto, olfato, tacto y mente. Utiliza la siguiente información para llenar de energía tu entorno.

La vista

La energía, igual que el viento, es invisible. No obstante, podemos ver sus «huellas» (en las banderas que ondean al aire o en las copas de los pinos dobladas por el azote del viento) y su sola imagen llena de energía el espacio. La energía visual son imágenes en movimiento reales o virtuales (en ordenadores, televisores o vídeos). Ilustraciones antiguas de molinos de viento y aparatos mecánicos. Pósters a todo color de juguetes mecánicos. Ejércitos de soldados en acción. Miradas puestas en relojes y calendarios que marcan el paso del tiempo. Salidas de incendio y escaleras mecánicas que nos transportan a través del espacio. Cañerías, tuberías y cables, que hacen funcionar nuestras casas. (Utiliza todos estos elementos en tus diseños para crear un espacio dinámico.)

La energía visual se transmite a través de colores dinámicos, ángulos y siluetas triangulares (la base del diseño energético), así como a través de las líneas rectas. Por último, la energía se canaliza a través de la visión de objetos vivos o en crecimiento (niños o animales domésticos revoltosos cuya energía no suele observarse en los ancianos). También la canalizan las plantas, los dibujos de botánica y el verde, color del crecimiento.

– Anota en tu cuaderno ejemplos de energía en la arquitectura y el diseño. Investiga los de tu propia cultura y los de otras. (Observa los diseños comerciales, militares y deportivos.)
– El color de la energía es el verde. Búscalo en el arte y en el diseño, en la vida diaria y, especialmente, en la naturaleza. Recoge muestras de colores y combinaciones de colores en insectos y aves en pleno vuelo, metales en

proceso de oxidación, musgo y, en especial, de la vida vegetal. Incluye algunas muestras de telas.

- Anota los ejemplos visuales y literarios en los que aparece el viento, elemento natural de la energía. ¿Cómo está representado el viento en el arte, la arquitectura y el diseño? ¿Y qué representa?
- Sírvete de la energía visual para potenciar los otros cuatro estilos. (Colma de energía la cocina que te nutre con buenos electrodomésticos y utensilios.)

El oído

La energía es el «impacto» del sonido: bandas de música que tocan marchas enardecedoras, despertadores, bocinas de coches, tres hurras, rumor de gente y máquinas en pleno trabajo, traqueteo y zumbido de neveras, hornos, timbres, teléfonos y alarmas activadas. El sonido energético es intenso (un estruendo, una explosión o la banda sonora a todo volumen de una película de acción). Es poderoso (despegue de aviones, tráfico rodado, viento y agua), capaz de estremecernos. El poder de la energía sonora puede llenar de energía (o de incomodidad) tu hogar.

- Puedes dotar de energía tu espacio con el silbido del viento o el susurro de una fuente. Modifica el timbre del teléfono, la puerta y el despertador, de modo que cumplan su función sin ser agresivos. Equilibra el sonido con el silencio.

El gusto

La energía se expresa en sabores fuertes —el de los berros, el ají o la cayena—, en las hierbas y especias que llenan los platos de energía. Es el «impacto» que produce un sabor: dulce, salado, agrio, amargo o ácido. La comida rápida —sintomática de un entorno apremiante—, se basa en la sensación instantánea del sabor. Por eso siempre es demasiado dulce, demasiado salada o demasiado picante. Los alimentos congelados y envasados pierden sutileza de sabor. Recurro a una metáfora para explicar que, si queremos ofrecer comidas con sabor energético, debemos optar por un estilo refinado y cortar el fanatismo imperante de la funcionalidad.

- Toma conciencia de los sabores de la comida. Los sabores demasiado fuertes perjudican la salud. Aunque en ciertas ocasiones se usen con fines terapéuticos, también pueden provocar enfermedades. Los sabores de los alimentos tienen que estar en equilibrio. Elimina el exceso de sabor (especialmente el de los alimentos procesados y las comidas rápidas). En el diseño del hogar, mantén el equilibrio entre la función y las sensaciones.

El olfato

La energía es la fuerza de los olores –buenos o malos– y el «impacto» de los olores en la mente. Los olores energéticos son intensos –enebro, hierba de limón, menta, clavel y brotes verdes tiernos–, animan la mente y el hogar. Son los olores de la actividad, el ejercicio y el crecimiento (no los del estancamiento y la decadencia). Algunos olores fuertes nos ponen en guardia contra peligros ambientales, enfermedades o muerte. Por lo tanto nos sirven de protección.

– Explora el «poder de las flores». Identifica los aromas energéticos más convenientes para tu familia y para ti. Utiliza aceites e inciensos como tónicos. Aprende a trabajar con el poder de los aromas de tu hogar y elimina la contaminación olfativa.

El tacto

La energía es el «impacto» del tacto. No importa cuál sea su característica –muy rica, muy blanda, muy suave– es el contacto energético que tienes con tu entorno. El mejor tacto es aquel que es tonificante (como la fresca brisa o la taza de té caliente); estimulante (como la esponja nueva) y reconfortante (como una silla de oficina bien diseñada). La energía se halla, asimismo, en la facilidad de manipulación de los objetos (por ejemplo, en los muebles portátiles o complementos funcionales) y su tacto puede ser «cargado» o intenso. La energía es, sobre todo, el tacto del flujo del *chi* por el espacio. Debes fluir con él y fijarte propósitos que te convengan.

– Elimina los obstáculos de tu entorno. Redistribuye el mobiliario de forma que favorezca el flujo de energía. Sustituye los muebles y complementos demasiado aparatosos, pesados o difíciles de usar.

La mente

La energía mental se abre paso a través de nuestras preocupaciones y nos da ánimo cuando estamos estancados o dispersos. La energía de la mente atenta nos pone –como es debido– en contacto con la energía ambiental. (Cuando nuestra energía mental está confinada, nos quedamos aislados y carecemos de poder.)

– Prueba a hacer el siguiente ejercicio en el exterior: cierra los ojos, relaja la mente y conéctate con la energía que te rodea. Deja que tu conciencia se disuelva en el silbido del viento, el roce de las hojas, el ruido del tráfico en la hora punta o el griterío de los niños. ¿Qué te dicen esos sonidos? Acto seguido abre los ojos. Deja que tu foco visual se disuelva en las energías del color, las líneas y las formas que te rodean. Intenta llevar tu conciencia un poco más allá –sin fijar la mirada– hasta las escurridizas ardillas, los pájaros en lo alto, la hierba peinada por el viento y las nubes que se alejan. ¿Cuál es su mensaje?

La energía se expresa de forma juiciosa a través de cinco cualidades básicas, que se traducen en un espacio alto de miras y exitoso. Recurre a estas cualidades cuando creas que las cosas están estancadas o fuera de control, cuando pierdas el rumbo, cuando tengas problemas en el trabajo, cuando tu espacio no se acomode a tus necesidades, y cuando tú (y tu hogar) necesitéis más fuerzas.

(Ilustración cortesía de Kawade Shobo Shinsha Editores, Japón.)

39

Dirección

El viento siempre sopla en una dirección. Y, al igual que el viento, la energía viaja a través del espacio con un rumbo determinado para alcanzar sus metas. En el diseño, la dirección es eficaz y directa.

Atender a «la realidad» carece de sentido; atender los detalles prácticos es más perspicaz.
—Chögyam Trungpa

Lograr un efecto determinado

Las personas, los lugares y las cosas eficaces guardan relación con el desarrollo y no con la filosofía, la estética, el placer o la importancia de un trabajo. En el diseño, la eficacia reside en las líneas rectas y en las superficies fáciles de limpiar, funcionales y carentes de ornamentación. La eficacia huye de la complicación que retarda o entorpece la tarea. La forma obedece a la función hasta el punto de ser un mero «enlace» entre un objeto, el usuario y su uso. La eficacia está en el diseño preciso de un teclado que se amolda a la forma de las manos y en la utilidad de los objetos que sirven para determinarlo.

«Eficacia»: efecto, lograr un efecto determinado, provocar un cambio.

- Analiza de manera básica el diseño de cualquier área de trabajo, sin excluir otras energías, ya que tu trabajo en ese lugar sería rutinario e inhumano.

Dado que la eficacia implica recorrer la distancia más corta entre dos puntos, ahorra tiempo, dinero y energía. En el diseño del hogar, la eficacia apunta a los objetos que requieren pocos cuidados, liberando nuestra energía para poder hacer otras cosas. Desde la perspectiva del diseño iluminado, la eficacia no sacrifica las demás energías del mandala.

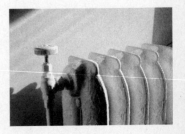

- Toma notas sobre un proyecto decorativo que tengas planeado hacer. Divídelo en varios pasos prácticos. Da

los primeros pasos para foner manos a la obra. (Adquiere la pintura o el papel, llama a la tienda de moquetas para que tomen las medidas del suelo.)
– Investiga e incorpora a tu hogar tantas iniciativas como te sea posible para garantizar la eficacia energética.

Los hogares eficaces facilitan nuestras actividades –amar, ser padres, trabajar, aprender, hacer sociedad– y nuestro desarrollo. Si tu hogar ha dejado de «alimentarte», es hora de avanzar. La energía consiste precisamente en avanzar.

Metas

Desde un punto de vista contemplativo, el objetivo fundamental de la energía es estimular el despertar de la mente. La energía y la mente actúan en conjunto. Igual que el viento, la mente sigue a la energía dondequiera que vaya. En el ámbito del interiorismo, un espíritu alerta se traduce en la capacidad para animar el espacio. Un espacio animado libera la energía estancada o que se mueve en círculos viciosos. La lengua tibetana le llama «brisa de placer».

Brisa de placer

Se puede animar la energía de cualquier espacio o dejar de preocuparse por ella. Para animar el entorno hay que empezar por animar la mente. En la tradición tibetana se llama «lanzar el caballo al viento».[1] Existen prácticas formales e informales para lograr esa animación, pero escapan al propósito de este libro. Quien esté especialmente interesado en el tema, encontrará información al respecto en el apartado «Referencias y lecturas recomendadas». A continuación se recomiendan dos ejercicios preliminares para despertar la energía tanto en ti como en el espacio.

A la derecha,
figuras bosquimanas de piedra.

Despertar uno mismo

Si deseas despertar, comienza por adoptar una buena postura –erguido, alerta y con los ojos abiertos. ¡Paraliza por completo tu mente! A continuación, pon fin al discurso mental, a las emociones y a las percepciones sensoriales. Permanece así durante unos momentos. Acto seguido siente la energía viva y vibrante de tu alrededor, la energía del cielo, de la tierra y de todo lo que se encuentra entre ambos. Mantén esa sensación y… suéltala «de golpe». Respira profundamente, eleva la mirada y vuelve a empezar. La energía «siempre» está a nuestra disposición. El despertar de la mente nos hace sintonizar con ella.

Despertar nuestro entorno

Despierta la energía de tu entorno. Comienza por observar (sin analizar) cómo y dónde se estanca la energía: en momentos de crisis, a altas velocidades, cuando hay confusión. Intenta experimentarla en tu cuerpo/mente y a través de tus sentidos. Luego ¡para en seco! Yergue la espalda. Conéctate con la energía dinámica que entra y sale de ti, por encima y por debajo. Retén esa sensación y… «rápidamente», déjala ir. Proyecta una brisa de placer en el espacio para despejar el aire. Observa el espacio bajo esa nueva luz. (De esta manera atraes la energía, evitas los obstáculos y retornas al centro.) Una vez más, ¡suéltala! De inmediato, da el primer paso práctico que se te ocurra.

- Tal vez tengas que despejar literalmente un espacio para despertar la energía en él. (Consulta el apartado «Pureza» del capítulo 19.)
- Sustituye las flores artificiales por flores frescas. Coloca las flores de modo que sus principales tallos apunten hacia el sol. Así darás al espacio energía ascendente. Las hojas (y otros elementos visuales) que apuntan hacia abajo, arrastran la energía en la misma dirección.
- Dispón el mobiliario de modo que promueva el «flujo» de energía. Elige colores y formas energéticos. Para despertar la energía elimina el óxido, los objetos deslustrados, el polvo y la suciedad de las superficies.
- Haz circular por la casa una brisa de placer mediante banderas, fuentes, colores y estampados dinámicos, así como representaciones de la fauna, peces que nadan y barcos en plena navegación. El material deportivo y los objetos mecánicos: relojes, ordenadores personales, el hervidor de agua eléctrico y la televisión también

reaniman el ambiente. (En un castillo medieval habríamos puesto estandartes ondeando y espadas en cruz colgadas en las paredes.)

La energía puede canalizarse con unos fines específicos. No obstante, si la energía fluye de forma forzada, queda bloqueada en su recorrido o es desviada (por habitaciones de formas desiguales o por una mala disposición de los muebles, puertas y ventanas) y nunca llegará a su objetivo. Debes tratar la energía interior como un buen sistema de regadío: canalízala hacia su espacio, favorece su circulación y regúlala para evitar tanto inundaciones como sequías.

El flujo de la energía ambiental es como un espejo de la circulación interna de nuestro *chi*. Se encarga de distribuir por todo el «cuerpo» la vitalidad de la tierra, el agua, el fuego y el viento; dispersa los residuos, provoca cambios y actividad constante a lo largo de todo el camino.

- Recorre tu casa visualizando tus movimientos como si fueran un río de aguas mansas. ¿Cómo es el paseo: apacible, o errático y lleno de obstáculos? ¿En cuántas ocasiones has tropezado con alfombras ingobernables, has chocado con muebles o has pisado cestas, cajas y cables? Intenta reordenar el paisaje de tu casa para que el «río» fluya con más placidez.
- Visualiza las herramientas y utensilios que usas a diario. Deja que «fluyan» por tus manos. ¿Cómo es ese flujo: dificultoso, incómodo, pesado…? Observa de qué manera influyen los muebles en tu energía (¿respiran?, ¿fluyen plácidamente o avanzan a trompicones?). Observa la postura de tu cuerpo (¿favorece un estado de alerta o fomenta la pereza?). Para que la energía fluya, es fundamental disponer de un buen diseño.

El flujo de energía saludable

El flujo de la energía saludable es «dinámico». Esta palabra tiene origen en el término griego que significa «poderoso» y «capaz». Ese flujo va ligado a la recuperación de la salud física, especialmente a la cicatrización de heridas, la regeneración de huesos, los embarazos sanos y el desarrollo físico/mental, así como a la vitalidad.

- Aprovecha las cualidades de la energía —el elemento viento, el color verde y todas sus asociaciones sensoria-

No te entregues a la ociosidad. Aprende del agua que fluye y nunca se detiene. Por tanto, durante el día y la noche mantente en ligero movimiento. Deja que el movimiento brote de tu naturaleza creativa, igual que el sol, la luna y las estrellas. Sé una expresión espontánea de la vida sin pedir nada a cambio.
—Hua-Ching Ni

les– para renovar tu salud. Confía en tus percepciones sensoriales cuando necesites canalizar la energía para restablecerte.

– Eleva tu espíritu y tu ambiente con diseños que impliquen movimiento real o ficticio (por ejemplo, móviles, aparatos mecánicos, pinturas ecuestres o una cometa), así como movimientos «implícitos» (por ejemplo, un águila en el saliente de una roca, un arquero a punto de lanzar la flecha, alas simbólicas o la pluma de un ave que vuele a gran altura son elementos que contienen de alguna manera el vuelo).

El camino de la energía

La energía fluye por la casa recorriendo senderos sinuosos (la naturaleza aborrece las líneas rectas). Cuando distribuyas los muebles en el espacio hazlo como si estuvieras proyectando un diseño paisajístico. Puedes crear en tu vivienda un mandala dinámico de puertas adentro. Algunas sugerencias básicas:

– Coloca los muebles de forma que la energía se canalice a través de las habitaciones. En las habitaciones grandes, una isla de muebles con espacio alrededor facilita la circulación de la energía. Utiliza alfombras para diferenciar las zonas centrales de las de paso.

– Evita alinear todo el mobiliario junto a las paredes; semejante disposición deja un espacio central cerrado con demasiados ángulos rectos (que aceleran).

– Para mantener la energía en movimiento a través del espacio, opta por una distribución asimétrica de los muebles y cuadros. La distribución simétrica o paralela cierra literalmente el espacio.

– Elige muebles que permitan el flujo de la energía y procura que la tapicería no llegue al suelo. No almacenes objetos debajo de las camas; esa costumbre bloquea la energía. (Existen varios remedios de feng shui para activar la energía bloqueada, pero es preferible escoger un mobiliario abierto para abrir el espacio.)

La energía fluye por las vías donde encuentra menor resistencia y, por lo tanto, crea «caminos». La mayoría de las personas evitan instintivamente el camino de la energía cuando se sientan, escogen la mesa en un restaurante o se acuestan. Sin embargo, numerosas veces se pasa por alto lo más obvio.

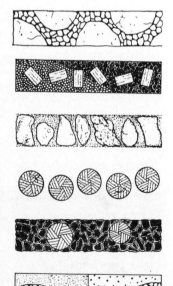

Diseños japoneses para senderos.

Evita que haya muebles o seres humanos en el camino de la energía o se interferirán unos a otros.

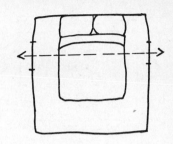

– No coloques la cama, el sofá, la mesa y las sillas (del comedor o el despacho) en un lugar que obstaculice el camino de la energía, es decir, frente a una puerta o entre una puerta y una ventana. Tal disposición incide negativamente en el equilibrio físico y mental.
– Desvía el flujo de energía (mediante la redistribución del mobiliario o estableciendo límites) de las zonas de conversación, el área de trabajo o el comedor, si no quieres que la energía boicotee el espacio.

El flujo de energía insana

El flujo de energía sana es suave y continuo. La «energía insana» es deficiente (está bloqueada o estancada) o es excesiva (demasiado rápida y virulenta).

La energía estancada
La energía estancada no es lo mismo que la «calma». Esta última es una vibración energética sana y regeneradora. La energía estancada u obstruida es aquella que no está cumpliendo su función y, por lo tanto, acaba en trastornos y enfermedades. Es necesario desbloquearla o elevarla.

– Para poner en movimiento la energía estancada hay que localizar los puntos en los cuales se estanca. Lo primero que hay que hacer es apartar los muebles voluminosos que estén bloqueando pasillos, ventanas o puertas, y redistribuir el mobiliario de modo que favorezca el flujo de energía. Es necesario eliminar el polvo, la suciedad y el desorden para que la energía brille a su paso (para más ejemplos, revisa el apartado «Llevar la energía al hogar», del capítulo 38). Lleva a tu hogar las virtudes de la claridad, la calidez y la riqueza para restaurar el ambiente.

Exceso de energía
La energía excesiva fluye con demasiada velocidad y virulencia. Provoca cortes en el espacio y da lugar a sentimientos de inquietud e irritación. La energía que circula apresuradamente a través del hogar es como la comida que se ingiere deprisa: arrastra sus virtudes y no deja nada de valor.

– Para remediar el exceso de energía debemos «ponerle freno». Crea una barrera (una mampara a nivel del suelo, estatuas o plantas), reconduce la energía (mediante la redistribución del mobiliario) o impúlsala hacia atrás (con una superficie reflectante).

Tradicionalmente, en las casas que disponían de amplios salones, se solía colocar una mesa central redonda sobre la alfombra. De ese modo se frenaba la energía entrante. Con una planta exuberante o un jarrón con flores sobre un pedestal, el conjunto se convertía en un bonito foco visual (que ralentizaba la energía mental), a la vez que reconducía el tráfico de personas y el *chi* entrante.

– Una escalera que termina en una puerta de salida es como un «tobogán» para la energía. Para reconducir la energía podemos colgar un móvil o cristal entre la escalera y la puerta para detener la energía y evitar que se precipite a través del espacio.

Cortar la energía

El metal corta materiales como el papel y la madera. Las láminas de las persianas de metal transmiten energía «cortante» al espacio. Los muebles o esculturas de metal pueden impedir que lleguen hasta nosotros otras energías naturales más suaves. (Para más información, véase el apartado «Referencias y lecturas recomendadas».)

– Sustituye las persianas de metal por la energía más suave de estores de papel o de tela que de paso proporcionarán las sombras sinuosas de la naturaleza en tu hogar. También puedes colocar postigos interiores de madera.

La energía cortante que generan los ángulos demasiado agudos puede proceder del exterior: de la esquina de una casa vecina, de una formación rocosa, de una valla publicitaria o de coches que aceleran en dirección a tu casa.

– Utiliza un espejo pequeño para repeler la energía acelerada o cortante fuera del espacio (ponlo en el exterior de la casa, de modo que el *chi* conflictivo salga despedido en dirección opuesta). Si el tráfico de la calle apunta hacia la puerta principal de la casa cuelga en ella un pequeño espejo para evitar que la energía acelerada penetre en ella.

Las líneas rectas y los ángulos agudos

Las líneas rectas hacen que nuestros ojos y la energía se muevan muy rápidamente a través del espacio. Pueden hacer que nos sintamos dirigidos y ansiosos. Los ángulos afilados hacen «cortes» en el espacio y nos envían mensajes agudos e intimidantes. La energía cortante (sea real o virtual) puede dirigirse hacia ti o·hacia tu espacio a partir de los filos cortantes de la arquitectura de la casa, así como de los muebles, puertas, persianas o esculturas de superficies angulosas. (En una ocasión tuve que acondicionar una sala para recibir a un personaje y, con las prisas, coloqué sin darme cuenta la silla principal frente a una magnífica pintura de un jinete que galopaba a toda velocidad en un torneo, ¡apuntando con su lanza directamente a la cabeza del invitado!)

– Recorre la casa y localiza áreas que tengan demasiadas líneas rectas o ángulos afilados. Redistribuye el mobiliario para abrir los ángulos y reconducir la energía. Suaviza las líneas rectas de la estructura con plantas o telas. Utiliza muebles, objetos artísticos y complementos decorativos para crear curvas, dar una mayor consistencia al espacio y frenar la energía (puedes servirte del peso vibratorio de colores ricos e intensos). Notarás cómo se integran en la habitación el espacio, la calidez y la riqueza.

Soluciones basadas en objetos

La mejor manera de regular la energía es restablecer la armonía entre las cinco energías, en vez de buscar soluciones en determinados objetos (cristales, espejos, flautas, etcétera). En algunos casos, el único remedio es evitar un espacio determinado y no pretender remediarlo. Sin embargo, hay objetos útiles y eficaces para corregir influencias ambientales negativas o para advertirnos de su presencia (lo cual es aún más importante). Este conocimiento nos protege de la negatividad (y, en algunos casos, nos recomienda seguir adelante). Existen excelentes libros de feng shui. Si estás interesado en saber más sobre estas alternativas hay algunas sugerencias en el apartado «Referencias y lecturas recomendadas». Antes hemos hablado de algunas soluciones sencillas. Sin embargo, no debemos olvidar que hay numerosos remedios –aparte de los basados en objetos– ni que el camino es largo y todavía tenemos mucho que aprender al respecto.

Los momentos y lugares «de transición» son especialmente vulnerables a los desequilibrios energéticos. A continuación, algunas sugerencias para evitarlos y corregirlos.

Regulación de la energía en los momentos y los lugares de transición

Los momentos y lugares de transición se consideran «peligrosos» porque, en primer lugar, no solemos fijarnos en ellos. Cuando nos hallamos en plena transición –con un pie a cada lado– estamos descentrados (desequilibrados) y nos distraemos fácilmente. A menudo no somos conscientes de lo que estamos haciendo. Existen muchos remedios tradicionales para corregir ese estado, cuando somos más vulnerables a los embates negativos y a los accidentes.

Las estaciones intermedias (primavera y otoño) y los momentos de cambio del día (salida y puesta del sol) son periodos de transición. Hay una serie de rituales médicos que se ponen en práctica durante el cambio de estaciones (vigorizantes elaborados con hierbas en otoño, aceite de hígado de bacalao y depuraciones hepáticas en primavera). Las plegarias y rituales suelen hacerse durante el amanecer o el crepúsculo. Los umbrales, puertas, recibidores, vestíbulos y escaleras (lugares de transición) requieren el mismo miramiento.

Los umbrales

Los umbrales –o accesos– son lugares para entrar y salir y, según palabras de Martin Heidegger, «dependen de una zona central que jamás debe ser obstaculizada en ninguno de los dos sentidos». Dado que representan la transitoriedad y discontinuidad de nuestra vida son buenos lugares para colocar elementos que nos recuerden la necesidad de mantenernos despiertos.

– Los umbrales suelen destacarse con diversas simbologías: fuentes de agua bendita, deidades protectoras, espejos, oratorios. Como medida preventiva también es habitual quitarse en ellos los chanclos (en algunas culturas incluso los zapatos), el abrigo o el impermeable, dejar el paraguas, etcétera. (¿Has observado alguna vez que los perros suelen dejar sus juguetes y sus huesos en los accesos o cerca de ellos?) Despierta los umbrales importantes de tu casa y de tu vida.

Las puertas

La puerta principal del hogar –igual que la boca– regula el flujo de la energía que entra y sale de la casa. Mantén un flujo equilibrado (y proporcionado) para atraer las bendiciones y protegerte de los excesos.

- Si tu puerta principal es el extremo de un «embudo» de energía (debido a una puerta trasera o ventana), se romperá el equilibrio de la casa. Si no puedes cambiar la ubicación de la puerta trasera coloca un «cortavientos» –un biombo, una cortina colgante o una barrera de plantas– para evitar que la energía se escape por la parte trasera.
- Crea una barrera (por ejemplo, una pared a media altura) si la puerta principal es demasiado grande o se abre frente a una fuente de energía muy poderosa (el mar, un túnel de viento o el tráfico de la calle que se dirige directamente hacia la casa). Si la energía entrante invade excesivamente el espacio, tal vez tengas que desplazar la puerta de entrada.
- Las puertas escondidas o que conducen a entradas pequeñas, oscuras o complicadas requieren buena iluminación, una decoración con objetos reflectantes (espejos u objetos de latón brillante) y colores luminosos. De este modo, la energía que pase por ellas no decaerá, se confundirá ni estancará.

Los recibidores

El recibidor es el lugar donde nos preparamos para entrar en un nuevo espacio. Un instante de atención servirá para renovar nuestra energía. En todo el mundo existen tradiciones decorativas que hacen honor a esta costumbre. (Para más sugerencias, consultar el apartado «Recibidores que invitan a entrar», del capítulo 34.) El recibidor es, asimismo, una invitación a continuar. En nuestra mano está potenciar la conciencia despierta y la entrada del flujo de energía en el recibidor.

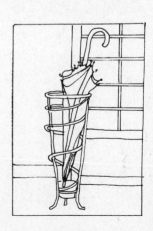

- Se pueden encontrar ideas de diseño en los *halls* o vestíbulos públicos, ya que están concebidos para dirigir el flujo de energía de forma bella y eficiente. (Observa los vestíbulos de los buenos hoteles.)
- Un recibidor cálido y agradable no debe descuidar las necesidades prácticas de los invitados (un paragüero,

percheros para el abrigo/sombrero, un lugar para dejar los zapatos/botas, etcétera).
- No utilices el recibidor como trastero ni dejes que quede energía estancada en él.
- Si tu casa o apartamento no tiene recibidor, crea una zona de entrada. Si es posible coloca el mobiliario de modo que marque ciertos límites, recurriendo a una alfombra, un biombo, una escultura, plantas o cestas en el suelo, objetos que delimiten el espacio (o simplemente coloca una alfombra en esa área y una lámpara de pie). Comprueba la diferencia que supone no entrar directamente al interior de la casa.

Escaleras

En muchas culturas se reza y se dedica una especial atención al poder de la energía ascendente y descendente. Subir y bajar escaleras encarna un vínculo de unión entre cielo y tierra. Utiliza las escaleras para recordar cuáles son tus aspiraciones (al subir) y tu misión en la vida (al bajar).

- Cuelga una pintura o una imagen sugestiva en lo alto de la escalera (no es un buen lugar para dibujos sobre el crepúsculo o los decesos). La pared opuesta del extremo inferior suele ignorarse –además de ser, a menudo, un espacio muerto– dada la dificultad de alcanzarla. Puedes decorar esa pared con una imagen que represente las «bendiciones del cielo» o la energía que te gustaría descendiera a la tierra. El mensaje debe ser simple y directo (con una inscripción, estandarte o pergamino), porque, situado al pie de la escalera, apenas suele haber tiempo para fijarse en él durante el descenso.

Estilos de vida nómadas

En una ocasión, el Rinpoche Trungpa afirmó que el *drala* (las energías positivas de la riqueza) encontraba bastantes dificultades para entrar en las casas de los norteamericanos debido a que éstos viven siempre con las maletas hechas y se mudan con demasiada frecuencia.[1] Sin embargo, en muchas culturas, las viviendas –como la vida misma– se conciben como algo provisional.

- Si tienes un estilo de vida nómada, estudia de qué manera los nómadas tradicionales equilibran su vida, en armonía con la naturaleza y con los ciclos temporales. Reafirma tu vida con el sol, la luna y las estaciones. Crea un centro estable en tu vida y muévete alrededor del mismo. Ten siempre presente ese centro (con fotografías, textos u objetos –disciplinas contemplativas–) y llévalo contigo cuando viajes.

- Diseña tu hogar asumiendo que es temporal y organiza tu vida de modo que siga un «circuito» anual. Explora acuerdos creativos para alquilar, compartir o intercambiar espacios.

- Busca el sosiego dentro del movimiento. Practica la meditación y las actividades intemporales. Trae la calma a tu mente y a ese momento.

La regulación del flujo de energía crea un hogar saludable y un sentido de finalidad o rumbo, del cual hablaremos a continuación.

41

Trabajo

De una manera u otra todos trabajamos, salvo en caso de enfermedad o de haber llegado a avanzada edad. El trabajo es imprescindible para vivir y tener un hogar independiente. Cualquier miembro de la familia puede hacer las tareas domésticas (fregar los platos y mantener ordenado el espacio). Depender de otras personas o de máquinas y aparatos provoca desequilibrios energéticos en el mandala.

Trabajar en casa

El lugar de trabajo es el lugar donde reside la energía. Para el hogar tiene importancia especial que estés pensando en crear un negocio con sede en tu propia casa. La oficina de una empresa requiere una entrada y una salida de la energía. Las áreas de trabajo se nutren de la energía «ascendente» (orientada hacia el este) y se ven perjudicadas por la energía del sol poniente, orientada al oeste. Para que el despacho instalado en casa sea un éxito necesita disponer de un espacio que posibilite la circulación del *chi* desde las ventanas exteriores. Si queremos lograr el máximo rendimiento del trabajo en casa hay que preservar el equilibrio entre las cinco energías de tu zona de trabajo.

La claridad en el trabajo

La claridad proporciona fronteras para delimitar el área de trabajo, además de buena luz e inspiración intelectual. Es el elemento que procura orden a tu despacho (cuando entra por las vitrinas, las estanterías o los organizadores de la mesa) y a tu tiempo. La claridad logra crear un espacio apacible para concentrarse en los proyectos y objetivos.

– Conserva las fronteras entre el hogar y el trabajo. Utiliza una segunda mesa para el papeleo relativo a la casa, de ser posible en otra habitación. (En algunos hogares las cocinas disponen de un *office* o de un escritorio empotrado, concebido para preparar los menús y organizar el pago de recibos.) Si no puedes hacer esta división, separa ambos temas dentro del despacho.

La riqueza en el trabajo

La riqueza consiste en la abundancia de libros de consulta, revistas, material y suministros. Irradia dignidad (la mesa controla la habitación y la puerta), estabilidad (tu zona de trabajo no es improvisada ni vulnerable) y «peso» e importancia (incluso si eres humorista, tu sustento es cosa seria). La riqueza es la llegada de «abundante» trabajo.

— Introduce materiales de la tierra (madera, piedra o cerámica) y opulencia (un objeto de poder, una reliquia familiar o un bolígrafo de mucha calidad) en tu área de trabajo. Crea allí un rincón de abundancia: si es posible, oriéntalo hacia el sudoeste, punto en el que se encuentran las energías magnéticas y las de la riqueza. (Ponte de pie en el centro de la habitación y mira hacia la puerta, que es el este; el oeste quedará a tu espalda, el sur a tu derecha y, por lo tanto, el sudoeste se halla en el punto de intersección de estos últimos.) Utiliza tonos dorados y energías positivas. Pon en un marco de pan de oro (no de metal) una fotografía o pintura significativa (relacionada con la inspiración) para fomentar la energía creativa.

La calidez en el trabajo

La calidez crea un espacio de trabajo atractivo, donde uno tiene ganas de estar porque se siente a gusto. La energía creativa puede florecer a partir de una divertida mampara protectora, un objeto encontrado, el dibujo de un niño o cualquier otra cosa que aporte belleza (de acuerdo con nuestros gustos). El encanto de los elementos (un recipiente con agua, una vela, un recipiente de arcilla) y de los sentidos (música, un jarrón con espliego) acudirán al trabajo contigo. La calidez proporciona sillas cómodas y una mesita de té para reunirse con los clientes. Pon un toque de cariño al espacio de trabajo (así como fotografías de los seres queridos sobre la mesa).

— Elige muebles y complementos atractivos para el despacho. Si es posible, monta el despacho en una habita-

Si hacemos de nuestra vida laboral una herramienta para la sanación podremos transformar nuestra vida en una mina de oro emocional y espiritual. Podemos hacerlo cultivando nuestra esencia pacífica en cualquier situación laboral que se presente. Independientemente de lo que hagamos –trabajo de oficina, jardinería, carpintería, pintura o escritura– podemos usar el trabajo como expresión de nuestra naturaleza interior. Intenta encontrar un trabajo que despierte tu interés, pero también trata de interesarte por cualquier trabajo que hagas.
—Tulku Thondup

ción con chimenea o estufa de leña. Adorna siempre la mesa con flores.

La energía en el trabajo

La energía se canaliza a través de sistemas eficaces y con mecanismos de ahorro de tiempo y espacio que hacen el trabajo más fácil. Está presente en la iluminación flexible, los teléfonos inalámbricos y los equipos portátiles (sin olvidar de los elementos que velan por la salud del trabajador, como protectores de pantalla, etcétera) que contribuyen al mejor funcionamiento de cualquier estructura laboral. La energía implica la posibilidad de moverse con soltura en el espacio y también la participación de las cinco energías. De la energía depende tanto el éxito del espacio como el de las tareas desempeñadas.

— Elige complementos que mantengan la energía en movimiento (por ejemplo, una alfombra protectora debajo de la silla para que las ruedas se deslicen más fácilmente). Llena el espacio de energía con plantas vivas (guarda un ambientador de bergamota en el cajón del escritorio).
— No coloques la mesa directamente frente a una puerta; te sentirás abrumado por el trabajo, especialmente si tienes una ventana a tu espalda. Pon la mesa mirando a la puerta, pero a un lado.
— Protege el suelo del despacho de las angustias del trabajo creativo sujetando o grapando una lona en la moqueta o en el suelo. (Utiliza muletón en los suelos desnudos para acolcharlo.) En las mansiones tradicionales de Estados Unidos hay suelos cubiertos de lona. Como la lona es impermeable y sedante equilibra la energía. Es fácil quitarla ¡y se puede pintar encima!

Si la dejamos librada a su capricho, la energía puede ser demasiado unidireccional. El espacio desahogado realza cuanto hay en él.

El espacio en el trabajo

El espacio es la amplitud que experimentas al entrar en tu estudio o despacho. Airea la energía de la ambición y la adicción al trabajo. Es una ventana abierta para soñar despiertos y aliviar el estrés respirando profundamente. Ayuda a cumplir plazos porque te permite moverte y tomar breves descansos.

Un despacho espacioso da amplitud de miras a los objetivos precisos de la energía. En su libro *Speaking of Silence*, la Madre Tessa Bielecki escribe: «En mi opinión, uno de los mayores impedimentos para llevar una vida contemplativa en esta sociedad es la neurosis compulsiva que produce el trabajo. Trabajamos demasiado. El trabajo en sí es saludable y es un elemento importante de la vida contemplativa: no sólo humaniza y llena de energía, también supone estar bien preparado para la contemplación. Pero cuando nos obsesionamos neuróticamente por trabajar, se convierte en obstáculo. Nuestro trabajo debe estar en equilibrio con el juego, una dimensión también crucial en la vida contemplativa».[1]

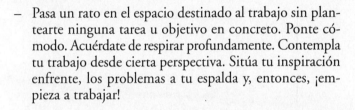

— Pasa un rato en el espacio destinado al trabajo sin plantearte ninguna tarea u objetivo en concreto. Ponte cómodo. Acuérdate de respirar profundamente. Contempla tu trabajo desde cierta perspectiva. Sitúa tu inspiración enfrente, los problemas a tu espalda y, entonces, ¡empieza a trabajar!

Tu oficina será un éxito si te produce placer trabajar en ella y consigues sacar adelante la tarea de un modo más relajado. Si trabajas en cooperación con la energía totalizadora, tu trabajo será un éxito.

El éxito

Las cosas «funcionan» cuando se alcanza el éxito fácilmente y sin esfuerzo. La clave para tener éxito sin esfuerzo es la «cooperación»: tú y tu hogar debéis trabajar juntos con las fuerzas básicas de la naturaleza. La tierra crece con el agua, el agua se calienta con el fuego, el fuego necesita del viento, el viento vivifica todo el mandala y el espacio lo aloja. Esta forma de cooperación es el *modus operandi* del diseño iluminado.

— ¿En qué medida coopera tu entorno? (El dormitorio funciona si te renueva el cuerpo y la mente. La cocina y el comedor funcionan si son fuente de satisfacción.) Haz un listado de las habitaciones que te parece que funcionan y de las que te parece que no funcionan. En estas últimas localiza las energías que sientas como deficientes o excesivas.

> **En campaña sé veloz como el viento; en la marcha ociosa, majestuoso como el bosque; en el ataque y el saqueo, como el fuego; en firmeza, inamovible como las montañas; tan insondable como las nubes, muévete como un rayo.**
> —Sun Tzu

Algunos ejemplos de energías
naturales contradictorias

La cooperación es lo contrario del conflicto. Las contradicciones entre energías naturales pueden considerarse conflictos de intereses entre los diferentes elementos. Éstos se manifiestan como calientes/fríos, mojados/secos, activos/quietos, unitarios/desintegrados, etcétera. Para que el espacio sea un éxito debemos evitar las contradicciones de las energías naturales:

- Hay que evitar colocar la nevera junto al horno; es una contradicción entre el calor y el frío, entre el fuego y el agua/hielo. (Aparta el horno o coloca material aislante entre ambos.)
- Un baño cerca de la cocina genera una contradicción natural entre lo recibido y lo eliminado, entre la alimentación y el desecho. (Si es posible cambia la ubicación del baño o, por lo menos, mantén la tapa del retrete y la puerta del baño cerradas.)
- En algunas culturas no está permitido apagar velas soplando; se considera que se crea contradicción entre el viento y el fuego. (La alternativa es sofocarlas.)

Una vez que hayamos creado un espacio propicio, el siguiente paso es preservar el ambiente y protegerlo de las influencias negativas. De esto hablaremos en el próximo capítulo.

42

Protección

La poderosa energía del norte va asociada a la protección. Sin embargo, cuando su fuerza se ve turbada, obstaculizada, o bloqueada, suele provocar accidentes, enfermedades y otras desgracias –generando la «necesidad» de protección–. (Véase el apartado «Los excesos no son buenos» de los capítulos 7, 15, 23, 31 y 38 para más información sobre cada uno de los cinco estilos. Sus desequilibrios están impulsados por energías básicas.)

La energía del norte se representa siempre con una tortuga con su pesado y robusto caparazón. En toda Asia se ven estampados de lana, techos y suelos pintados con motivos hexagonales, porque se cree que aseguran longevidad y protegen de las energías negativas.

Existen tres tipos básicos de protección: física, energética y espiritual. Un buen diseño del hogar debe proteger a través de medios físicos y de la armonía con las energías apacibles (incluidos espíritus, deidades, *kami*, *drala*, etcétera, según cada cultura) y los principios cósmicos. Además debe estimular el despertar de la conciencia.

Los logros siempre surgen de las dificultades.

—Enseñanza del budismo tibetano

Protección física

Los trastornos físicos son, en última instancia, resultado de los desequilibrios energéticos. Por eso es mejor prevenir que curar. (Para más información sobre la prevención de posibles problemas véase «El espacio es un entorno positivo» del capítulo 11.)

Seguridad

Vela por tu seguridad personal con felpudos que amortigüen las pisadas, barandillas, luces nocturnas, luces exteriores y, si te parece necesario, detectores de humo y de monóxido de carbono.

– Los niños y los ancianos requieren precauciones especiales. Puedes consultarlo con tu pediatra o recabar información en la biblioteca. Consigue un panfleto informativo sobre los dispositivos de seguridad para ancianos en un centro local de atención a la tercera edad. Seguramente incluirá una lista de proveedores locales e instaladores de este tipo de dispositivos.

Luz y oscuridad

– Protege tu hogar de la fuerte luz del sol estival con toldos de lona a la antigua usanza o persianas enrollables de tela. Es mejor no exponerse a la energía cortante de las persianas venecianas. Sin embargo, no las destierres definitivamente: son adecuadas para la planta baja o en aquellas ventanas demasiado expuestas al sol. En el trópico se suele optar por este tipo de protección, ya que los cambios radicales de sol y sombra logran equilibrarse entre sí. Además el sol acaba desintegrando cualquier tejido. En estos casos, también puedes recurrir a postigos interiores.

– Si vives cerca del resplandor de las farolas de la calle puedes instalar cortinas o persianas que te protejan al máximo de la luz, especialmente en el dormitorio.

– Protege tu espacio interior de la energía de la oscuridad exterior, que puede ser enervante o amenazadora. Atesora energía en tu hogar antes de que anochezca y crea un ambiente recogido corriendo las cortinas. ¡A no ser que quieras contemplar la luna!

Los ruidos

– Puedes proteger tu hogar de los ruidos externos y las bajas temperaturas con ventanas de doble vidrio y materiales aislantes contra el frío. Resguarda los dormitorios alejándolos de las calles transitadas. Para mitigar el ruido del interior de la casa puedes poner alfombras gruesas. Sella los bordes de las puertas con cinta de goma para evitar los portazos. En los espacios muy ruidosos puedes instalar cortinas gruesas en las ventanas y entre las habitaciones que no tengan puertas (muy corrientes en el estilo victoriano). Ten a mano en tu despacho un par de auriculares o tapones de oídos para sofocar los ruidos inevitables. Previenen la pérdida de oído y te dejarán trabajar en paz.

– Elimina los dispositivos electrónicos, que trastornan el entorno en nombre de ofrecer protección (alarmas excesivamente sensibles de coches o sistemas de protección del hogar). Boicotea los juguetes con pilas o demasiado ruidosos de tus hijos.

Los seis males

En la medicina china tradicional, los peligros del entorno en forma de energías «aberrantes» están considerados peligros «naturales» y los llaman los «seis males» (incluyen el calor y el frío excesivos, la humedad, la sequedad, etcétera). «En los tiempos actuales –escribe Daniel Reid– han sido eclipsados por los peligros que ha engendrado el hombre: el calor seco de la calefacción central; el frío seco del aire acondicionado; el efecto maligno de las radiaciones del microondas; los campos magnéticos artificiales; los trastornos provocados por el azúcar blanco, el alcohol y las drogas químicas; más otras fuentes de energías artificiales industrializadas, que acaban con la configuración de las energías humanas y el equilibrio natural.»[1]

– Procura no exponerte a temperaturas extremas. Evita los cambios de temperatura bruscos y los ambientes mal ventilados. El exceso de calefacción constituye un problema en la mayoría de viviendas y centros de trabajo. Evítale al sentido de la vista los colores demasiado fríos o calientes. Ten en cuenta que los excesos de temperatura son nocivos para todos los sentidos.
– En el apartado «Espacio y tiempo» del capítulo 12 encontrarás normas para protegerte contra la polución provocada en tu entorno.
– Infórmate sobre el modo en que otras culturas combaten las energías aberrantes, y qué medidas recomiendan para restablecer el equilibrio. (Véase el apartado de «Referencias y lecturas recomendadas».)

El miedo

Hay que tomar ciertas medidas para proteger nuestro hogar de peligros obvios. Sin embargo, la preocupación excesiva por la protección puede indicar estado mental de inseguridad o escasa calidad de vida en tu casa. En ciertos casos es posible que, llegado a un punto –además de cultivar el bienestar– te convenga más mudarte que la búsqueda desesperada de remedios. La energía está muy relacionada con el miedo y con el desarrollo de la osadía. La mejor protección con la que podemos dotarnos es tener la mente despierta y el corazón abierto.

Protección mediante energías sutiles

La energía toma muchas formas, visibles e invisibles. Las energías sutiles –deidades, espíritus, *dralas*, ángeles o energías benéficas (según cuál sea tu tradición)– unen cielo y tierra, desde el manifiesto plano físico hasta los reinos celestiales. Esas energías sutiles pueden estar encarnadas en árboles, rocas, animales, elementos, etc. La conducta humana puede abarcar personas, lugares y cosas. Una vez controlados los desequilibrios puedes invocar a las energías benéficas y hacerlas entrar en el mandala de tu hogar.

Hogar y mito

El hogar es una «pista de aterrizaje» natural para las energías sutiles que, tradicionalmente, están invitadas a entrar en el espacio. Las mitologías del mundo muestran predilección por las cuevas, los graneros, los recintos para rituales, los pozos y los círculos mágicos. La mitología del hogar está vivificada por el espíritu. Según Michael Dames, una casa sin dioses es como un «refugio sin mito». Las energías sutiles beneficiosas restablecen el vínculo.

Invocar las energías beneficiosas

Ejemplos de diseño tibetano de «armadura», el cual se basa en el caparazón de tortuga. Puede encontrarse en las telas, las *thankas* (rollos con pinturas), las paredes y los suelos.

Existe una larga tradición de ritos para propiciar las energías sutiles e invocar las bendiciones cuando se construye una casa o se ponen los cimientos (al colocar la primera piedra o la primera viga o al techar). Entre estos ritos están las ofrendas de comida, vino, humo, objetos preciosos o gestos devotos (postraciones, reverencias o aplausos). Mary Low escribe: «Hay quienes consideran los ritos "brujería" o pura superstición; para otros, se trata del lenguaje corporal de la plegaria».[2]

– Para ampliar tu manera de entender la protección contempla el flujo continuo de energía entre las esferas visibles y las invisibles. Infórmate sobre algún ritual, costumbre o práctica diaria para invocar esa energía. Busca ejemplos en el arte y la arquitectura.

Las invocaciones a las cuatro direcciones, al arriba y abajo, así como a los poderes de animales de la fauna local, aves, árboles, rocas y el agua se hacen tradicionalmente con ofrendas de comida, bebida, incienso y oraciones en beneficio de todos los seres de la tierra. Existen infinidad de costumbres y supersticiones (por ejemplo, «no se debe matar a la serpiente de casa» o «no cortes el abedul»). Las energías sutiles de los elementos naturales suelen invocarse para pedir bendiciones y protección específica (el agua protege del fuego, el fuego del frío, la tierra del hambre o el viento de los obstáculos). Por favor, vuelve a repasar las maneras de proteger las cuatro direcciones en el apartado «Elegir el lugar», del capítulo 11.

Drala

En tibetano, la palabra para nombrar las energías sutiles que confieren poder al mundo físico es *drala*. Las observaciones del Rinpoche Trungpa acerca del *drala* que había podido advertir en los Estados Unidos sorprendieron mucho al Rinpoche Thrangu, su amigo íntimo y compañero. Citaré unas palabras suyas, dada su relación con el tema que estamos tratando:

«A pesar de que Estados Unidos es un país muy desarrollado […] sus gentes sufren una reducción o inhibición introspectiva de la energía vital o yang, y una reducción o deterioro del *drala*. Él detectó la existencia de este problema […] Por esa razón, dado que no había vinculación con la tradición nativa, el deterioro era muy profundo. Estaban deteriorados los modales respetuosos y corteses. La gente no era feliz. La democracia no daba lugar al desarrollo de posturas benévolas, al respeto ni al amor mutuos. En otras sociedades, las personas suelen respetar a quienes tienen un rango superior y son amables con las de rango inferior (es lo que se conoce como jerarquía benevolente); pero esa costumbre se ha perdido aquí… Otro síntoma del deterioro del *drala* es el problema de que las personas carecen de hogar fijo. En Estados Unidos, la gente siempre se está mudando o pensando en mudarse: "Me marcho a Nueva York, y luego creo que me mudaré a California…". Esta forma de pensar tiene origen en un *drala* deteriorado. Las personas empiezan a sentirse vinculadas a un lugar cuando se restablece el *drala*. Es entonces cuando uno decide: "Me voy a quedar aquí, éste es mi hogar", y tiene más confianza en sí mismo.»[3]

El *drala* exterior (*dralha*, en tibetano) está totalmente vinculado a nuestro *drala* interno (*drabla*, en tibetano). Como veremos a continuación es imposible tener uno sin el otro.

Protección espiritual

En Occidente confiamos nuestra protección a mecanismos electrónicos. Las culturas tradicionales –tanto orientales como occidentales– afirman que las energías negativas son sintomáticas del mal funcionamiento de la virtud interna. La virtud fundamental es la conciencia despierta. La mejor protección es el reencuentro con la bondad del medio ambiente. El mejor remedio es la atención consciente; con ella es posible prevenir los problemas y evitar sus causas.

- Plantéate trabajar la conciencia con una disciplina –meditación, tai chi o yoga– para preservar tu bienestar físico y mental.
- Evita los desequilibrios. Para lograrlo trabaja con los principios del cielo y la tierra, así como con las cuatro direcciones.
- Pregúntate qué es lo que estás protegiendo. Anota las cosas que consideres más valiosas; ¿cuál es la mejor manera de protegerlas? Crea la sensación de estar protegido basándote en el bienestar.

43

Superar los obstáculos para llegar al éxito

Para el buen funcionamiento del espacio, la energía debe circular por toda la casa, superando cualquier obstáculo. La energía rige especialmente las áreas de trabajo (así como otras zonas funcionales de la casa). En el capítulo 41 vimos un ejemplo de cómo la energía puede crear o consolidar el espacio de trabajo.

Ahora estudiaremos cómo canalizar la energía hacia zonas específicas.

Una instalación para destruir los obstáculos del espacio

El poder o acción de la energía es destructor: destruye los obstáculos que entorpecen la vitalidad y el éxito. El principal de estos obstáculos es la «pereza» (la energía perezosa y los estados mentales perezosos o dormidos). Eso es precisamente lo que destruye la energía: la pereza, ¡no son las personas, lugares u objetos! Hay muchas formas de destruir lo que pone obstáculos a la energía: podar un sendero invadido por el césped, redistribuir los muebles que bloquean el flujo de energía o despertar del estado mental perezoso. La destrucción es un recurso que debe utilizarse moderadamente, en pequeñas dosis. Su finalidad última es liberar el espectro completo de la energía y no llamar la atención sobre sí misma. Para intensificar la energía debes apartar los obstáculos.

Después de despejar los obstáculos, «estimula» la energía, colocando en un lugar estratégico una planta floreciente, un móvil de viento, un cristal con gracia o un punto de luz. Serán tus «escenas» o «instalaciones» energéticas. Utilízalas como si fueran puntos de acupuntura insertados a lo largo de las vías por las cuales fluye la energía, en pequeñas «dosis». Lo que de verdad es importante es el flujo de energía, y no el punto de la instalación. Coloca las instalaciones a la vista en una habitación particular, preferentemente en el espacio de trabajo –en cualquier sitio que necesites revitalizar–. Utilízalas como vías «enfáticas» de modo que canalicen la energía hacia el punto deseado.

Las instalaciones harán crecer tus proyectos, conseguirán que florezca tu negocio y dotarán de dinamismo a tu hogar. Durante el solsticio estival, la energía es como un jardín en pleno auge; recoge una muestra de ese auge y colócalo en tu recibidor para celebrar la estación. La energía de puertas adentro es el color verde fresco, un macizo de plantas, un gran abanico decorativo. Son imágenes de aves en pleno vuelo, abejas industriosas y caballos al galope. Puede adoptar la forma de una escultura dinámica, una flor o una composición de objetos (tubos de ensayo, trozos de cañería y objetos funcionales), una fuente de agua, juguetes mecánicos o una luz dirigida.

Remedios contra el exceso

Claridad. Da finalidad al espacio y canaliza la energía de manera apropiada. A la vez establece límites para impedir que circule al azar. Está representada por las cañerías y la instalación eléctrica. Por la comprensión de las tareas intelectuales y el manejo de los equipos (manuales de instrucciones, diagramas, indicaciones técnicas).

Riqueza. Estabiliza la energía y la completa, mitigando los ambientes estresantes o perturbadores. Es el peso del mobiliario, los objetos y los materiales de construcción que impiden a la energía circular fuera de control.

Calidez. Aporta entusiasmo al trabajo intenso (flores en la mesa). Combate los ambientes insensibles y la negatividad interpersonal. (Para comidas improvisadas, es una cesta de picnic con un servicio de porcelana decorado a mano.)

Espacio. Proporciona campo para poder moverse. Si no hay suficiente espacio, la energía queda confinada y es demasiado intensa. El espacio es, en último término, lo que posibilita la unidad.

Resumen de la energía

Dirección	Norte.
Color	Verde.
Elemento	Viento.
Estación	Verano.
Forma simbólica	Triángulo.
Sabiduría	Sabiduría consumada.
Diseño	Flujo/movimiento, dirección, eficacia, inspiración, protección, éxito.
Desequilibrio	Velocidad, inquietud, insensibilidad, impaciencia, empuje.
Ubicación	Espacio de trabajo, despacho, sótano, garaje; áreas de deporte/ejercicio; zonas de tránsito (pasillos, vestíbulos, entradas, y escaleras).
Animales	Animales veloces: caballo, antílope, galgo, grandes felinos (tradicionalmente, el león de las nieves) y aves en pleno vuelo.

COMBINAR TODOS LOS ELEMENTOS

Cómo hacer un diagnóstico de la casa

«El mundo no necesita a nadie que lo sane o lo salve —afirma Howard Badhand, un anciano sioux Lakota—. Es invencible. Lo único que hace falta es aprender cómo funciona.» Si armonizamos nuestro hogar y nuestra vida con el cielo, la tierra y las cuatro direcciones recobraremos la armonía con el orden natural del mundo. La sanación empieza en casa.

La sanación comienza por enfocar la salud: imagina el sol en un cielo límpido sin nubes, bajo el cual brilla un mundo pacífico, rico, incitante y vital. El «diagnóstico» bien hecho sirve para identificar los obstáculos. Si combinamos el intelecto y la intuición aprenderemos más. El intelecto nos conducirá por el proceso sistemático descrito en este capítulo. La intuición es más espontánea.

Intuición e intelecto

La intuición es el corazón: sentimientos, asociaciones, presentimientos, inspiración. Tu relación personal con los cinco estilos de energía es viva y real. Las observaciones y asociaciones que hagas son reales. Tú eres la llave que abre el hogar a la magia y al poder.

El intelecto te proporciona herramientas objetivas: teoría y análisis, planos de la casa, brújula, historia de la casa y sus habitantes. Empieza por recorrer la casa para obtener las primeras impresiones y luego analízalo rigurosamente.

Ahora es el momento, éste es el lugar

Paso 1: acceder a la casa

Empieza por acceder a la casa. ¿Cómo es el lugar donde está situada? ¿Qué sensaciones te despiertan el paisaje, el terreno, el sendero de entrada y el porche (en el caso de que lo haya)?

Paso 2: entrar en el espacio

Al entrar en el espacio debes implicar todos tus sentidos, incluida la mente (pensamientos/emociones). Trata de despertar sensación de salud y bienestar. Acto seguido déjate llevar. Entra en el espacio con la mente abierta (y sin distracciones).

Paso 3: el cielo y la tierra

Toma conciencia del equilibrio/desequilibrio del cielo y la tierra a medida que avanzas por el espacio. Esta conciencia te proporcionará las pistas necesarias para localizar las causas de la energía negativa y te ayudará a trazar un «plan de acción».

Cielo	*Tierra*
El gran esquema de las cosas	Los detalles (mobiliario, equipos, molduras)
Diseño de la habitación ideal (incluidos sueños y fantasías)	Instalación eléctrica, conexiones de teléfono, aire acondicionado, lugares de tránsito, dinero disponible
Vista panorámica	Brillo/reflejos
Visión de un espacio alegre	Flores muertas arrancadas, plantas regadas, peces/pájaros y personas a nuestro cuidado
Tejado y techos	Sótano y suelos
Energía espiritual	Mundo material
Optimismo	Sentido práctico

Paso 4: las cuatro direcciones

Recurre a una lectura con la brújula para determinar las cuatro direcciones cardinales. ¿Dónde surgen y se ocultan las energías planetarias? ¿De qué manera afectan a tu hogar? Por favor, vuelve a «Elegir el lugar» en el capítulo 11, para revisar los *dralas* de las cuatro direcciones.

Paso 5: los cinco estilos de energía

A continuación, recorre la casa. ¿Qué sucede en cada habitación (trabajo, estudio, comida, reuniones, sueño)? Identifica la energía relacionada con esa habitación (riqueza, claridad), su cuadrante del mandala (sur, este, norte, oeste) y sus cualidades y asociaciones prácticas. ¿Qué propiedades faltan?

Recuerda que las cinco energías deben circular a través de toda la casa pero que, cada una rige áreas y actividades específicas. Haz mentalmente una lista.

Espacio. «Despliega» las cosas. Se experimenta como libertad, comodidad, flexibilidad, sacralización. Se extiende por toda la casa. Está conectado con el equilibrio, el sueño y la relajación.

Claridad. Pacifica el espacio. Se experimenta como energía liviana (intelecto), foco, forma, organización, significado, pureza, curación, simplicidad y paz. Está conectada con el agua y la paz. Se asocia con un dormitorio, una biblioteca o un despacho apacibles.

Riqueza. Expande y enriquece el espacio. Se experimenta como bienestar, abundancia, estabilidad, peso, buena calidad, generosidad, presencia, poder, dignidad, esplendor. Está conectada con la tierra y su atributo es la abundancia general. Se asocia especialmente con la cocina y el comedor.

Calidez. Magnetiza cualquier energía del espacio. Se experimenta en color, pasión, placer, soltura, hospitalidad, armonía y belleza. Está conectada con el fuego, los espacios íntimos, las áreas sociales, el arte y el diseño elegante.

Energía. Destruye los obstáculos del espacio. Se experimenta como flujo y circulación, dirección, eficiencia, producción, éxito, inspiración y protección. Está conectada con el viento y la vitalidad general. Se asocia especialmente con las áreas de trabajo y el orden general.

– Puedes diseñar un juego de mesa para cada uno de los cinco estilos. ¿Qué tipo de cocina escogerías para la claridad, riqueza, calidez y energía? ¿Cómo pondrías la mesa (colores, mantel) y cómo servirías a los invitados (servicio formal, estilo casero)?

Los cinco estilos y la salud física

El mandala de las cinco energías está relacionado con cualquier espacio acotado, incluido el cuerpo humano. (Las enseñanzas de la medicina tibetana enraízan en él.) Muchas culturas (incluidas la hindú, la africana y la irlandesa) construyen sus casas según la estructura del cuerpo humano y, por extensión, del universo físico. La columna vertebral suele ser el pilar central, con un centro –o corazón– en medio de la casa. Michael Dames habla de la «amalgama de la

A través de los resquicios de la anatomía humana, la arquitectura del cosmos penetra en su hogar sensible.
—Michael Dames

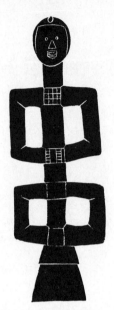

Figura zulú tallada en madera,
República de Sudáfrica.

casa humana-cósmica» y cita la descripción de los textos de hata-yoga acerca de la «casa con una columna (la columna vertebral) y nueve puertas».

La armonía personal y universal se conjugan en el hogar. El trabajo con el entorno físico afecta directamente a la salud física. A continuación, exponemos una sencilla lista de relaciones:

Espacio. Descanso/sueño, relajación, paz mental. Yoga, tai chi o trabajo corporal básico (para abrir el espacio físico).

Claridad. Pureza (de todos los sistemas físicos, incluidos los alimentos y el agua). Está conectado con la autodisciplina (dietas/programas de ejercicio).

Riqueza. Nutrición (buena comida, buena digestión y fuerza física).

Calidez. Placeres corporales (corazón alegre, buena circulación, hígado fuerte).

Energía. Tonificación del cuerpo (respiración, ejercicio físico y flujo general del *chi*).

El ambiente del hogar

El término «ambiente» significa «alrededor» o «envolvente» (como la música o el aire ambiental). El ambiente de nuestro hogar es el «mundo» donde vivimos. Debemos utilizar el diseño de la naturaleza –y todos nuestros sentidos– para armonizar nuestro mundo con el espacio, la claridad, la riqueza, la calidez y la energía.

La magia de las percepciones sensoriales

La pureza de una servilleta blanca como la nieve junto al plato representa toda la pureza del mundo. El fuego de nuestro corazón o el extremo de una cerilla encarna el fuego cósmico. El agua de la ducha es la lluvia que une el cielo con la tierra. El aire que expulsamos de los pulmones es el aliento de la vida.

Utiliza las percepciones sensoriales para despertar la magia común de los espacios públicos. Empléalos para trabajar con el entorno en caso de enfermedad o muerte de un allegado. Puedes transmitir una sensación de afecto, si no de alivio, a los lugares donde hayan ocurrido grandes desgracias. Los remedios sensoriales para situaciones difíciles –desde la flor más sencilla hasta la donación anónima de alimentos al hospital más próximo– se utilizan a diario en todo el mundo con importante efecto sobre nuestra calidad de vida.

Historia real

Una noche de verano, servía como asistente en un hospital local, cuando un bebé murió a resultas de un trágico accidente doméstico. Como los padres no estaban todavía en condiciones de renunciar a su hijo, rogamos al personal del hospital que nos proporcionaran una habitación para esa noche. Lo mejor que pudieron conseguir fue una habitación de acero inoxidable con luces fluorescentes, sillas de plástico y una temperatura extremadamente baja. En ese

> Tenía tres sillas en mi casa: una para estar solo, dos para la amistad, tres para la sociedad.
> —Henry David Thoreau

lugar los desesperados padres pudieron tener el cuerpo de su hijo en brazos y aceptar la idea de la muerte.

Para consolarlos, decidimos crear un espacio más confortable. Conseguimos mecedoras de madera en la maternidad y mantas en la lavandería. Encontramos flores en el mercado de la esquina y largos cirios en la capilla (la luz consoladora de los cirios fue un alivio para todos). En las doce horas siguientes llegaron familiares y amigos de todo el país. Servimos sopa y pan comprados en el supermercado nocturno. A lo largo de la noche, la doliente familia recibió todo el apoyo y consuelo posibles, no sólo en palabras sino también en espacio.

El cielo y la tierra en el mundo

«Tradicionalmente, se dice que, cuando los seres humanos viven en armonía con los principios del cielo y la tierra, las cuatro estaciones y los elementos del mundo interactúan también armoniosamente... Pero si los seres humanos violan ese vínculo o pierden su confianza en el cielo y la tierra, sobrevendrán el caos y las catástrofes naturales.»

—Chögyam Trungpa

Cuando el cielo y la tierra están desequilibrados, el mundo se convierte en algo parecido al personaje del Mago de Oz: una cabeza sin cuerpo. Podemos empezar restableciendo a través del diseño nuestra relación cultural con el mundo natural, siguiendo los mismos principios que aplicamos en casa. Hay infinidad de ejemplos en todo el mundo de los cuales podemos aprender.

Ejemplos en la naturaleza

La naturaleza nos enseña a restablecer el equilibrio con ejemplos sencillos como la lluvia (cielo), que ablanda el terreno (tierra) y estimula el crecimiento (hombre). Por su parte, el arco iris constituye un puente entre el cielo y la tierra, equivalente a los puentes mágicos de las tradiciones chamánicas, hechos de humo, nubes, escaleras o cuerdas.

Ejemplos en los acontecimientos humanos

En la civilización occidental, la corbata es un vestigio de la cuerda mágica (y del poder chamánico) que, en un tiempo, unió los mundos de arriba y abajo.[1]

En las primeras culturas europeas, el terreno (tierra) y la astronomía (cielo) se combinaban para crear entornos agrícolas de acuerdo con el orden natural.[2]

Las tradiciones espirituales ligadas a la naturaleza –y no a estructuras artificiales– se refieren al cielo y la tierra como a lugares sagrados.

El arco y las flechas rituales sirven de vínculo entre el cielo y la tierra. Todas las artes marciales se basan en estos mismos principios. Si eres escritor, el ordenador une tu inspiración (cielo) con tu producción literaria (tierra).

La arquitectura sagrada de todo el mundo –catedrales, templos, mezquitas, estupas, pagodas– está concebida para unir el cielo y la tierra. Los grandes templos asiáticos de Borobudur, Indonesia, y la legendaria Universidad Nalanda de la India son, de hecho, mandalas tridimensionales de las cuatro direcciones y ejemplos monumentales de unión del cielo con la tierra a través del diseño.

El simbolismo de una estupa de estilo tibetano se basa en las cinco energías/formas básicas y su sabiduría.

La arquitectura doméstica hacía lo mismo. Las granjas tradicionales suizas se construían en tres niveles: un nivel inferior donde se guarda el ganado, un área de estar intermedia y un nivel superior para los dormitorios y el almacenamiento de víveres. (Los animales constituían una valiosa fuente de calor y humedad, que calentaba las otras dos plantas.) Las casas tradicionales japonesas también se construían separadas en dos zonas (inferior y superior): una entrada a ras de tierra y áreas superiores con suelos de madera. Cubrían con tatamis el área «de respeto». Las casas estaban coronadas por grandes techos de paja, cargados de simbolismo.[3]

Unir el cielo con la tierra a través del ritual

Tenemos rituales públicos y privados para el amor y el matrimonio, la fertilidad, el nacimiento, la enfermedad y la muerte. Además de ritos para los pasos intermedios. También tenemos ritos estacionales, rituales dedicados a los elementos naturales o rituales en los que intervienen animales. Contamos con numerosos rituales para comer, dormir y purificarnos. La arquitectura doméstica está imbuida de rituales para la construcción, los caminos, las puertas y los umbrales. El hogar –anteriormente lugar de rituales sagrados y visitantes espirituales– sigue siendo el lugar del sabbat, de las plegarias y rituales de la vida cotidiana.

– Podemos aprender más acerca de los rituales en las distintas tradiciones de la sabiduría universal. Todas ellas buscan organizar los acontecimientos humanos. Piensa en los pequeños rituales como formas de organizar tu vida en los espacios públicos: restaurantes, oficinas, parques. (El ritual del té vespertino puede crear una casa de té íntima en tu pueblo o ciudad.)

Las cuatro direcciones en el mundo

Ed McGaa explica el significado sagrado que tiene el número cuatro para los nativos de Estados Unidos:

«Hay cuatro rostros o edades: el rostro del niño, el rostro del adolescente, el rostro del adulto y el rostro del anciano. Hay cuatro direcciones en nuestros vientos, cuatro cuadrantes en el universo y cuatro razas humanas (cobriza, amarilla, negra y blanca). Hay cuatro cosas que respiran: las que reptan, las que vuelan, las que andan a dos patas y las que andan a cuatro patas. Los vegetales se componen de cuatro partes: raíces, tallo, hojas y fruto. Hay cuatro divisiones en el tiempo: día, noche, luna y año. Hay cuatro elementos: fuego, agua, aire y tierra. Incluso el corazón humano está dividido en cuatro compartimentos.»[4]

Estera trenzada de oración de Zanzíbar, Tanzania.

La fundación de reinos, ciudades y pueblos, los cimientos de templos y casas han sido universalmente el mandala de las cuatro direcciones. Nigel Pennick describe las cuatro provincias de la Irlanda ancestral, «de Tara –sede de los reyes supremos– el centro estaba reservado a los reyes, el norte a la casta de los guerreros, el este a los artesanos, el sur a los músicos y el oeste a los eruditos».[5] Algunas culturas ancestrales solían ajustar los acontecimientos «sagrados y profanos» según las cuatro direcciones. Eleanor Lynn Nesmit describe el primer foro romano, donde «medios políticos se agrupaban hacia el oeste, mientras las estructuras religiosas se concentraban hacia el este».[6] Utilizaban los ejes direccionales para diseñar paseos, centros sociales y ciudades.

– Toma en consideración las energías este-oeste del sol y la luna cuando hagas planes especiales. ¿Deseas para tu boda el sol naciente o el sol poniente? ¿Quieres poner en marcha tu nuevo negocio con luna creciente o luna menguante?

Los cinco estilos en el mundo

Podemos crear nuestro mundo de la misma manera que creamos nuestro hogar.

Espacio en el mundo

El espacio está relacionado con nuestro territorio sagrado (y con el carácter sagrado del mundo cotidiano). No importa cuán grande o pequeño sea el espacio físico si es abierto y receptivo. El espacio te permite relajarte y sentirte a tus anchas en lugares públicos, y acomodar los detalles de la vida diaria de modo que puedas apreciarlos.

– Escoge un lugar público –escuela, hospital o paseo– y piensa en cómo introducirías las cualidades del espacio.

Para realzar la experiencia del espacio en los lugares públicos puedes crear fronteras (claridad); la energía se disipa en los espacios indefinidos. Los millones de casas vacías de Estados Unidos son un ejemplo perfecto del exceso espacial y de su efecto adverso en el entorno.

Claridad en el mundo

La claridad se asocia con bibliotecas, escuelas, centros de salud y hospitales, así como con todo tipo de organizaciones. En los espacios públicos, la claridad apacigua la energía, la concentra y le da forma. Elimina la confusión y la agresión. Es un buen antídoto contra la violencia.

– Escoge un lugar público –paseo o centro de la comunidad– y piensa en cómo introducirías la luz de la claridad, las fronteras, el foco, la forma, el significado, la simplicidad, la pureza y la paz.

La claridad puede canalizarse con rituales de purificación y sanación, rituales de luz y ceremonias para celebrar la salida del sol. He aquí una sencilla oración dedicada al sol naciente. Cuando te levantes por la mañana, sal al exterior a saludar al sol y di:

«Buenos días sol, buenos días mundo, buenos días mundo intermedio.»

Repite el saludo tres veces –una para el poder espiritual o la luminosidad; una para el sol físico, la tierra y todo lo que existe entre ambos; una para el sol del bienestar básico de tu cuerpo y mente, así como de tu vida.

– Celebra el solsticio de invierno y la energía del este con tus relaciones. Incluye todos los sentidos y cualidades de la claridad. Emplea colores de invierno (azules, negro/blanco, púrpuras y morados, plateados), pero equilíbralos con colores cálidos. Equilibra la fría oscuridad con la luz cálida (fuego, velas, «luz» de la inspiración). Equilibra la calma de la naturaleza con abundante comida y bebida. Reflexiona sobre la visión transparente de la claridad en las formas redondas (bola de cristal, espejo ovalado, cuenco con agua).

La riqueza en el mundo

La riqueza es fuente de bienestar y abundancia. Está relacionada con los restaurantes, paseos, museos y bancos. También con junglas, jardines y mercados. Favorece el sentido de dignidad y el orgullo de pertenecer a determinada comunidad.

– Diseña una urbanización de casas que irradie las cualidades de la riqueza: abundancia (tal vez comida), estabilidad, diversidad, dignidad, generosidad y esplendor, así como sensación de bienestar.

La riqueza se canaliza por medio de fiestas rituales, festivales para celebrar las cosechas y otras ceremonias.

– Celebra la riqueza en el equinoccio de otoño (21 de septiembre). Es el tiempo de cosechar y compartir la abundancia. Haz participar a todos los sentidos. Crea un decorado dorado acompañado de música profunda y delicada, abundancia terrenal y alimentos exquisitos. Recuerda que la riqueza adquiere todo su poder cuando la dejamos ir: haz una donación. (En Estados Unidos el punto medio entre el equinoccio de otoño y el solsticio de invierno es la noche de Halloween, celebración en memoria de los muertos.) Planta un huerto comunitario, comparte el trabajo y los frutos.

La calidez en el mundo

La calidez crea lugares para reunirse, conversar y hacer amistades (cafés, *pubs*, y centros sociales), así como lugares para la diversión y el placer (teatros, galerías de arte, salas de baile y parques). La calidez es el «corazón» de la vida cultural. La calidez favorece la comunidad. En algunas tribus africanas no existe un término para designar una casa individual; la palabra «casa» hace referencia a la comunidad, al ámbito colectivo de viviendas o aldea.

- Diseña un centro de servicios sociales que incluya la energía de la calidez: color, hospitalidad, pasión, placer, juego, armonía y elegancia, así como afecto y alegría.
- Estudia las formas creativas de comunidad y alojamiento para todas las etapas de la vida. ¿Qué necesidades y deseos de los seres humanos suelen descuidarse en la vivienda dentro del núcleo familiar o dentro de la comunidad?

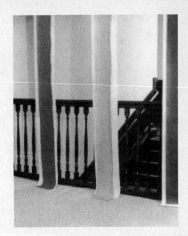

Las banderas de papel de arroz blanco o de color crean una entrada festiva en cualquier lugar.

La calidez puede canalizarse a través de rituales de intimidad, hospitalidad, amistad y comunicación.

- Celebra el equinoccio de primavera con amigos y amantes: emplea ricas fragancias, alimentos, bebidas alcohólicas, música armoniosa, etcétera. Incluye todas las cualidades de la calidez, sin olvidar que el verdadero poder de la calidez reside en el amor.

La energía en el mundo

La energía adopta la forma de lugares de trabajo (oficinas, tiendas, fábricas y otros edificios comerciales), canales de transporte/movimiento (aeropuertos, paradas de tren/ autobús y autopistas), así como recintos deportivos y gimnasios. La energía da vitalidad, eficacia y funcionalidad a cualquier espacio público.

- Piensa cómo podrías transmitir energía –movimiento, dirección, funcionalidad, eficacia, inspiración y seguridad– en un lugar público de modo que el espacio realmente «funcione».

La energía puede honrarse a través de ritos que evoquen el viaje propicio por todas las etapas de la vida. Esos ritos son un antídoto para el sufrimiento propio de cada edad. Desde el punto de vista contemplativo, la energía celebra la senda elegida.

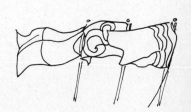

- Celebra el solsticio de verano con gran fanfarria. Alimenta todos los sentidos (estandartes, banderas, música sugestiva y actividades de todo tipo). Incrementa las cualidades de la energía (vigor, eficacia... y un equipo de primeros auxilios para prevenir). Recuerda que el verdadero poder de la energía está en avanzar.

Llevar la iluminación al hogar

Nunca llegamos a casa, pero cuando se produce una intersección de caminos acogedores, el mundo entero parece ser nuestro hogar por un instante.
—Hermann Hesse

Los cinco estilos son como los disfraces de Halloween: un despliegue de colores y formas. Si los tomamos demasiado en serio pueden volverse caricaturas de sí mismos. La atención consciente nos permite ver los cinco estilos como verdaderamente son: celebraciones del espacio. Sus reglas y convenciones son recipientes de sabiduría incontenible. La manera de obedecerlas, romperlas o transformarlas es una cuestión de equilibrio.

Para trabajar con las cinco energías adecuadamente debemos evitar la tentación de materializarlas. Si te sorprendes diciendo «su casa tiene "este" estilo» o «él tiene "ese" estilo», ten en cuenta que es tan sólo una verdad a medias. Las culturas, gastronomías, paisajes, estaciones, así como las características psicológicas empleadas para ejemplificar los estilos, son sólo eso: ejemplos. Las descripciones son puertas de acceso al espacio que llamamos hogar, nuestro cuerpo o nosotros mismos.

Los artistas cambian el mundo

La única manera de plasmar nuestra visión de la sociedad es trasladar la situación a un hogar común y corriente.
—Chögyam Trungpa

El diseño iluminado está concebido para convertir tu hogar en una obra de arte, en la cual «arte» significa «iluminación» y «decoración» –si tomamos el sentido original del término *decorum*–, la «manera de vivir». Si adoptas esta perspectiva tendrás el poder de iluminar tu vida y tu mundo armonizando tu hogar con el cielo y la tierra, las cuatro direcciones y las cinco energías básicas que nos dan vida.

Apéndices

Los cinco estilos de energía

	Espacio	Claridad	Riqueza	Calidez	Energía
Dirección	Centro	Este	Sur	Oeste	Norte
Color	Blanco*	Azul	Amarillo	Rojo	Verde
Elemento	Espacio	Agua	Tierra	Fuego	Viento
Forma	Ninguna	Círculo	Cuadrado	Semicírculo	Triángulo
E tación	Atemporal	Invierno	Otoño	Primavera	Verano
Cualidades	Abierto, relajante	Simple, organizado	Satisfactorio, abundante, bello	Confortable	Afortunado, eficaz
Poder	Acomoda	Apacigua	Enriquece/ expande	Magnetiza	Supera los obstáculos
Sabiduría	Encuadra-miento	Efecto de espejo	Ecuanimidad	Discerni-miento	Logro
Desequilibrio psicológico	Ignorancia, desatención	Agresividad, ira	Orgullo, avaricia	Pasión, dependencia	Celos, paranoia
Desequilibrio en el diseño	Errores estructurales, negligente	Frío, conceptual	Opresivo, pretencioso	Frívolo, cambiante	Veloz, impulsivo

* Los colores del centro y el este a veces aparecen invertidos; —en ese caso, el espacio se asocia al azul y la claridad al blanco.

Prefacio

1. *Mandala* (en tibetano, *kyil kor*) significa «centro sin periferia» y hace referencia a la interdependencia de las cosas dentro del vacío. Se representa como un círculo –a veces dentro de un cuadrado– y describe la relación existente entre las realidades domésticas, sociales, económicas y espirituales, y la manera en que éstas interactúan entre sí. En el *I Ching* se describe el principio del mandala como la «diversidad de igualdades y la igualdad de diversidades».

2. La conciencia espacial es un enfoque contemplativo para trabajar con la energía en el espacio. Se basa en las enseñanzas tántricas ancestrales del budismo tibetano y en la práctica de las sesiones de meditación. Estudia tanto las energías iluminadas como las confusas –en los niveles físico, psicológico y espiritual–, que configuran nuestro mundo y las formas específicas que éste adopta. En ese sentido hay prácticas y posturas relacionadas con cada estilo de energía. Se practican en habitaciones con una forma particular, pintadas de un solo color apropiado para cada caso.

   La práctica de la conciencia espacial (y su entorno) fue concebida originalmente por el Rinpoche Chögyam Trungpa como un medio de trabajo con personas demasiado trastornadas para participar de una práctica formal. Esta práctica, conocida con el nombre de «conciencia espacial *maitri*» sigue siendo el núcleo del programa del Instituto Naropa. Estos ejercicios constituyen también la base de las artes contemplativas y del diseño de interiores en esta tradición, enseñadas en los seminarios y talleres de los centros budistas y Shambhala.

3. «Despertar» hace aquí referencia al estado mental libre de autoengaño y de las pautas habituales de percepción.

Símbolos tradicionales de las cinco sabidurías correspondientes a los cinco estilos de energía: buddha, vajra, ratna, padma, karma.

4. Chögyam Trungpa, *Shambhala: The Sacred Path of the Warrior*, p. 130. (En español: *Shambhala: la senda sagrada del guerrero*.)

5. *Geomancia* significa literalmente «adivinación por medio de las líneas y figuras o características geográficas» (la palabra procede del término latino *geomantia*, que, a su vez deriva de la voz griega *geomanteia*, «adivinación por los signos de la tierra»). Hace referencia a un sistema de interpretación ligado a la tierra que se usaba en todo el mundo para determinar los lugares favorables donde construir un edificio o emplazar una tumba, así como a las técnicas para trabajar con diversos niveles de influencias energéticas.

6. *Feng shui* –literalmente, «viento y agua»– se refiere al arte y ciencia chinos de la geomancia. Concebido originalmente como medio para localizar los movimientos del viento y los cauces de agua de riego, también se empleaba para determinar energéticamente los lugares adecuados donde enterrar a los antepasados ilustres (y asegurarse su influencia constante). El feng shui doméstico trabaja, en primer lugar, con los flujos de energía y, en segundo lugar, con las cualidades de esa energía. Las dos tradiciones principales –las escuelas de la forma y la brújula– utilizan instrumentos temporales/espaciales como la astrología, la brújula, la *bagua* (o «mapa metafísico»), las formaciones geográficas y los cauces de energías de todo tipo. Su finalidad es armonizar la energía en voluntad, canalizar sus movimientos y acotar su impacto configurando el «continente».

7. El *lungta* o «caballo de viento» de la tradición tibetana hace referencia a la energía de la bondad básica y se usa para describir tanto la experiencia como la práctica formal para despertar esta energía.

8. El *drala*, que literalmente significa «más allá del enemigo o del conflicto», encarna la sabiduría y el poder de la no dualidad, que anida dentro de nosotros y en nuestras percepciones sensoriales. Se alcanza a través de la conducta correcta del cuerpo, el habla y la mente.

Capítulo I

1. Susan Walker, *Speaking of Silence: Christians and Buddhists on the Contemplative Way*, p. 293.

2. Jeremy Hayward cita la obra del sacerdote ortodoxo griego George Timko, *Sacred World*, p. 67.

Capítulo 3

1. Chögyam Trungpa, *Shambhala: The Sacred Path of the Warrior*, p. 134.

Capítulo 4

1. Michael Dames, *Mythic Ireland*, p. 17.
2. En ocasiones se invierten los colores del este y el centro. Es estos casos se asocia el este con el blanco y el centro con el azul. Las razones del cambio están fuera del alcance de este libro.
3. Michael Dames, *Mythic Ireland*, p. 120.
4. Ibíd. p. 152.
5. Ibíd. p. 46.
6. Ibíd. p. 63.
7. Las *cuatro acciones* o los *cuatro karmas* constituyen el principio dinámico del mandala y son una expresión de la «presencia auténtica» (en tibetano, *wangthang*), que significa literalmente «campo de poder». Guardan relación directa con nuestra manera de percibir y experimentar el mundo.
8. Chögyam Trungpa, *Dharma Art*, p. 134.

Capítulo 5

1. En las enseñanzas originales del Rinpoche Trungpa, los cinco estilos o «familias de Buda» eran designados con su nombre en sánscrito: *Buddha* (espacio), *vajra* (claridad), *ratna* (riqueza), *padma* (calor), *karma* (acción).

Capítulo 6

1. James Hillman, de una transcripción de «Beauty», conferencia en el Pacific Graduate Institute, San Francisco, C.A., 1991.
2. Greg Van Mechelen, «Un hogar para la persona integral», *Shambhala Sun*, marzo de 1996.
3. Ibíd.

Capítulo 7

1. He adaptado este ejercicio con el permiso de su creador, Jeremy Hayward.

Capítulo 11

1. La primera de estas analogías es de J.S. Shiah; la segunda es de Chögyam Trungpa, «The Pön Way of Life», que apareció en la obra *The Heart of the Buddha*, p. 226.
2. Véase Chögyam Trungpa «The Pön Way of Life» para ampliar este tema. La tradición del tigre, el león, la garuda, el dragón y el caballo de viento fue abordada por el Rinpoche Chögyam Trungpa en el contexto de las enseñanzas de Shambhala. (Véase su libro *Shambhala: la senda sagrada del guerrero* para más información.) En su obra «The Pön Way of Life» (pp. 226–227) hay enseñanzas sobre los animales simbólicos especialmente relacionados con la geomancia. El Rinpoche Thrangu ofreció una charla sobre este mismo tema en el Shambhala Center de Halifax, Nueva Escocia, el 14 de julio de 1995, transcrita cuatro meses más tarde por el mismo centro. La tradición que él describe está basada en las enseñanzas de Rolpe Dorje y hace referencia «a un sistema chino que se remonta a Manjushri y reside en el Monte Wut'ai Shan... Se manifestó como el emperador K'ang-hsi, que le enseñó ese método de pronosticación». En esa tradición, el animal del norte es la tortuga. En el Tíbet y la India, está representado por el león de las nieves.
3. Hay tiendas de electrónica y de materiales de construcción que venden/alquilan estos medidores. Para obtener una lectura precisa, sin embargo, este aparato debe poder medir tanto los componentes eléctricos como los magnéticos. Si no estás familiarizado con esta tecnología, recurre a un profesional (que no pertenezca a la compañía eléctrica).

Capítulo 13

1. M. C. Richards, *Centering in Pottery, Poetry and the Person*, p. 24.
2. Anthony Antoniades, *Poetics of Architecture: Theory of Design*, Nueva York: Van Nostrand Reinhold, 1990, p. 97.
3. Jeremy Hayward, *Sacred World*, p. 177.

Capítulo 18

1. Gaston Bachelard, *The Poetics of Space*, p. 73.

Capítulo 20

1. Peter Adam, *Eileen Gray: Architect/Designer*, p. 234.

Capítulo 26

1. Margaret Musgrove, *Ashanti to Zulu*.

Capítulo 27

1. Ejercicio adaptado con el permiso de Jeremy Hayward.

Capítulo 28

1. Para los seres humanos, en tibetano la presencia se llama *wangthang* y significa «campo de poder».
2. Margaret Musgrove, *Ashanti to Zulu*.
3. Chögyam Trungpa, *Shambhala: the Sacred Path of the Warrior*, p. 37.

Capítulo 32

1. Robert Farris Thompson, *Flash of the Spirit*, p. 13.

Capítulo 36

1. Linda Lichter, «Home Truths», *Commentary*, junio de 1994.

Capítulo 39

1. Véase la obra de Chögyam Trungpa, *Shamabhala: la senda sagrada del guerrero*, y la de Jeremy Hayward, *Sacred World*, para más información sobre el «*lungta ascendente*» (caballo de viento).

Capítulo 40

1. Chögyam Trungpa, citado por el Rinpoche Trangu en *Shambhala Sun* «Remembering the Vidyadhara», p. 21 (12/90–1/91).

Capítulo 41

1. Susan Walker, ed., *Speaking of Silence,* p. 295.

Capítulo 42

1. Daniel Reid, *Shambhala Guide to Chinese Medecine*, p. 48.
2. Mary Low, *Celtic Christianity and Nature: Early Irish and Hebridean Tradition*. Belfast, Blackstaff Press, 1996.
3. Trangu Rinpoche, *Shambhala Sun*.

Capítulo 45

1. Mircea Eliade, *Shamanism*. Nueva York: Bollingen Foundation, 1964.
2. Nigel Pennick, *The Ancient Science of Geomancy*, p. 97.
3. Mark Treib, *Tokio: Form and Spirit*, p. 109.
4. Ed McGaa, *Mother Earth Spirituality*, p. 33. Nueva York: Harper Collins, 1990.
5. Nigel Pennick, *The Ancient Science of Geomancy*, p. 97.
6. Eleanor Lynn Nesmit, *Instant Architecture*, p. 51. Nueva York: Fawcett Columbine, 1995.

Referencias y lecturas recomendadas

Los libros que aparecen a continuación están dirigidos a los lectores que deseen profundizar en el tema: disciplinas contemplativas, feng shui, arte, y diseño en general. Querría expresar toda mi admiración a sus autores. No hay mejor ayuda que los profesores cualificados y la práctica personal.

Arte, arquitectura y diseño

Adam, Peter. *Eileen Gray: Architect/Designer (Eileen Gray: Arquitecto/diseñador)*. Nueva York: Abrams, 1987.

Alexander, Christopher, Sara Ishikawa, Murray Silverstein con Max Jacobson, Ingrid Fikdahl King y Scholomo Angel. *El lenguaje de patrones*. Barcelona: Gustavo Gili, 1980.

Architects for Social Responsibility: *A Source Book for Sustainable Design: A Guide to Environmentally Responsible Building Materials and Processes (Un libro esencial para el diseño sostenible: materiales de construcción respetuosos con el medio ambiente)*. 248 Franklin St, Cambridge, *MA*.

Arnheim, Rudolf. *The Dynamics of Architectural Form (La dinámica de la forma arquitectónica)*. Berkeley: University of California Press, 1977.

Ashiara, Yoshinobu. *The Hidden Order: Tokyo through the Twentieth Century (El orden oculto: Tokio a lo largo del siglo XX)*. Nueva York: Kodansha, 1989.

Bachelard, Gaston. *The Poetics of Space*. Boston: Beacon Press, 1994. Ed. española: *Poética del espacio*. Madrid: Fondo de Cultura Económica, 1993.

Bakker, Rosemary. *Elder Design (Diseño para ancianos)*. Nueva York: Penguin Books, 1997.

Bang, Molly. *Picture This (Píntalo)*. Nueva York: Little, Brown, 1991.

Morris, William. *Hopes and Fears for Art: Five Lectures (Esperanzas y temores en el arte).* Londres: Longmans, Green, and Company, 1910.

Day, Christopher. *Places for the Soul: Architecture as a Healing Art (Lugares para el alma: arquitectura y arte curativos).* Glasgow: Collins,1990.

Hale, Jonathan. *The Old Way of Seeing: How Architecture Lost Its Magic [And How to Get It Back](La antigua manera de mirar: cómo la arquitectura perdió su magia [y cómo recuperarla]).* Nueva York: Houghton Mifflin Company, 1994.

Wilde, Judith y Richard Wilde. *Visual Literacy (Lectura visual).* Nueva York: Watson-Guptill, 1991.

Winterson, Jeannette. *Art [Objects](Arte [Objetos]).* Nueva York: Knopf, 1995.

Wrigth, Frank Lloyd. *The Natural House (La vivienda natural).* Nueva York: Bramhall House, 1954.

Zeither, Laura C. *The Ecology of Architecture (La ecología de la arquitectura).* Nueva York: Whitney Library of Design, Watson-Guptill Publications, 1996.

Artes y disciplinas contemplativas

Hayward, Jeremy. *Sacred World: A Guide to Shambhala Warriorship in Daily Life.* Nueva York: Bantam, 1995. Ed. española: *Camino de Shambhala.* Móstoles: Gaia Ed., 1998.

McNiff, Shaun. *Earth Angels: Engaging the Sacred in Everyday Things (Los ángeles terrenales: atraer lo sagrado en lo cotidiano).* Boston: Shambhala Publications, 1997.

Ni, Hua-Ching. *Entering the Tao (Entrar en el Tao).* Boston: Shambhala Publications, 1988.

Walker, Susan, ed. *Speaking of Silence: Christians and Buddhists on the Contemplative Way (Conversaciones sobre el silencio: los cristianos y los budistas en la vía contemplativa).* Nueva York: Paulist Press, 1987.

Feng shui, geomancia y tradiciones de sabiduría

Beck, Peggy, Nia Francisco, and Anna Lee Walters. *The Sacred: Ways of Knowledge, Sources of Life (Lo sagrado: vías de conocimiento, fuentes de vida).* Flagstaff, AZ: Northland Publishers, 1991.

Dames, Michael. *Mythic Irland (Irlanda mítica).* Londres: Thames.

Govinda, Lama Anagarika. *The Inner Structure of the I Ching (La estructura interna del I Ching)*. Nueva York: Weatherhill, 1981.

Friedman, Mildred, ed. *Tokio: Form and Spirit (Tokio: forma y espíritu)*. Nueva York: Abrams, 1986.

Kingston, Karen. *Hogar sano con el Feng Shui*. Teià: Ed. Robinbook, 1998.

Levine, Norma. *Blessing Power of the Buddhas: Sacred Objects, Sacred Lands (El poder benefactor de los budas: objetos sagrados, tierras sagradas)*. Rockpott, MA: Element Books, 1993.

Lin, Jamie. *Contemporary Earth Design: A Feng Shui Anthology (Diseño contemporáneo de la tierra: una antología del feng shui)*. Miami: Earth Design, 1997.

Low, Mary. *Celtic Christianity and Nature: Earl Irish and Hebridean Tradition (El cristianismo celta y la naturaleza: las antiguas tradiciones irlandesa y hebridea)*. Belfast: Blackstaff Press, 1996.

Matsuoka, Seigow, ed. *Ma: Space-Time in Japan (Ma: el espacio-tiempo en Japón)*. Nueva York: Cooper-Hewtt Museum.

Matthews, Washington. *Navaho Legends (Leyendas de los navajos)*. American Folklore Society, 1897.

Musgrove, Margaret. *Ashanti to Zulu (De los ashanti a los zulúes)*. Nueva York: Dial Books, 1976.

Nesmit, Eleanor Lynn. *Instant Architecture (Arquitectura instantánea)*. Nueva York: Fawcett Columbine, 1995.

Neutra, Richard. *Survival through Design (Supervivencia a través del diseño)*. Nueva York: Oxford University Press, 1954.

Pennick, Nigel. *The Ancient Science of Geomancy (La ciencia ancestral de la geomancia)*. Londres: Thames and Hudson, 1979.

Rossbach, Sarah. *Interior Design with Feng Shui (Diseño de interiores con el feng shui)*. Nueva York: Simon & Schuster, 1996.

Silko, Leslie Marmon. *Yellow Woman and a Beauty of the Spirit (La mujer amarilla y la belleza del espíritu)*. Nueva York: Simon & Schuster, 1996.

Spear, William, *Feng shui*. Teià: Ediciones Robinbook, 1998.

Steer, Diana. *Native American Women (Las mujeres nativas americanas)*. Barnes and Noble Books, 1996.

Thompson, Robert Farris. *Flash of the Spirit: African and Afro-American Art and Philosophy (Un destello del espíri-*

tu: arte y filosofía africano y afroamericano). Nueva York: Vintage Books, 1984.

Tiao Chang, Amos. *Intangible Content in Architectonic Form (El contenido intangible de las formas arquitectónicas)*. Princeton, NJ: Princeton University Press, 1956.

Wong, Eva. *Libro completo de feng-shui*. Móstoles: Gaia Ediciones, 1997.

Los cinco tipos de energía

Trungpa Rinpoche, Chögyam. *Cutting through Spiritual Materialism (Abrirse paso a través del materialismo espiritual)*. Boston: Shambhala Publications, 1987.

— *Dharma Art (El arte del darma)*. Boston: Shambhala Publications, 1991.

— *The Heart of the Buddha (El corazón de buda)*. Boston: Shambhala Publications, 1991.

— *Journey without Goal: The Tantric Wisdom of the Buddha (Un viaje con una meta: la sabiduría tántrica de buda)*. Boulder: Prajna Press, 1981.

— *Lion's Roar (El rugido del león)*. Boston: Shambhala Publications, 1992.

— *El mito de la libertad y el camino de la meditación*. Barcelona: Ed. Kairós, 1998.

— *Orderly Chaos (El caos ordenado)*. Boston: Shambhala Publications, 1991.

— *Trascending Madness (Trascender la locura)*. Boston: Shambhala Publications, 1992.

Los alimentos y la comida consciente

Kushi, Michio. *El libro de la macrobiótica*. Madrid: Ed. Edaf, 1987.

Spear, William. *Feng shui*. Teià: Ediciones Robinbook, 1998.

Thich Nhat Hanh. *Buda viviente, Cristo viviente*. Barcelona: Ed. Kairós, 1996.

— *Ser paz y el corazón de la comprensión*. Móstoles: Ed. Neo-Person, 1994.

Salud y sanación

Greenpeace: *Información sobre una vida no tóxica*, contactar con Greenpeace, www.greenpeace.es.

Harwood, Barbara. *The Healing House (La casa curativa)*. Carlsbad, CA: Hay House, 1997.

Hay, Louise L., et al. *Gratitude: A Way of Life (La gratitud: un modo de vida)*. Carlsbad, CA: Hay House, 1996.

Kingston, Karen. *Hogar sano con el Feng Shui*. Teià: Ediciones Robinbook, 1998.

Microwave News. Reports on nonionizing radiation *(Noticias sobre los microondas*. Informes sobre la radiación no ionizante*)*; publishes resource directory: P-.O. Box 1299, Grand Central Station, Nueva York, NY 10163; (212) 517-2800.

Mojay, Gabriel. *Aromatherapy for Healing the Spirit (Aromaterapia para sanar el espíritu)*. Nueva York: Henry Holt and Company, 1996.

Ni, Hua-Ching, *Entering the Tao (Entrar en el Tao)*. Boston: Shambhala Publications, 1997.

Pearson, David. *Arquitectura natural: en busca del hogar sano y ecológico*. Barcelona: RBA Libros, 1994.

Reid, Daniel. *Shambhala Guide to Chinese Medicine (La guía Shambhala de la medicina china)*. Boston: Shambhala Publications, 1996.

Thondup, Tulku. *El poder curativo de la mente*. Barcelona: Ediciones B, 1999.

Abundancia

Chopra, Deepak. *Creating Affluence: Wealth Consciousness in the Field of All Possibilities (Crear riqueza: la conciencia de la abundancia en el campo de todas las posibilidades)*. San Rafael, CA: Amber-Allen/Nueva World Library, 1995.

Créditos de las ilustraciones y las fotografías

Estas imágenes y las del archivo fotográfico de Dover se han utilizado por cortesía de las siguientes personas, editores y empresas. En algunas imágenes procedentes de fuentes secundarias y terciarias ha sido imposible determinar su autoría/propiedad; el autor está totalmente dispuesto a subsanar el error si éstas no son del dominio público. Todas las ilustraciones que no constan en estos créditos pertenecen al autor.

Mandala (de portadilla); y tigre, garuda y león (p. 80) con la autorización de Shambhala International, con agradecimiento al artista, Sherab Palden Beru; con agradecimiento también a Sherab Palden por el caballo de viento (p. 234).

Mosaicos (pp. 27 y 55), textil (p. 77), laberinto (p. 88) y símbolos terrestres hopi (p. 146) de *Pattern Design*, Archibald Christie, Nueva York, Dover Publications, 1969.

El dibujo de la p. 28 está basado en un diseño de ikebana de Shusui Komoda (*Ikebana Spirit and Technique*, Shusui Komoda/Horst Pointner. Poole, Dorset: Blandford Press, 1976).

Los logos de agua, fuego, viento y tierra de las pp. 33-36, el logo del sol de la p. 263 y el símbolo del cielo/tierra de la p. 268 son de 1981, Rubber Poet Rubber Stamps, Box 218, Rockville, Utah 84763-0218; (435) 772-3441; fax gratuito (800) 906-Poet.

El mandala/brújula de las pp. 37 y 261 están diseñados por Pam Kerr/Kerr Designs, 333 S. 21st St., Filadelfia, PA 19103.

Los logos para claridad (p. 95), riqueza (p. 143), calidez (p. 183) y energía (p. 285) son de Barbara Craig, Filadelfia.

El diseño textil (p. 51), el altar de la cocina (p. 90, elaborado a mano por Takayuki Kida) y las campanillas de viento (p. 230) son propiedad de Ziji Book & Gift Catalogue, 9148 Kerry Road, Boulder, CO 80303, Ziji@csd.net, tel. (303) 661-0034.

Los dinteles calados (p. 54), las puertas (p. 61), el travesaño (p. 54) y el diseño de los caminos (p. 238) proceden de la obra *The Japanese Home Style Book*, ed. Peter Goodman, Stone Bridge Press, Berkeley, CA.

La pantalla shoji (p. 71) es de Miya Shoji & Interiors, 109 W. 17th St., Nueva York, NY, (212) 243-6774; fax (212) 243-6780.

El loto (p. 79) y los modelos de armadura (p. 254) son cortesía de Robert Beer, Londres, Inglaterra.

Los juncos/agua (p. 84), los diseños textiles (pp. 95, 143, 183), el diseño de agua (p. 99) y los pájaros (p. 219) son de la obra *Japanese Design Through Textile Patterns*, Frances Blakemore. Nueva York: Weatherhill, 1978.

Las franjas (p. 98), la energía (p. 225) y los caballos (p. 232) forman parte de la obra *Designer's Guide to Japanese Patterns*, Jeanne Allen, cortesía de Kawade Shobo Shinsha Publishers, Japón.

El recipiente decorado (p. 99) y los diseños de mimbre Tlingit (p. 122) pertenecen a la obra *American Indian Design and Decoration*, Leroy H. Appleton, Dover Publications, 1971.

La caligrafía «Yes» (p. 106) es obra de Paul Highley poco antes de su muerte, en 1991. Colección del autor.

Los armarios portátiles (p. 109) pertenecen a la fotografía del catálogo «Hold Everything» («Cógelo todo») de Williams Sonoma.

Las sillas de estilo federal (p. 112) son cortesía de C. L. Prickett, Fine Authenticated American Antiques, 930 Stony Hill Road, Yardley, PA, (215) 493-4284.

El copo de nieve (p. 113) pertenece a la obra *The Power of Limits* de György Doczi, 1981. Reimpreso por cortesía de Shambhala Publications, Inc., Boston.

Las texturas (p. 120), la bandeja de mimbre hopi (p. 160) y las cenefas (p. 218) pertenecen a la obra *Indian Basketry*, George W. James, Dover Publications, 1972.

La cuchara ashanti (p. 151), algunas texturas (p. 120), el relieve de esteatita kongo de Angola (p. 153), la puerta-panel de Ghana (p. 206), los grabados en roca de Sudáfrica (p. 216), la pintura sobre roca de Sudáfrica (p. 234) y la esterilla de oración de Zanzíbar (p. 270) pertenecen a la obra *African Design from Traditional Sources*, Geoffrey Williams, Dover Publications, 1971.

Bastones para tiznar (p. 124) de John Kyrk.

Mobiliario Shaker (p. 133) según una fotografía de mobiliario Shaker del Metropolitan Museum of Art.

Salidas de calefacción (p. 166) según la fotografía de Front Gate, catálogo de primavera de 1998.

Las estatuas protectoras balinesas (pp. 242 y 251) según diseños del Thunder lake Garden Sculpture, 2919 Shady Hollow East, Boulder, CO, 80304, (303) 245-0910.

Paragüero (p. 243) según un diseño de Wireworks, 131A Broadley Street, Londres, Inglaterra, NW8 8BA; tel. 44-171-724-8856; fax: 44-171-258-1528.

Diseño de la gran estupa (p. 269) del Rocky Mountain Shambhala Center, Red Feather Lakes, CO.

Fotografías

Las fotografías que no aparecen en los créditos fueron tomadas por el autor.

Gerald Ackerman: *Estatuas que se besan* (p. 186). Colección del autor.

Mitch Berger; *Vista hacia el interior del dormitorio* (p. 111), *tetera pintada a mano por el autor* (p. 202).

Carell Doerrbecker: *Estatuas danzantes* (p. 203).

Gordon Kidd: *Portal redondo chino* (p. 61)

John McQuade: *Cama/flor* (p. 211), *cortina de gasa* (p. 58), *tirador de la puerta* (p. 117), *misterio* (p. 189).

Liza Matthews: *Estantes para hierbas de Christie's* (p. 127), *taza de té* (p. 60).

Kathryn Munro: *Tapón de radiador* (p. 233).

Ethan Neville: *Altar de niños* (p. 91).

Emily Sell: *Oficina en casa* (p. 246).

Kim Turos: *Vista del camino a la casa* (p. 205).

Chögyam Trungpa: *Mano y bol* (p. 18). Fotografía publicada con el permiso de Diana J. Mukpo, por cortesía de los archivos de Shambhala.

Waterford Wedgwood USA: *Waterford chandelier* (p. 105).

Michael Wood: *silla/luz* (p. 31), *radiador* (p. 75), *silla/espacio* (p. 133), *lámpara* (p. 104), *bol elegante* (p. 137), *vaso de agua* (p. 108).

Índice

El espíritu del hogar